CB011627

**Teatro:
A Redescoberta do Estilo
e Outros Escritos**

Coleção Estudos
Dirigida por J. Guinsburg

Equipe de realização – Revisão da tradução e edição de texto: Margarida Goldsztajn; Revisão: Marcio Honorio de Godoy; Produção: Ricardo W. Neves, Sergio Kon, Luiz Henrique Soares, Lia N. Marques e Elen Durando.

Michel Saint-Denis

TEATRO:
A REDESCOBERTA DO ESTILO
E OUTROS ESCRITOS

ORGANIZAÇÃO: **JANE BALDWIN**

TRADUÇÃO E APRESENTAÇÃO: Gabriel Federicci

PERSPECTIVA

© 2009, Jane Baldwin
Tradução em língua inglesa publicada pela Routledge,
membro da Taylor & Francis Group.

CIP-Brasil. Catalogação na Publicação
Sindicato Nacional dos Editores de Livros, RJ

S143t
    Saint-Denis, Michel
    Teatro : a redescoberta do estilo e outros escritos /
Michel Saint-Denis ; organização Jane Baldwin ; tradução
Gabriel Federicci. - 1. ed. - São Paulo : Perspectiva, 2016.
    298 p. : il. ; 23 cm. (Estudos ; 343)

    Tradução de: Theatre: the rediscovery of style and other writings
    Apêndice
    Inclui bibliografia e índice
    ISBN 978-85-273-1068-0

    1. Teatro francês (Literatura). 2. Teatro - História. I. Baldwin, Jane. II. Título. III. Série.

16-35666   CDD: 842
                                                              CDU: 821.133.1-2

15/08/2016   17/08/2016

Direitos reservados em língua portuguesa à
EDITORA PERSPECTIVA S.A.

Av. Brigadeiro Luís Antônio, 3025
01401-000 São Paulo SP Brasil
Telefax: (011) 3885-8388
www.editoraperspectiva.com.br

2016

Sumário

O Expoente da Cena na Aurora do Drama – *Gabriel Federicci*..................................... IX

Prefácio –*Sir Peter Hall*............................. XIX

Prólogo – *Jane Baldwin*............................ XXV

PARTE I
O TEATRO CLÁSSICO

1. A Tradição Clássica Francesa: Contradições e Contribuições.................................... 3

PARTE II
TEATRO CLÁSSICO E REALISMO MODERNO

2. Estilo e Realidade.............................. 31
3. Estilo e Estilização............................. 51
4. Estilo na Interpretação, Direção e Cenografia....... 69

5. Formação para o Teatro: A Old Vic School 89

PARTE III
DIRETRIZES PARA A INTERPRETAÇÃO:
EXCERTOS DE "TREINAMENTO PARA O TEATRO"

6. Princípios Orientadores: A Progressão
   do Treinamento 119

7. As Técnicas do Ator: Expressão Física e Vocal...... 129

8. O Plano de Fundo Imaginativo 167

9. Interpretação Silenciosa: Improvisação 181

APÊNDICE:
   Introdução à Primeira Edição
   de "Teatro: A Redescoberta do Estilo" –
   Sir Laurence Olivier 229

Créditos das Imagens 233

Índice Remissivo 235

O Expoente da Cena na Aurora do Drama

> Se o ator é um artista, ele é de todos os artistas
> o que mais se sacrifica ao ministério que exerce.
> Ele não pode doar nada que não doe a si mesmo,
> não em efígie, mas de corpo e alma,
> sem intermediação. Tanto sujeito quanto objeto,
> causa e fim, matéria e instrumento,
> sua criação é ele mesmo.
>
> JACQUES COPEAU

São muitas as dúvidas e as inseguranças suscitadas nos jovens estudantes de teatro quando se deparam com o desafio de enfrentar uma peça clássica. No entanto, tais sensações não se limitam a eles: podemos encontrá-las inclusive em atores e diretores experientes das mais diversas gerações. As propostas de encenação variam, podem ser das mais fiéis às mais audaciosas, das mais submissas ao espírito do dramaturgo às mais libertárias. Contudo, a bússola interna de cada praticante oscilará de acordo com as exigências de seu ofício e apresentará rotas, as quais devem ser trilhadas com segurança e conhecimento, especialmente ao se adentrar no território do teatro clássico. Em *Teatro: A Redescoberta do Estilo*, Michel Saint-Denis expõe esses e outros problemas que se colocam constantemente na dinâmica teatral, oferece alternativas possíveis para saná-los, não na qualidade de fórmulas milagrosas, mas antes na de um meio propício para a realização consciente de um trabalho árduo que reivindica dedicação e amor incondicionais.

Do mesmo modo que em *A Missão Teatral de Wilhelm Meister* (título original de *Os Anos de Aprendizagem de Wilhelm Meister*), de Goethe, Saint-Denis revela a importância da formação do teatro em sua vida e destaca como ela a conduziu e a sustentou durante toda sua existência. Não obstante o tempo decorrido desde a primeira publicação da obra, e de todas as alterações no exercício teatral, atestamos a atualidade de suas concepções, as quais, se avaliadas adequadamente e com o mesmo esmero de então, podem ser trazidas e aplicadas sob os prismas deste século. Assim, a exposição prático-teórica aqui incutida arma não só aqueles que têm o teatro como ofício, mas também o leitor interessado na arte teatral, com um instrumento refinado e, poder-se-ia dizer, indispensável ao discernimento e à percepção pela vivência e pela reflexão dos aspectos mais sutis da arte dramática. A elaboração despretensiosa e informal das palestras de Saint-Denis, denominadas *causeries*, bem como a incessante fonte de referências e o detalhamento do processo de ensino, permitem-lhe comunicar de forma acessível e precisa suas ideias e descobertas, prova cabal de que o conhecimento pode ser transmitido sem apelo ao hermetismo.

Seu nome marcou duas tradições teatrais bem distintas. De origem francesa, sua extensa contribuição artística encontrou ressonância na Inglaterra e foi de valor inestimável a inúmeros praticantes de teatro, como pode-se observar nos depoimentos de Laurence Olivier e de Peter Hall, aqui transcritos. Além de servir de exemplo à integridade da arte do palco e orientar os atores ingleses, muitos dos quais tiveram sua formação na "velha escola britânica" segundo os preceitos de sir Frank Benson e Lady Benson[1], Saint-Denis apresenta a essa geração uma nova abordagem de interpretação: a *mise en scène* francesa. Assim, seus ensinamentos proporcionaram um campo mais amplo e fértil. O fundamento de sua visão do trabalho do ator é que este deve entender e dominar os recursos vocais, corporais, criativos e estéticos de sua arte; abarcar todos os gêneros, desde a tragédia, a comédia, a farsa, até o drama; conhecer a história do teatro, da arte, da indumentária, da arquitetura;

---

1 Frank Benson (1858-1939), ator-empresário inglês e diretor do Memorial Shakespeare Theatre em Stratford-Upon-Avon. Apesar de não ser ele próprio um ator excelente, era talentoso na descoberta e formação de jovens atores. Foi, portanto, responsável pela difusão da dramaturgia shakespeariana fora de Londres, ao lado de sua esposa, Constance Benson (Lady Benson; 1860-1946), atriz shakespeariana, conhecida por suas atuações em *Júlio César* (1911), *Macbeth* (1911) e *Ricardo III* (1911).

e praticar a leitura de textos dramáticos e não dramáticos. Somente por meio de tal domínio e da intimidade com o desenvolvimento de seu treinamento, poderá ele realizar seu ofício com propriedade.

O diretor experimental, nascido à luz da teoria da desconstrução ou ainda integrado às concepções do teatro pós-dramático, ficará relutante em considerar perenes as ideias de Michel Saint-Denis. Mas, se possível fosse, o autor se defenderia com a mesma postura com que sempre lutou contra a correnteza, segundo suas palavras: "Provavelmente serei acusado mais uma vez de ir contra o tempo. Fui acusado de formar pessoas para um teatro que não existe. Estou ciente da crítica" (p. 84). É evidente que as noções de interpretação e direção teatral, bem como de performance, adquiriram um sentido distinto do da década de 1960 – quando este livro fora editado pela primeira vez. A própria denominação de "teatro coletivo" assumira igualmente um novo posicionamento (o engajado) em relação ao do tempo em que Os Copiaus, trupe de Saint-Denis, retiravam-se na Borgonha para o estudo e a apresentação de seus espetáculos.

Talvez a ideia de desconstruir ou desclassicizar um texto de época (ou moderno) seja mais atraente à nova geração teatral, cujas propostas persistem na tentativa de encontrar uma linguagem contemporânea para comunicar suas ideias no palco. Os grandes dramaturgos, encenadores e atores – em diferentes épocas – tiveram essa intenção. No que diz respeito ao estabelecimento de uma linguagem contemporânea, Saint-Denis enfatiza que é perfeitamente possível fabricá-la, mesmo quando se trata de uma peça do teatro clássico. Para isso, deve-se reunir duas qualidades aparentemente opostas na criação dramática: a fidelidade e a liberdade. Porém, a diferença e o êxito dessa busca se deve ao que Saint-Denis define como estilo. Quando se tem estilo, a linguagem é preservada, caso contrário, será mais uma tentativa de escrever no palco algo insustentável, que será suprimido pela própria história. Por esse motivo, Shakespeare é considerado contemporâneo de todas as épocas; sua linguagem poética e visceral excede os limites de um período, consagrando o gênero humano por meio de sua dramaturgia.

É o que diz Laurence Olivier em entrevista a Kenneth Tynan, ao reconhecer a contribuição assertiva de Saint-Denis à sua carreira e detalhar a forma de pensar e trabalhar do encenador, responsável por ensinar-lhe o tratamento ideal dos clássicos ao fazê-lo desvelar as camadas de possibilidade que a dimensão teatral encerra e a experimentar o valor essencial da poesia:

> Quando trabalhei com ele em Macbeth, foi-me dado o seguinte conselho: "é preciso ser absolutamente verdadeiro. A verdade deve ser encontrada através do verso; não se deve, de modo algum, abandonar o verso e lê-lo como se fosse prosa. No entanto, o verso também não pode criar um ambiente de irrealidade exterior. É por meio do verso que chega-se à verdade".[2]

Assim, para Saint-Denis, o verso confere vitalidade ao texto, preserva a sua universalidade, elevando-o a uma condição extracotidiana; em outras palavras, "para ser clássico é preciso ser impessoal e objetivo" (p. 8). Quanto ao trabalho do ator, cabe a ele se deixar embeber dessa poção mágica, a fim de alcançar outras realidades que não as suas.

Conforme destacou no prefácio da primeira edição de *Theatre: The Rediscovery of Style*, o convite que recebera da Fundação Rockeffeller para proferir suas palestras se devia à sua "familiaridade com o teatro clássico – tanto na França quanto na Inglaterra – combinada à abordagem contemporânea, estabelecida na educação e no treinamento cênico". Para Saint-Denis, "não há dois mundos; não existe um mundo do moderno e outro do teatro clássico. Há apenas um teatro, assim como existe apenas um mundo" (ver, p. 46). E é a partir de afirmações como essa que ele desenvolve uma reflexão estética e sustenta a sua noção de estilo, a qual não se reduz ao conceito museológico, formal e/ou às regras do apresentar-se em trajes de época. Estilo, aqui, abrange todo o pensamento, a constituição moral, política e cultural que emana da visão de cada dramaturgo. Os praticantes devem apreender o espírito de cada período e transmiti-lo em termos contemporâneos a partir da realidade humana e artística atual, posto que "a realidade de

---

2   The Actor: Tynan Interviews Olivier, *The Tulane Drama Review*, v. 11, n. 2, p. 82, Winter, 1966.

cada país é constituída de sua personalidade histórica, a qual é constantemente modificada" (p. 44).

Quando se fala em estilo, o jovem ator, atento às coordenadas do texto, certamente se debruçará sobre as questões a seguir: como posso aliar o pensamento, a voz, a gesticulação e o comportamento à época dessa peça? Como devo dizer esses versos? Devo entoá-los, declamá-los, dizê-los com a naturalidade do cotidiano ou simplesmente ignorá-los? Poderei usar uma régua para conseguir essa postura vitoriana? Devo retirar o chapéu na presença de uma dama? Posso sentar na casaca? Como faço uma reverência?

Tais preocupações estão presentes na recriação de um período, na fidelidade dos costumes de determinada época. Esses conhecimentos se arrolam no âmbito da exteriorização da personagem, embora pertençam igualmente ao campo do estilo.

Em Hamlet, nos deparamos com o seguinte conselho aos atores, o qual pode ser definido como o primeiro escrito da estética teatral, separando-se da tradição das poéticas: "o propósito de representar, cujo fim, tanto no princípio como agora, era e é oferecer um espelho à natureza; mostrar à virtude seus próprios traços, ao ridículo sua própria imagem, e à própria idade e ao corpo dos tempos, sua forma e aparência"[3].

O ofício do ator ao servir como mediador da natureza, transpondo-a de maneira artística no palco, exige uma tessitura à parte, posto que sua curiosidade e maleabilidade cênicas devem se sobrepor aos preconceitos habituais e às visões anedóticas e/ou caricaturais acerca da sociedade e da realidade que será representada. Somente por meio de tal abertura o ator poderá cumprir sua missão, arvorando-se de elementos fiéis à construção de sua personagem. O exagero ou a repetição mecânica de determinados costumes em nada contribuirão ao florescimento de suas aptidões teatrais. Quando se alia o gesto, a palavra e o movimento em prol de uma motivação sustentada interiormente, o valor poético assume as rédeas da ação.

Com o intuito de fundamentar o conceito de estilo para além de seu sentido cênico, Saint-Denis baseara-se na máxima

---

[3] Shakespeare, *Hamlet*, Ato III, cena 2, tradução de Ana Amélia Carneiro de Mendonça.

de Buffon: "Le style, c'est l'homme même" (p. 59)[4]. Por se tratar do próprio homem, de sua natureza, isto é, da constituição humana, o estilo integra a totalidade e exprime a autenticidade que subjaz a qualquer aparência. Para Saint-Denis, faz-se necessário distinguir estilo de período. Quando um espetáculo é construído a partir da apreensão e do entendimento do sentido de uma época, ou seja, de seu estilo, e não exclusivamente de sua forma, a saber, de seu período, ele deixará de comunicar apenas os traços típicos de uma civilização para expressar o espírito de seu autor. Esse decoro pode ser vislumbrado mesmo que o texto seja concebido em roupagem contemporânea, contanto que o gênero, a linguagem e a interioridade se remetam às circunstâncias dadas pelo dramaturgo. O estilo é uma espécie de identidade (e não mera entidade) que desenraíza das profundezas da subjetividade o verdadeiro caráter da personagem, o qual deve ser respeitado. Sobre a expressão de Buffon, diz Hegel: "Aqui estilo significa em geral a peculiaridade do sujeito que se dá a conhecer completamente em seu modo de expressão, na espécie de suas inflexões e assim por diante."[5] Precedido de um século, mas na mesma perspectiva adotada por Buffon, encontramos em Pascal a seguinte reflexão: "Quand on voit le style naturel, on est tout étonné et ravi, car on s'attendait de voir un auteur, et on trouve un homme."[6] O autor revela sua humanidade por meio de sua obra, posto que seu estilo natural traduz continuamente sua marca característica, portanto, por trás da imagem do artista e de sua obra, somos colocados em contato direto com sua essência.

Na ocasião das palestras, a leitura do livro *The Fervent Years*, de Harold Clurman, fora decisiva para inteirá-lo das circunstâncias do teatro americano do período: sua constituição realista e a adesão ao "método" stanislavskiano – via Lee Strasberg, Elia Kazan, Robert Lewis, Cheryl Crawford, Luther e Stella Adler e Sanford Meisner. Apesar da resistência e da suspeita de Saint-Denis em relação à cristalização do "método", ele articulou o seu

---

4 "O estilo é o próprio homem", *Discours sur le style*, Paris: Hachette, 1905, p. 22.
5 *Cursos de Estética I*, tradução de Marco Aurélio Werle, São Paulo: Edusp, 2001, p. 293.
6 "Quando se vê o estilo natural, fica-se totalmente assombrado e arrebatado, pois esperava-se ver um autor e encontra-se um homem", *Pensées*, Paris: Garnier, 1957, p. 79-80.

pensamento acerca do sistema de Stanislávski, apropriando-se dele em muitos de seus treinamentos, mas em constante combate ao que via como seu "psicologismo" (tão acentuado nos estúdios americanos de teatro, sobretudo no de Lee Strasberg).

Daí sua oposição ao naturalismo, que advém de uma formação baseada no teatro poético e de suas pesquisas com a *Commedia dell'Arte* – além do aprendizado com o tio, Jacques Copeau, e da experiência de conduzir, à sua maneira, os Copiaus e a Compagnie des Quinze. O domínio da variação do estilo, da linguagem teatral e da ação dramatúrgica de conteúdo poético ou realista são cruciais para o estabelecimento harmônico da criação.

Foi exatamente a necessidade de ultrapassar a mera fotografia da realidade característica do naturalismo que inspirou Copeau e seus discípulos, os quais integravam o Cartel des Quatre: Jouvet, Dullin, Baty e Pittoëff. Esses encenadores semearam as lições de seu mestre e as traduziram em prática de combate ao teatro mercantilista, cuja proposta era a mera diversão. Tal contestação, oriunda do Théâtre du Vieux-Colombier e, posteriormente, de sua escola, tinha por base a criação de espetáculos minimalistas, os quais evocavam as raízes de um teatro há muito esquecido, mas prestes a ser revivido. A fim de cumprir essa tarefa, Copeau fez uso das máscaras, da mímica, da acrobacia e de exercícios de improvisação – fornecendo a seus atores/alunos as devidas características de uma forma teatral primitiva, a qual encontraria abrigo no ambiente bucólico da Borgonha. Ali, nasceram arlecchinos, briguelas, capitanos, tartaglias e pantalones franceses. As máscaras exprimiam os traços do povo do campo e da cidade. Os atores confrontaram-se com um dos aspectos mais profundos da criação artística, no ato de comungar com o teatro, encarnado no tablado e na carroça da trupe itinerante (divorciados do palco italiano) na própria natureza. Michel Saint-Denis vivenciou a fundo essa experiência e a incorporou em todos os seus espetáculos, bem como em sua pedagogia teatral. À época, seu companheiro de turnê era Jean Dasté[7].

---

[7] Anos depois, Jean Dasté se casaria com Marie-Hélène Copeau (Maiène para os íntimos) Dasté, filha de Jacques Copeau, igualmente atriz e figurinista da Compagnie des Quinze. De importância crucial no Théâtre du Vieux-Colombier, confeccionava máscaras para os exercícios e os espetáculos, somando ▶

Jacques Copeau e Michel Saint-Denis centraram suas investigações e seus pensamentos na teoria teatral de Diderot, proposta em seu opúsculo *Paradoxo Sobre o Comediante*. Diderot, no século XVIII, antes do legado de Copeau, interessara-se pelo modelo de interpretação teatral inglês, cujo representante era o ator shakespeariano David Garrick, contrariando enfaticamente o ressurgimento do teatro clássico francês pretendido por Voltaire. Se Shakespeare fora renegado pelos franceses de então, ele seria exaltado pelos românticos alemães, sobretudo Goethe, Herder e Lessing (sendo este último o continuador das propostas cênicas de Diderot), os quais compreenderam a importância do teatro elisabetano. Em 1929, Copeau teve a oportunidade de prefaciar o referido livro de Diderot e, desse modo, estabelecer uma relação entre a forma teatral deste com a sua. Anos mais tarde, o mesmo texto de apresentação[8] fora publicado no livro *Notes sur le métier de comédien*, com o prefácio de Michel Saint-Denis. A retomada do gesto expressivo no teatro, as profusas inspirações e recriações do modelo farsesco de Molière, entre outros, fizeram com que Os Copiaus absorvessem o que Gustave Attinger denominara de *l'esprit de la Commedia dell'Arte dans le théâtre français*.

A descoberta da encenação francesa e a difusão das ideais de Copeau em Londres são, pois, frutos do trabalho que lá realizou Michel Saint-Denis. A proliferação de seu ensino conferiu uma nova abordagem dramática ao palco britânico, no London Theatre Studio e, posteriormente, na criação da escola junto ao Teatro do Old Vic, a Old Vic School. Seu núcleo teatral conquistou espaço progressivamente, elevando-se, em pouco tempo, ao nível da célebre Royal Academy of Dramatic Art.

A organização deste livro é trabalho da historiadora e pesquisadora teatral Jane Baldwin. Ela traça em seu prólogo um perfil nítido de Michel Saint-Denis, analisa as concepções artísticas às quais esteve vinculado, destacando traços da vida particular e profissional do mestre francês – mentor das mais importantes escolas de arte dramática da Europa, do Canadá,

---

▷ essa função à carreira de atriz na Comédie de Saint-Etienne, companhia teatral fundada em parceria com Jean Dasté.

8 J. Copeau, Réflexions d'un Comédien sur le Paradoxe de Diderot (présentation), em Diderot, *Paradoxe sur le Comédien*, Paris: Plon, 1929.

onde Saint-Denis foi figura-chave no desenvolvimento do teatro profissional com seu trabalho no Drama Dominion Festival e pela formação da Escola de Teatro Nacional; e dos Estados Unidos – até sua morte em 1971. Baldwin ainda faz preceder cada capítulo de uma pequena introdução, com o intuito de contextualizar o leitor em relação às ideias e aos embates travados pelo autor, refazendo, assim, os passos de seu *chemin du théâtre*.

Esperamos que o leitor brasileiro desfrute da leitura deste livro com o mesmo prazer que tive ao traduzi-lo e apresentá-lo. Desejo que o estudioso da arte dramática possa dele extrair os devidos recursos para enriquecer a sua arte na redescoberta do estilo teatral[9].

Gabriel Federicci
Crítico e pesquisador teatral

---

[9] Agradeço à Perspectiva na figura de Jacó Guinsburg e toda sua equipe de realização pelo interesse e publicação deste livro. Meus cumprimentos se estendem igualmente a Rosine e Julien Gautier, nora e neto de Michel Saint-Denis, pela prontidão e incentivos constantes; a Catherine Dasté, sua prima, pela amizade e substanciais colaborações; e, por fim, a Jane Baldwin que, com atenção e presteza, sempre se colocou à disposição para eventuais esclarecimentos e debates acerca do mestre francês e suas proezas infindáveis.

Prefácio

A vida de Michel Saint-Denis foi uma busca pela autenticidade no teatro. Os leitores deste livro descobrirão que o padrão de sua vida reflete tal aspecto. Ele não viveu guiado por princípios estabelecidos, mas frequentemente por respostas ambíguas e contraditórias a diversas circunstâncias.

Para Michel, suas próprias contradições eram oportunidades de renovação e crescimento contínuo. Mesmo "verdade" – sua palavra-chave para louvor e realização – em certo sentido era ambígua. O que se pode dizer que é "verdade" no teatro? O ator traja roupas de outra pessoa, diz palavras alheias, e pede ao público que brinque de fazer de conta com ele. Sempre insisti com Michel que a palavra "crível" é mais precisa e verdadeira – uma maneira mais eficaz para o público imaginar junto com o ator. No entanto, "verdade" soava mais convincente em seu carregado sotaque francês.

Quem foi realmente esse homem? Foi uma pessoa extremamente contraditória, um intelectual cujo trabalho era instintivo; um *paysan* que, por seu alto porte e inteligência, mais parecia um aristocrata; um radical apaixonado pela preservação do passado; um homem controlado que, mesmo assim, podia lutar temerariamente por suas crenças; cético e responsável;

irônico e dedicado. Posso ouvi-lo rir da minha incapacidade de categorizá-lo.

Era um francês cuja influência sobre o teatro britânico modificou diretamente o modo de trabalhar da maioria de nós. Quatro grandes companhias – a Royal Court, o Royal National Theatre, a English National Opera e a Royal Shakespeare Company – foram todas influenciadas por suas crenças e inspiradas por suas paixões.

Ao recordar o homem de teatro, lembro-me também que nos anos de guerra ele se voltou para o que era então mais importante do que qualquer papel a ser desempenhado. Michel foi chefe da equipe francesa da BBC e, como o lendário Jacques Duchesne, falava quase todas as noites para seus compatriotas em nome da França Livre. Essa combinação de percepção, cultura e senso do valor da comunicação humana (ainda lembrada na França) dava coragem e esperança. Essa "verdade" em muito contribuiu para erradicar as mentiras da propaganda nazista.

Minha dívida pessoal para com Michel é enorme. Em 1961, a meu convite, ele e Peter Brook juntaram-se a mim como diretores da então recém-fundada Royal Shakespeare Company. Tínhamos a sensação de que começávamos algo que poderia levar a tradição shakespeariana a uma nova era. A companhia era jovem, desordenada, agitada, aventureira. E Michel, um homem de grande sabedoria, decidiu juntar-se a essa aventura porque, creio eu, muitas das crenças que ele professava com tanto ardor já faziam parte do nosso processo de trabalho. Fui um jovem muito afortunado: Michel deu-me estabilidade e direção no momento crítico.

Talvez o pragmatismo inglês, a nossa "abertura" (aliás, outra palavra favorita de Michel), o tenha atraído a nós. Mas nossa "abertura" nos incentivava também a desconfiar da teoria, possivelmente como desculpa para evitar artesania. Esse era um perigo que Michel nunca deixou de nos assinalar. O que ele fez pela Royal Shakespeare Company e por mim é incalculável. Ele falou para uma nova geração de jovens atores e diretores sobre a nossa tradição europeia – acerca de Stanislávski, Copeau e Brecht. Ele conhecera esses homens. No entanto, jamais nos aprisionou em uma teoria fria. Michel odiava dogmas. Ele sabia muito bem com que rapidez a "verdade" de ontem torna-se a confortável convenção de hoje, imitada irrefletidamente e sem efeito. Uma sociedade saudável precisa de um teatro vívido, que reage a mudanças.

Michel era um professor extraordinário, que amava os jovens. Para ele, os jovens eram o futuro – instintivos e repletos de energia. Ele extraía deles tanto quanto lhes propiciava. Eles poderiam ser dogmáticos e obstinados – mas não por muito tempo com Michel. A teoria sempre era submetida aos seus céticos (e muito gauleses) desafios. Ele acreditava, é claro, na artesania, na técnica, mas apenas como um "meio". Atuar não era um truque a ser aprendido e depois executado; não era imitação, mas sim uma revelação integral da personalidade do ator como um todo. Saint-Denis suspeitava profundamente de qualquer "método" arraigado – velho ou novo. Odiava qualquer fórmula que impedisse perguntas ou inibisse mudanças. *Seu* método era de fato a própria mudança.

Os anos que passei ao lado de Michel fizeram com que eu começasse a entender a responsabilidade de trabalhar no teatro. Se você convida o público a lhe entregar duas ou três horas de sua vida, é preciso oferecer-lhe algo considerável em troca. Você deve tentar e pode falhar, mas é melhor falhar do que repetir um padrão velho e vazio.

Michel achava que todos nós que trabalhamos no teatro somos responsáveis não só por exibir nossos talentos para o seu melhor proveito, mas também por preservar o nosso melhor como pessoas. Isso pode soar sentimental, mas era isso mesmo que ele queria dizer. Para ele, as duas qualidades unificavam-se: o talento não justificava um comportamento desequilibrado ou egoísta; aliás, tal atitude somente diminui o talento. Sua pergunta favorita sobre um colega com quem estava prestes a trabalhar era "ele está em boas condições?" Se estivesse, conseguiria realizar um bom trabalho. Caso contrário, deveria ser convencido a tirar férias ou a descansar. Ele não devera arriscar-se, desperdiçando o tempo da plateia. Michel era muito solícito com as pessoas.

As razões pelas quais trabalhamos no teatro são complexas. Muitos fazem uso dele como uma espécie de jardim de infância – um lugar fácil para adentrar o mundo da fantasia. É possível esconder-se nele e, se necessário, espalhar os brinquedos pela sala. Para Michel, contudo, o teatro não era lugar para se esconder; era um lugar para *ser*. Sua finalidade era revelar o homem. Ao ler as notas biográficas para este livro, lembrei-me que Michel, embora tenha oferecido tanto, sofreu muito com os acontecimentos de sua vida. Ele foi, de muitas formas, uma figura trágica. Mas suas ideias e seu exemplo ainda são capazes de inspirar o teatro. Sua carreira é testemunho de sua própria qualidade, de sua integridade. Ele era inimigo declarado da convenção morta e da desonestidade. Para Michel, o teatro era algo que mudava como nossas vidas mudam: a busca pela verdade jamais terminaria. E, mesmo se insisti que a performance deva ser *crível* em vez de verdadeira, não foi ainda uma conclusão confortável. Mas estava viva.

Sir Peter Hall, março de 2008[*]

---

[*] *Sir* Peter Reginald Frederick Hall (1930), diretor inglês de teatro, cinema e ópera. Aos 29 anos, em 1960, fundou a Royal Shakespeare Company, e convidou Michel Saint-Denis e Peter Brook para serem codiretores da companhia. Dirigiu mais de duzentas produções, inclusive a estreia mundial em inglês da peça *Esperando Godot*, de Samuel Beckett, em 1955, bem como as estreias da maioria das peças de Harold Pinter. (N. da T.)

Para Grisha

Prólogo

QUEM FOI MICHEL SAINT-DENIS?

Há vários anos, enquanto pesquisava para meu livro *Michel Saint-Denis and the Shaping of the Modern Actor*, visitei a bilíngue National Theatre School of Canada (cofundada por Saint-Denis) para observar as aulas e entrevistar professores e alunos. Na parte externa do edifício que leva o seu nome, o professor francês de teatro me perguntou: "C'était qui Michel Saint-Denis?" (Quem foi Michel Saint-Denis?). Como biógrafa de Saint-Denis, a ironia não me passou despercebida. Durante sua vida, Michel Saint-Denis (1897-1971) foi um luminar do teatro peripatético, cujo trabalho exerceu profunda influência sobre o teatro na França, no Canadá, nos Estados Unidos e, mais especialmente, na Inglaterra. No entanto, uma geração após sua morte, Saint-Denis saiu silenciosamente da história. É coisa trivial o fato de que o trabalho do profissional de teatro é efêmero, de que, ao contrário da maioria das outras formas de arte, a criação teatral é colaborativa, em constante mudança, durando apenas enquanto é executada. Dentre todos os colaboradores artísticos da produção teatral, o trabalho do diretor é talvez o mais difícil de resgatar, avaliar ou mesmo discernir.

Ainda hoje, num período de diretores famosos, os comentários críticos tendem a enfocar mais o dramaturgo e/ou os atores, cuja contribuição pode parecer mais proeminente.

A fama fugaz de Saint-Denis pode ser igualmente explicada por sua carreira de professor, em cuja função ele foi considerado tão importante quanto na de diretor. Ao contrário da opinião aceita, a pedagogia é uma disciplina tão evanescente, difícil de compreender e dependente de estilo quanto a direção. No ensino teatral, um campo simbólico e metafórico, essas características se combinam. Na melhor das hipóteses, os alunos absorvem uma compreensão pessoal da visão de seu instrutor, que pode, no entanto, adulterar ou mesmo subverter o material e as ideias que o professor sentiu que ele ou ela apresentava. De mais a mais, no imaginário popular, o sucesso é medido em termos de realizações individuais dos alunos, particularmente o estrelato. Poucas grandes estrelas foram criadas por Saint-Denis, o professor.

No entanto, a despeito de sua tênue preservação da memória cultural, Saint-Denis deixou um sólido registro de realizações como legado. Às vezes, literalmente sólidas, como no caso das remanescentes escolas de teatro: L'École Supérieure d'Art Dramatique (1954), a National Theatre School of Canada (1960), e a Juilliard Drama Division (1968). Além disso, legou-nos um acervo de escritos na forma de artigos e, mais importante, dois livros. O primeiro, *Theatre: The Rediscovery of Style* (Teatro: A Redescoberta do Estilo, London: Heineman, 1960) é o mais significativo. O segundo, *Training for the Theatre: Premises and Promises* (Treinamento Para o Teatro: Premissas e Promessas, New York/London: Theatre Arts Book/Heinemann, 1982), editado por sua viúva, Suria Magito Saint-Denis, foi publicado postumamente, e é considerado atípico, provavelmente por ela ter compilado muitos de seus escritos não publicados, trabalhando obviamente sem o seu *feedback*.

A longa autobiografia, há muito tempo prometida por Saint-Denis, jamais se materializou, talvez por causa de uma antiquada relutância em discutir a si mesmo. Embora seus escritos sejam por vezes anedóticos, suscitam mais perguntas do que respondem sobre a sua vida pessoal.

Entretanto, ambos os livros oferecem ao leitor de hoje mais do que o vislumbre de seus princípios sobre a prática e a estética do teatro, que nos permitem compreender sua importante contribuição para a evolução da arte. Saint-Denis via a si mesmo como um reformador, cuja existência consistia em trabalhar para purificar, revitalizar e reformular o teatro do século XX. É um prazer apresentar as palavras deste grande *homme de théâtre* à nova geração de estudantes e profissionais. Neste livro, o texto *Teatro: A Redescoberta do Estilo* está presente em sua totalidade, enquanto *Treinamento Para o Teatro* contém apenas alguns capítulos referentes aos métodos de ensino de Saint-Denis.

O Universo de Michel Saint-Denis

Saint-Denis nasceu em 13 de setembro de 1897, em Beauvais, França, cidade provinciana de médio porte, mais conhecida por sua catedral. Anteriormente próspera, a família de Michel passou por um período difícil devido ao consumo excessivo de bebida alcoólica, aos jogos de azar e à falta de perspicácia comercial de seu pai, Charles. Felizmente, para o futuro de Michel, sua mãe, Marguerite, recorreu a seu irmão, o diretor Jacques Copeau. A família Saint-Denis mudou-se para Versalhes para ficar próxima dos Copeau. Para Michel, Copeau representava tudo o que seu pai não era. O menino tornou-se rapidamente seu mais estimado discípulo, passando o maior tempo possível no apartamento do tio em Paris e, mais tarde, em seu teatro de vanguarda, o Vieux-Colombier. Quando Saint-Denis conheceu o tio, a reputação de Copeau como crítico, escritor, ator e diretor estava em ascendência. Copeau era apoiado em seus esforços por seus amigos, dentre os quais alguns dos principais intelectuais e escritores franceses da época: André Gide, Jules Romains, Roger Martin du Gard, Charles Péguy e Paul Claudel. Grande parte da infância de Saint-Denis foi passada metaforicamente aos pés desses homens, ouvindo as conversas de seu tio com eles, uma experiência que moldou sua visão cultural e artística.

Entretanto, a maior influência de sua vida foi o teatro de Copeau, fundado em 1913. Fascinado, obcecado mesmo pelo Vieux-Colombier, Saint-Denis, ainda estudante do *lycée*, muitas vezes faltava à escola a fim de assistir aos ensaios e conquistar um espaço em que pudesse ser útil. Ele sentia-se parte da tentativa de seu tio de restaurar o teatro ao seu lugar central na comunidade humana. A missão autoimposta por Copeau, de "renovação" do teatro, compreendia múltiplas tarefas, incluindo a redescoberta da forma teatral por meio da investigação de suas eras ilustres; o aprimoramento da qualidade da interpretação; o desenvolvimento de uma dramaturgia poética; a criação de uma nova arquitetura teatral; e, mais importante, o estabelecimento de uma escola de teatro que treinasse alunos para concretizar a visão de Copeau.

O Vieux-Colombier completara uma temporada quando irrompeu a Primeira Guerra Mundial, colocando o teatro em compasso de espera durante o período e, consequentemente, interrompendo o aprendizado teatral de Saint-Denis. Recém-formado no *lycée*, Saint-Denis foi convocado pelo exército em 1916. Ele serviu quatro anos, em geral na linha de frente, e foi agraciado com a *Croix de Guerre* por bravura. Aqueles anos afetaram-no profundamente, expondo-o a um amplo espectro de pessoas, países estrangeiros, aos horrores da guerra e, pela primeira vez, à liderança, pois subiu na hierarquia militar de soldado raso a tenente. No entanto, o teatro nunca esteve ausente de sua mente, como indica sua correspondência com Copeau. Ele sonhava com o dia em que poderia dedicar-se completamente aos ensinamentos do tio.

Os anos de 1920 a 1924 foram formativos para Saint-Denis. Ele trabalhava como factótum no reaberto Vieux-Colombier, assumindo quaisquer tarefas que lhe fossem atribuídas: secretário da companhia, administrador da bilheteria, relações públicas, contrarregra e assistente de direção – aprendendo a profissão de baixo para cima, estreando finalmente na interpretação em 1922. Nunca tendo sido formalmente um aluno da escola do Vieux-Colombier, frequentava as aulas de maneira heterodoxa, aprendendo a partir da observação. A oportunidade de dirigir uma apresentação na escola, *Amahl ou la lettre du roi* (Ahmal ou a Carta do Rei, de André Gide), em 1924, foi a recompensa por seu talento e assiduidade. Desviando-se da formação tradicional, a escola enfatizava a inventividade e o movimento, especialmente a ginástica e as técnicas circenses.

A fim de estimular sua imaginação, os alunos, muitas vezes sem supervisão, faziam improvisações. Apesar do interesse de Copeau pela escola, ele raramente dava aulas, o seu tempo era ocupado com a direção, a interpretação e as obrigações de um diretor artístico.

Mais tarde, em 1924, Copeau, insatisfeito com os resultados do Vieux-Colombier, não obstante o seu sucesso artístico, fechou o teatro e levou um grupo de seguidores – Saint-Denis, alguns atores e seus alunos – para o campo, na Borgonha, a fim de se concentrar no treinamento e na pesquisa prática. Saint-Denis foi acompanhado pela esposa Miko e seu jovem filho, Jérome. A filha Christine nasceu não muito tempo após sua chegada ali. Os cinco anos de permanência na Borgonha seriam essenciais para o desenvolvimento profissional de Saint-Denis. Ali, ele aprimorou suas habilidades de mímico, criador de máscaras e *performer*, farsista* e ator característico. Por necessidade – mas também devido à sua crescente ambição –, aprendeu ainda a escrever, dirigir, os rudimentos do ensino e as responsabilidades de um diretor artístico.

Após a chegada do grupo na Borgonha, as aulas foram retomadas, com a participação de todos – atores e alunos – à exceção de Copeau. Aqueles que tinham algum conhecimento especializado em uma disciplina ensinavam aos outros. As aulas consistiam, na verdade, de participação ativa em áreas que fascinavam Copeau e seus atores-alunos, como a *Commedia dell'Arte* e outras formas de entretenimento popular. Frustrados com os contínuos trabalhos em sala de aula – que só conduziam a novos trabalhos em sala de aula – e com o inconsistente controle de Copeau, que vivia ambições conflitantes que o levavam cada vez mais a um afastamento – devido à sua intensa conversão religiosa –, os atores e alunos tomaram em conjunto a decisão de formar uma trupe de teatro. A maioria deles era inexperiente; todos eram idealistas e viam sua companhia como passo vital em direção à esperada revolução teatral. Por causa da falta de material adequado, começaram a desenvolver suas improvisações com peças inteiras de performance, dando origem, inadvertidamente, à criação coletiva do século

---

* Termo que designa ator que interpreta farsas; aqui especificamente as de Molière. (N. da T.)

xx. Aparentemente em desacordo com seu etos democrático, o grupo, no entanto, sentiu a necessidade de um diretor. Por seu talento, personalidade forte e experiência na sala de ensaios, Saint-Denis foi nomeado. Copeau conservou autoridade em competências inespecíficas.

A ordem do dia era criar um repertório, formar público e desenvolver habilidades em um estilo pessoal. O repertório deveria atrair um público não testado, os viticultores da região – a maioria dos quais jamais assistira a uma peça. A comédia, particularmente a farsa física, propiciava maiores esperanças de sucesso. Ela se inspirava, em grande parte, no treinamento anterior do grupo e provavelmente atrairia um público rural. A trupe, apelidada de Les Copiaus (os filhos de Copeau, no dialeto regional) pelos moradores, voltou-se às farsas de Molière e à *Commedia dell'Arte* como meio de inspiração. No início, as apresentações consistiam de várias seletas. Um programa típico poderia incluir as comédias de um ato do século XVII ou XVIII, uma seleção musical e/ou de movimento, bem como uma peça de criação coletiva.

Os Copiaus viajavam pela região, apresentando-se normalmente aos domingos e nos festivais de colheita, quando os trabalhadores do vinhedo dispunham de tempo livre. A juventude dos atores, sua verve, habilidades acrobáticas e clownescas conquistaram o público. Tal reação levou os Copiaus a desenvolverem material que se relacionasse diretamente com a vida de seu público. Numa tentativa de criar personagens prototípicas, se aventuraram no âmbito das máscaras cômicas*. Saint-Denis, que era ator e diretor da trupe, foi muitíssimo bem-sucedido, criando duas personagens mascaradas (Jean Bourguignon e Oscar Knie) que foram incorporadas nas produções. A companhia começou a fazer turnês cada vez mais amplas, partindo

---

* O objetivo da trupe por meio do trabalho com as máscaras era o de representar a condição social deste público, exprimindo suas características por meio do movimento teatral – na esteira da *Commedia dell'Arte*. Entretanto, não se trata mais das clássicas máscaras italianas; a criação das personagens mascaradas dos Copiaus partia dos camponeses. Mais adiante, o leitor deparar-se-á com relatos de Saint-Denis a respeito de sua pesquisa sobre a máscara (desde a primeira vez que esta foi incorporada à prática teatral do Vieux- Colombier), bem como explicações e comentários de exercícios referentes à função dessas máscaras no treinamento de atores. (N. da T.)

para lugares distantes como a Suíça e a Bélgica. A fama crescente levou a trupe a desenvolver criações mais complexas e longas.

Embora os Copiaus praticassem a criação coletiva *avant la lettre*, diferenciavam-se essencialmente de seus descendentes das décadas de 1960 e 1970. Ao contrário dos grupos coletivos posteriores, que eram estimulados por considerações políticas, os Copiaus eram impelidos pela busca artística. Seus sonhos permaneceram os de Copeau, ainda que a tensão entre a companhia e seu mentor tivesse se aprofundado. Os Copiaus recorriam a ele com o objetivo de conseguir material para suas produções. Ele respondia intermitentemente. A maioria dos escritos e a geração de ideias foram assumidas por Saint-Denis. Ocasionalmente, Saint-Denis, por vezes acompanhado de Jean Villard, um dos atores, visitava o campo para entrevistar os moradores e observá-los no trabalho; uma abordagem antropológica de fazer teatro que seria mais explorada por outros artistas nas décadas de 1960 e 1970, a era de ouro da criação coletiva. As apresentações altamente teatrais combinavam mímica, dança, coro falado, música e máscaras. Os roteiros, no entanto, tendiam a ser fracos, uma deficiência frequente da criação coletiva.

Os Copiaus estavam ficando cada vez mais inquietos. Embora tivessem conseguido realizar muitas coisas durante os cinco anos na Borgonha, a vida continuava precária e os salários, míseros. Sua vida comunal na minúscula aldeia de Pernand-Vergelesses deu origem a ciúmes, rivalidades e tensões. As pressões dessa vivência numa estufa ocasionaram o colapso do casamento de Saint-Denis. Ele se envolveu com Marie-Madeleine Gautier, atriz e cenógrafa membro dos Copiaus. Seu filho Blaise nasceu dessa relação.

A reafirmação recorrente do poder de Copeau, somada à sua perene insatisfação, corroeu a autoconfiança da companhia. Isso foi particularmente verdadeiro no caso de Saint-Denis, cujo senso de autonomia foi desgastado pelas incompatíveis exigências de Copeau que, por um lado, solicitava a Saint-Denis que assumisse inteira responsabilidade pelos Copiaus e, por outro, solapava sua autoridade. Em maio de 1929, Copeau inesperadamente desfez a trupe, deixando-os perplexos e sem saber o que fazer.

Saint-Denis aproveitou a ocasião e, ao longo dos próximos meses, reconstituiu os Copiaus segundo suas próprias especificações. Dessa iniciativa, surge a Compagnie des Quinze, assim denominada por referir-se a seus quinze membros[1]. André Obey, um jovem e talentoso romancista, com pretensões à dramaturgia, juntou-se ao grupo[2]. Parecia a combinação ideal. O diretor, os atores e o dramaturgo compartilhavam o mesmo desejo de experimentar formas da cultura popular, explorar mitologias e reviver o drama poético de formas relevantes para as plateias contemporâneas.

Para Saint-Denis, o drama poético era a antítese do naturalismo, cujas tentativas de replicar os detalhes da vida cotidiana eram por ele consideradas como antiarte. Embora apreciasse a linguagem lírica, esta não era um pré-requisito. Contudo, a linguagem expressiva elevada contém uma qualidade indispensável ao seu conceito de poética teatral – a intensificação e a transcendência da realidade. Como diretor da Compagnie des Quinze, Saint-Denis montou produções ritualísticas, baseadas em movimento e serviu-se da fala rítmica e/ou do coro falado. O cenário era simbólico, estilizado e minimalista. Posteriormente, Saint-Denis expandiu sua visão do teatro poético de modo a incluir certos textos realistas, como as peças de Tchékhov. Na encenação dessas peças, ele representava suas qualidades poéticas de modo mais sutil, enfatizando as qualidades ambientais.

Contando com um dramaturgo que elaborava e refinava os diálogos, a Compagnie des Quinze descobriu que poderia concentrar-se menos na baixa comédia, apesar de esta permanecer parte integrante do seu trabalho. O repertório tornou-se mais eclético e incluía temas mais profundos, os quais esperavam que fossem bem recebidos pelo público urbano. Embora os Copiaus tivessem trabalhado com temas sérios em

---

[1] As datas de nascimento e morte da Compagnie des Quinze são de certo modo arbitrárias, pois a trupe evoluiu a partir dos Copiaus. Embora sua primeira produção se desse no dia 7 de janeiro de 1931, os membros da companhia haviam começado a trabalhar consideravelmente mais cedo em suas duas primeiras produções. Sua última apresentação ocorreu no outono de 1934, mas Saint-Denis se esforçou para mantê-la até dezembro de 1935.

[2] Possivelmente como compensação pela dissolução dos Copiaus, Jacques Copeau arranjou um encontro de apresentação entre o dramaturgo e os membros da companhia.

seu treinamento de improvisações, nenhum havia sido encenado. Recorreram, pois, a eles nas duas primeiras produções de Obey com a Quinze: *Noé* e *Le Viol de Lucrèce* (A Violação de Lucrécia), uma adaptação dramática do poema homônimo de Shakespeare. Saint-Denis há muito tempo pensara que a história bíblica de Noé seria adequada às habilidades específicas da companhia. Os Copiaus ansiavam por enfrentar uma obra shakespeariana. Como todas as peças que Obey criou com e para eles (seis no total), elas eram apresentadas em estilo simbolista.

A introdução de um dramaturgo não afetou profundamente os métodos de ensaio do grupo, únicos à época mas uma das diversas técnicas tradicionais dos grupos coletivos atuais. Na fase inicial de ensaios, Saint-Denis, os atores, cenógrafos e o dramaturgo discutiam os planos. Sob o olhar vigilante de Saint-Denis, os atores desenvolviam temas e personagens por meio de improvisações. Os aspectos estilísticos eram elaborados durante todo o processo de ensaio. Ao contrário de algumas versões posteriores da criação coletiva, o diretor – sempre Saint-Denis – estava presente em todas as fases do trabalho. O motivo, em parte, devia-se ao fato de Saint-Denis ser um ator da companhia, mas isso era mais diretamente atribuível à história de sua produção aliada à meticulosidade do diretor.

Os atores da Quinze consideravam-se uma companhia igualitária, na qual nenhum membro era subordinado a outro. Apesar de jamais terem pensado em trabalhar sem um diretor ou mesmo compartilhar tarefas de encenação, insistiam em que todos pudessem expressar sua opinião na tomada de decisões. No entanto, em virtude de suas posições, Saint-Denis e Obey eram capazes de agir independentemente da companhia. Obey, em particular, encontrava-se em uma situação favorável, pois havia conseguido um patrocinador disposto a financiar uma porcentagem das despesas da Quinze.

Os conflitos surgiram rapidamente. Saint-Denis, com a aprovação de Obey, escalou Pierre Fresnay, um astro que desejava ampliar suas próprias possibilidades artísticas, como o protagonista de *Noé*. Parecia evidente aos atores que a escolha de Fresnay tinha o intuito de evitar um fracasso de bilheteria. Viam tal decisão como falta de confiança em sua missão e em suas habilidades de atuação. Essa escolha marcou uma importante mudança no relacionamento entre os integrantes do grupo e na visão de Saint-Denis acerca do papel de diretor. Embora a colaboração continuasse crucial para o processo do coletivo, a palavra final era de Saint-Denis. Isso se refletia no seu estilo de direção, pois ao trabalhar com roteiros mais literários, enfatizava o ator como intérprete textual. Entretanto, a *mise-en-scène* persistia em salientar imagem, som e movimento.

Não obstante os contratempos com Fresnay, a trupe ensaiava com entusiasmo, convencida de que seu longo aprendizado seria recompensado e que os textos inovadores, *Noé* e *Lucrécia*, confeririam uma nova concepção de teatro ao público parisiense. Lamentavelmente, os comentários críticos sobre *Noé*, a primeira produção da Quinze, foram confusos, muitos deles incompreensíveis. Sem dúvida, o que mais desencorajou Saint--Denis foi o fato de os comentários mais favoráveis atribuírem o sucesso da produção a Copeau. O diretor artístico e seus atores ainda eram vistos como "filhos de Copeau". Essa identificação da Quinze com Copeau continuou, para grande desgosto de Saint--Denis. Saint-Denis e seus atores certamente reconheciam que o ponto de partida da trupe tinha sido a estética de Copeau e suas *mises-en-scène* no Vieux-Colombier. Mas a Quinze expandira as realizações de Copeau. É surpreendente que, na época em questão, sua abordagem pioneira – a criação coletiva – passasse despercebida. O público também ficou dividido em suas opiniões. Fresnay, que pouco tempo depois deixou o espetáculo, não havia sido o chamariz que Saint-Denis e Obey esperavam. *Lucrécia*, que alternava com *Noé*, obteve recepção mais favorável. Entretanto, somente praticantes do teatro alternativo, como Charles Dullin, valorizavam inteiramente as realizações da Quinze.

Convidado a apresentar-se em Londres no verão de 1931, Saint-Denis e sua trupe fascinaram aquele universo teatral. Os críticos, o público e os artistas de teatro aclamaram sua originalidade, tão diferente do teatro britânico da época, aprisionado na tradição e convenção. Ambas, *Noé*, a peça cômica, e *Lucrécia*, a trágica, faziam uso de um coro e máscaras. Ambas tornavam suas formas antigas mais contemporâneas: *Noé*, a peça de mistério medieval; *Lucrécia*, o teatro renascentista inglês, aliado às formas do nô japonês. Embora os britânicos apreciassem os textos, foram os aspectos visuais da produção que mais os encantara. Excepcionalmente para a época, algumas das críticas detalhavam a marcação de cena.

Uma vez que *A Violação de Lucrécia* é uma *mise-en-scène* emblemática dessa fase de Saint-Denis, uma breve descrição é apropriada. O esquema de sua direção ia além do próprio texto e amalgamava quatro estilos distintos: o medieval, o renascentista, a tragédia grega e o teatro nô. Em essência, a estrutura do nô combina drama, dança, música e poesia, e conta com dois atores e um coro. O ator principal, denominado *shite*, relata a história por meio da dança, representando várias personagens mascaradas, algumas sobrenaturais; o ator coadjuvante, o *waki*, fornece a maior parte da exposição; o coro, acompanhado pela música, narra a dança apoteótica do *shite*. Da mesma maneira, *Lucrécia* faz uso de recursos narrativos, dois *récitants* ou comentaristas e um coro. Ao contrário do nô, *Lucrécia* tem dois protagonistas, a heroína e seu estuprador, Tarquínio. O *récitant* masculino conta a história de Tarquínio, enquanto o feminino, a de Lucrécia. Para destacar seu papel, quase sobrenatural, de observadores das fragilidades humanas, usavam a meia-máscara, perucas de cabelos longos e vestidos esvoaçantes, que lhes conferia uma aparência andrógina. Em certo sentido, amalgamavam os papéis de *shite* e de *waki*.

Os *récitants*, durante a maior parte da ação, sentavam-se em tronos elevados em ambos os lados do cenário; o *waki* também permanecia sentado ao lado do palco durante a maior parte da peça. Lucrécia representava a maioria das suas cenas no centro do palco, à semelhança do *shite*. Por um lado, as cenas de abertura, nas quais ela estava cercada por suas criadas girando ao seu redor, trazia à mente imagens de tapeçarias medievais; por outro, seu ritmo onírico era inspirado no teatro nô.

O momento culminante da peça é, obviamente, o estupro, que seria difícil de encenar mesmo nos dias atuais, devido à sua brutalidade sexual primeva. A produção de Saint-Denis atenuava os aspectos descritivos por meio do movimento simbólico, do gesto e do som, que serviam como artifícios de distanciamento. Para efeitos de ilustração: a cena tinha início com o "som suave do sino que batia à meia-noite". Depois de um longo momento, a narradora feminina entrava lentamente, dirigia-se ao seu lugar, quebrando suavemente o silêncio com o tilintar das chaves presas no seu cinturão, e, por fim, ao chegar sentava-se e adormecia. Paradoxalmente, os dois sons suaves criavam um clima ominoso, preparando caminho para a aproximação silenciosa de Tarquínio. Por meio da mímica, Tarquínio representa seu percurso pelo palácio, movendo-se por corredores invisíveis e sinuosos em direção ao quarto de Lucrécia, ao acompanhamento de sua própria imaginação de lascivo estuprador, que é relatada pelo narrador masculino. A narradora feminina descrevia o que tinha visto. À medida que Tarquínio se aproximava de Lucrécia, o ritmo intensificava-se; as vozes dos narradores ficavam entrecortadas, ofegantes pelo temor. Tarquínio abria o dossel azul – o azul da imaculada concepção –, conforme observara um crítico –, revelando o corpo adormecido e vulnerável de Lucrécia; ele então estendia a mão e tocava seu seio[3]. Ela acordava com um grito assustado. Os narradores viravam a cabeça, enquanto Lucrécia rogava, orava e chorava em vão. Tarquínio reagia com crueldade, insistindo em satisfazer o seu próprio desejo. Nesse momento as personagens, falando por si mesmas, encenavam o seu próprio drama sem a intervenção narrativa. Essa cena aproximava a peça do realismo, mas seus padrões de elocução rítmica e encantatória representavam um estilo muito diferente. A cena terminava com Lucrécia jogada sobre a cama, o rosto iluminado, gemendo deploravelmente, à medida que as cortinas se fechavam. Essa estilização da violência não passou despercebida pelos críticos, que ficaram emocionados e fascinados, sem nenhuma repulsa.

Em parte por necessidade (a companhia nunca encontrou uma casa) e em parte por razões estéticas, a Quinze empregava um cenário arquitetônico de uso geral, fácil de transportar. Consistia de um palco desmontável, pilares e cortinados, o que possibilitava sua montagem em múltiplas disposições. Os adereços e peças de cenário, simples e sugestivos, eram criados para cada produção. Essa configuração teatral, ao mesmo tempo antiga e moderna, remetia tanto aos tablados da *Commedia dell'Arte* quanto aos toldos de circo – fatores que contribuíam para a uniformidade de suas produções não realistas.

A preocupação de Saint-Denis no tocante ao estilo estendia-se ao projeto cenográfico, ao espaço de atuação e ao edifício

3   *Latinité*, abr. 1931, p. 81.

teatral. Ao longo de sua carreira, ele colaborou intimamente com seus cenógrafos, geralmente colegas de longa data. À medida que se afastava do repertório presentacional* e predominantemente simbolista de seus primeiros anos, Saint-Denis envolveu-se com o desenvolvimento de um palco flexível para teatros, que serviria para uma ampla variedade de peças. Dado que o estilo era seu principal interesse, vale ressaltar que na qualidade de diretor dedicou-se a um repertório bastante limitado. Mas tudo isso ocorreria no seu futuro, no qual o período mais significativo se concretizaria em Londres. Esse profissional francês, cuja formação, cultura e prática diferiam notoriamente de seus colegas britânicos, tornar-se-ia uma influência dominante na transformação teatral do seu país de adoção.

A visita da Quinze a Londres foi vantajosa, tanto para Saint-Denis como para uma ascendente geração progressista de profissionais britânicos de teatro. Com poucas e notáveis exceções, as inovações europeias haviam sido amplamente ignoradas na Inglaterra. O West End londrino estava voltado às comédias de salão, ao melodrama e ao teatro de revista; o modo predominante de atuar era o minimalismo naturalista; os cenários, em geral ultrapassados; o diretor ainda não predominava. O Old Vic, comprometido com produções de Shakespeare, oferecia uma alternativa ao teatro comercial. Poucas companhias alternativas apresentavam um repertório e/ou métodos de encenação incomuns, mas, à semelhança do Old Vic, passavam por graves problemas financeiros. Essas trupes forneceram profissionais idealistas, com novos modelos de teatro. Tais jovens rebeldes queriam descartar o hábito e abraçar o futuro. Para eles, a Quinze, com sua ênfase na atuação coletiva e um estilo singular de combinar o texto com sonoplastia teatral e técnicas de movimento, parecia ser o futuro. Artistas como John Gielgud, Laurence Olivier, Charles Laughton, Peggy Ashcroft e Tyrone Guthrie (para citar apenas alguns nomes) recorreram aos conselhos de Michel Saint-Denis.

Saint-Denis, animado com o interesse pelo seu talento, porém imerso na Compagnie des Quinze, retornou à França

---

* O teatro presentacional se compreende como evento único, não como representação, mas uma apresentação com ênfase no atuante. (N. da E.)

para criar outro trabalho em parceria com André Obey. Tratava-se de *La Bataille de la Marne* (A Batalha do Marne), baseado vagamente em uma improvisação sobre a angústia da guerra, que a trupe explorara em seus dias de Copiaus. Aqui a guerra era particularizada, comemorando um episódio da Primeira Guerra Mundial em que tropas de emergência foram enviadas à frente de batalha por táxis parisienses, no intuito de impedir o avanço do exército alemão. O roteiro possui conotações brechtianas, se bem que a Quinze desconhecesse a obra de Brecht. Menos linear do que *Lucrécia*, as duas obras compartilhavam similaridades de forma: um mensageiro comentava a ação realizada através de mímica, as personagens eram arquetípicas e havia um coro. Uma mulher sofrida representava a França, Saint-Denis interpretava diversas personagens, como um camponês, um prefeito, um médico e um motorista de táxi; o coro feminino personificava as províncias francesas; o masculino, o exército. A peça era igualmente notável pelo uso de *grummelotage*, uma linguagem inventada de som e movimento, com a qual os Copiaus haviam feito experiências. Do ponto de vista atual, *La Bataille de la Marne* parece mais um avanço na busca da Quinze por um novo teatro. Mas conquanto tivesse seus defensores entre artistas e intelectuais, os quais elogiaram seus impressionantes *tableaux*, os comentários críticos variavam.

Ao longo dos próximos anos, velhos problemas ressurgiriam: a rivalidade, o desânimo, a fadiga ocasionada pelas constantes turnês, as dificuldades financeiras, a falta de material e a desconfiança direcionada a uma figura de autoridade – agora Saint-Denis no lugar de Copeau. Mesmo dotado de imenso talento, Obey não podia suprir todo o repertório da companhia. Era difícil encontrar outros dramaturgos aptos a atender às exigências da Quinze. Alguns atores começaram a deixar a companhia. Saint-Denis se esforçava para substituí-los, mas, embora houvesse vários candidatos, nenhum possuía a formação necessária. A Grande Depressão resultou na retirada do apoio de sua *patronnesse*. Em 1934, em seu último empenho para manter viva a reduzida companhia, Saint-Denis retornou a Londres para arrecadar dinheiro.

Depois das quatro turnês anuais da Quinze, Saint-Denis estava bem ciente da respeitabilidade de seu trabalho na Inglaterra, como ator e diretor. A companhia permaneceu um modelo para as organizações teatrais, como, por exemplo, o England's Group Theatre.

Não obstante o seu inglês rudimentar, Saint-Denis estabeleceu valiosos contatos. Em especial, Marius Goring e Vera Poliakoff, que se aproximaram dele em Londres, foram recrutados mais tarde para a Quinze. Goring e Poliakoff haviam entrado para o seleto grupo de jovens e ambiciosos praticantes de teatro, dentre os quais encontravam-se futuros colegas de Saint-Denis, George Devine e as cenógrafas conhecidas como "Motley" (Margaret Harris, Sophie Harris e Elizabeth Montgomery). Acolhido calorosamente nesse círculo, Saint-Denis encontrou pouco apoio, se é que houve algum, para ressuscitar a Quinze. Em vez disso, foi incentivado a permanecer na Inglaterra e somar forças com eles em uma colaboração ainda indefinida. Como Saint-Denis observou: "Sem que o percebesse, eu convivia com aqueles que moldariam o teatro inglês nos próximos trinta anos."[4]

Tratava-se de uma decisão dolorosa. Ele teria de separar-se de sua língua, cultura, família e carreira de ator. (Seu sotaque carregado, na verdade quase cômico, tornava-a impossível). Por outro lado, a Inglaterra lhe oferecia uma independência artística indisponível na França, onde permanecera à sombra de seu tio. Finalmente, ele foi persuadido pela oferta de Tyrone Guthrie de £ 1.300 para criar uma escola. Seguiram-se outras contribuições. O London Theatre Studio (LTS) foi fundado em 1935, como uma escola "não conformista", aberta à experimentação, cujas propostas de curso superavam as de um programa de teatro convencional. Apesar do ou talvez devido ao "anseio de influência" de Saint-Denis, ele tomou emprestado as teorias pedagógicas de Copeau, introduzindo suas próprias revisões.

O LTS, o primeiro dos seis institutos de formação estabelecidos por Saint-Denis, serviu de protótipo para os demais. (A escola prevista para a Quinze nunca foi plenamente instituída por causa de problemas econômicos.) Saint-Denis acreditava

---

4   Michel Saint-Denis, The English Theatre in Gallic Eyes, trad. J.F.M. Stephens, Jr., *Texas Quarterly*, n. 4, Aut. 1961, p. 31.

que uma escola de arte dramática e uma companhia permanente de teatro comprometida com a pesquisa, deveriam existir em simbiose, nutrindo-se mutuamente. Assim sendo, uma companhia de teatro foi planejada para o LTS desde o início. Para Saint-Denis, a escola de arte dramática ideal seria uma instituição autossuficiente, cujo objetivo maior era a transformação do teatro. Para atingir esse propósito, o programa de dois anos do LTS desenvolvia atores, cenógrafos, diretores de cena e técnicos. Seu currículo tornou a escola excepcional, numa época em que escolas de teatro ensinavam interpretação, futuros cenógrafos estudavam em institutos de arte e diretores de cena e técnicos aprendiam no próprio trabalho. No LTS todos os aspectos do ensino foram integrados. Seus futuros praticantes compartilhariam a mesma visão de teatro. O corpo docente era constituído por profissionais atuantes.

O curso de interpretação do LTS possuía três seções: a primeira destinada aos alunos, a segunda aos profissionais e a terceira era uma seção francesa, destinada a alunos com proficiência nessa língua. O fundamento lógico era o pressuposto de que a performance em língua estrangeira resultaria no aperfeiçoamento da dicção. Na prática, o curso não obteve êxito justamente por causa do número insuficiente de inscrições – havia apenas seis estudantes com diversas habilidades em francês e interpretação. Os iniciantes seriam escalados para o elenco das produções juntamente com profissionais como Vera Poliakoff e inclusive Saint-Denis. Infelizmente para este último, a remoção do curso do currículo encerraria efetivamente sua oportunidade de atuar na Inglaterra[5].

Atores profissionais – dezesseis no primeiro período letivo da escola – frequentavam aulas adequadas para o seu nível. Alec Guinness, o mais conhecido deles, foi treinado por Saint-Denis, e Laurence Olivier participou de uma aula de ginástica teatral. A esperança de Saint-Denis era de que os profissionais formassem um grupo de talentos para a sua planejada companhia. No entanto, o principal impulso do programa de interpretação era a seção dos alunos. Seu vasto currículo – tido como radical em muitos lugares – incluía voz, dicção, música,

---

5 Antes disso, Saint-Denis desempenhou o pequeno papel de um motorista de táxi francês no filme *Secret Agent* (Agente Secreto), de Alfred Hitchcock, em 1936.

movimento, improvisação silenciosa e falada, máscara trágica e cômica, texto, história do teatro e performance. Saint-Denis também introduziu aspectos do sistema de Stanislávski dentro do programa de interpretação, o que é surpreendente para alguns, dado o viés antinaturalista do diretor francês. Mas, de modo inverso, sua concepção da verdade na interpretação exigia um equilíbrio entre técnicas internas e externas.

Em 1937, os alunos formados pelo LTS fizeram sua primeira apresentação pública, que não era só um teste para eles, mas o treinamento em sua totalidade. Em geral, a reação dos críticos foi altamente favorável. A maior parte das produções, dirigida pelos instrutores, era entregue às mãos dos alunos. Mantendo a filosofia da escola, os alunos de técnica interpretavam pequenos papéis e os de interpretação auxiliavam na parte técnica. Normalmente, esse acontecimento anual incluía um ato de um drama elisabetano, de uma comédia clássica e de um drama poético moderno. O novo trabalho desenvolvido nas aulas de improvisação era a parte mais experimental do programa. Para Saint-Denis, a criação coletiva remanescia como ferramenta de formação.

Os espetáculos eram apresentados no teatro de 200 lugares do LTS – ao estilo Bauhaus – projetado pelo arquiteto Marcel Breuer. Saint-Denis trabalhou de perto com Breuer, como fizera com o criador do palco móvel da Quinze, André Barsacq. Breuer projetou uma versão modernizada de um palco georgiano para o LTS. Como tal, ele foi muito útil para ambas as produções, presentacional e representacional, o que denota uma mudança no repertório de Saint-Denis.

Paralelamente ao ensino na escola e à sua administração, Saint-Denis atuava como diretor. Durante esse período, com variadas gradações de sucesso, montou nove peças profissionalmente. Foi uma enorme experiência de aprendizado para ele, bem como para aqueles com quem trabalhou. Sua peça de estreia foi *Noah* (versão inglesa de *Noé*), montada a pedido de John Gielgud, que ansiava por desfrutar do que percebera como o toque mágico de Saint-Denis. Foi uma produção transicional, na qual Saint-Denis trabalhou com o material da Quinze, mas sem o *ensemble* especialmente treinado que tornara a produção tão memorável. Apesar de um elenco talentoso que incluía Alec Guinness, Jessica Tandy, Marius Goring e John Gielgud no papel-título, era apenas uma sombra da produção original. Os atores não tinham a habilidade de movimento, o treinamento com a máscara e o espírito coletivo, e as três semanas de ensaio usuais na Inglaterra eram inadequadas para um diretor acostumado com vários meses de preparo. A produção agradou aos críticos, mas apenas reforçou a convicção de Saint-Denis de que uma escola e uma companhia permanente seriam essenciais à reforma do teatro britânico e ao desenvolvimento de sua própria carreira na Inglaterra. Sem que tivesse uma companhia permanente própria, ele seria um diretor transitório sob comando alheio.

Pouco depois de *Noé*, Saint-Denis despediu-se da era da Quinze e passou a experimentar o drama jacobino. Em 1936, Tyrone Guthrie o convidou para dirigir a obscura peça *Witch of Edmonton* (A Bruxa de Edmonton) no Old Vic, estrelada pela célebre atriz Edith Evans. Saint-Denis adotou uma linha surrealista em sua encenação. Tal intento foi alvo de ataque dos críticos tradicionais, que o consideraram uma "pretensão artística", um opróbrio que persistiria. Sem intencão, Saint-Denis havia pisado em terreno perigoso e sacrossanto – o teatro clássico britânico. Mesmo assim, *A Bruxa de Edmonton* não deixou de ter admiradores. Laurence Olivier, ansioso para interpretar Macbeth e atraído pela nova abordagem de Saint-Denis, pediu-lhe que dirigisse a peça. Em estilo expressionista, a produção foi concebida como uma projeção da mente de Macbeth. A iluminação soturna, as imensas peças de cenário e os figurinos refletiam seu estado delusional, assim como as fantásticas máscaras usadas pelas bruxas e por Banquo. Novamente, os mesmos críticos atacaram o experimentalismo de Saint--Denis. As qualidades imagísticas que haviam sido elogiadas nas produções da Quinze eram demasiadamente de vanguarda, "estrangeiras" demais para o seu dramaturgo nacional. Anos mais tarde, Margaret Harris, uma das cenógrafas da Motley, atribuiu os comentários hostis à xenofobia. Para ela, as produções clássicas de Saint-Denis possuíam "emoção e um caráter singular e excitante", porém, "pouco apreciadas" pela comunidade crítica da época[6].

---

6 Margaret Harris, entrevista, 5 de junho de 1989.

Embora Saint-Denis talvez não correspondesse às expectativas dos críticos, ele permaneceu como fonte de inspiração, como líder e inovador em sua profissão. Assim, John Gielgud, a cargo da temporada de 1937/1938 no Queen's Theatre, procurou Saint-Denis para dirigir *As Três Irmãs*, em 1938. A peça foi um desvio estilístico claro das produções profissionais anteriores de Saint-Denis. O realismo ainda era novo para ele, se bem que no LTS ele começara a explorá-lo, preparando os alunos para lidar não só com os clássicos, mas também com o teatro moderno. Saint-Denis discernia entre o realismo e o que denominava "a lama do naturalismo"[7]. Para ele, o naturalismo lidava com a descrição do banal e do sórdido, ao passo que o realismo, na sua melhor forma, como nas peças de Tchékhov, retrata temas universais, seu estilo é mais lírico, e é "capaz de [exprimir] a essência da... própria vida"[8]. As duas formas são similares, posto que ambas narram temas contemporâneos enfrentados por personagens contemporâneas, que vivem em tempos contemporâneos.

Dois fatores auxiliaram Saint-Denis a esmerar o seu tratamento de Tchékhov. Ele possuía um elenco estelar – dentre outros, John Gielgud, Peggy Ashcroft, Michael Redgrave, Gwen Ffrangcon-Davies e George Devine – e Gielgud lhe concedeu dois meses de ensaio. A preparação de Saint-Denis incluía um estudo abrangente da tradução recentemente publicada de *A Preparação do Ator*. Em 1922, ele ficara impressionado com a produção de Stanislávski de *O Jardim das Cerejeiras*. Nesse momento, ele recorreu ao livro do mestre russo para descobrir técnicas que resultariam na espontaneidade e na verdade interior que o haviam conduzido à referida montagem. No que pode parecer uma abordagem paradoxal para encontrar a qualidade de improvisação na produção de Stanislávski, Saint-Denis fez meticulosamente a marcação de cena do roteiro antes do ensaio. No entanto, ele não descartou a improvisação como técnica de ensaio. Fazendo uso de exercícios análogos para a memória dos sentidos, o elenco passou dias criando estado de espírito e clima. O efeito deveria aprofundar suas caracterizações. Como pode ser observado nas

---

7   Ver p. 67 infra.
8   M. Saint-Denis, The English Theatre in Gallic Eyes, n. 4, p. 40.

fotografias da produção e nos comentários críticos, Saint-Denis integrou a caracterização física de forma modificada em *As Três Irmãs*. O movimento parecido à dança da Quinze foi transformado em gesto e movimento mais representacional, porém ainda cuidadosamente coreografado. A longa e desconhecida abordagem do desenvolvimento da peça estimulava a imaginação dos atores e produzia uma interpretação de conjunto de uma qualidade nunca antes vista nos palcos britânicos. O consenso crítico era de que Saint-Denis havia repensado a essência de Tchékhov, que os ingleses há muito consideravam deprimente e de difícil encenação. Saint-Denis foi elogiado por ser o primeiro na Inglaterra a ressaltar o humor do drama de Tchékhov[9]. As reações foram sumarizadas no seguinte comentário: "Jamais veremos a superação dessa produção de *As Três Irmãs* e devemos homenagem à genialidade de *monsieur* Michel Saint-Denis por nos tê-la propiciado"[10].

Um ano depois, o trabalho de Saint-Denis foi interrompido pela eclosão da Segunda Guerra Mundial, dessa vez em meio aos ensaios de *O Jardim das Cerejeiras*. Convocado para se juntar ao seu velho regimento da Primeira Guerra Mundial, ele voltou à França. Os quatro anos passados em Londres foram um período de muitas realizações, estabelecendo as bases para futuros empreendimentos. Ele adquirira uma equipe de discípulos imbuídos de seus métodos. Por meio dos seus ensinamentos e produções, Saint-Denis trouxera uma seriedade de propósito ao teatro britânico. Ele havia introduzido reformas no tocante à direção, à arquitetura, ao cenário e à interpretação. O LTS treinara atores para trabalhar como um *ensemble,* em oposição aos programas de teatro padronizados, cujo foco era voltado ao desenvolvimento de estrelas. Ele havia provado que podia assumir o comando e obter sucesso em uma cultura estrangeira. E conquanto oferecera muito ao teatro britânico, havia adotado e adaptado o que lhe parecia ser o melhor de sua tradição. Seus projetos, no entanto, ainda estavam incompletos. A tão esperada companhia de teatro do LTS jamais saiu do papel. O máximo que Saint-Denis havia conseguido foi dirigir duas peças para a temporada de John Gielgud, com atores de sua própria escolha

9   He that Directs the King, *Times Literary Supplement*, 15 July 1960, p. 442.
10 Lionel Hale, *News Chronicle*, 1 Feb. 1938, p. 9.

e alguns dos seus melhores alunos como figurantes e intérpretes de pequenos papéis. Em 1939, a questão aberta era se o futuro lhe reservava a possibilidade de alcançar suas ambições.

O período de Saint-Denis no exército terminou quando ele foi evacuado em Dunquerque, após a derrota francesa em junho de 1940. Ele retornou a Londres, ansioso para participar do esforço de guerra, onde pudesse ser mais útil. A BBC o recrutou para desempenhar um papel vital num veículo de linguagem em evolução à época – a propaganda de rádio. Sua função era escrever, dirigir e apresentar, por meia hora diária, o programa *Les Français parlent aux Français*, cujo propósito era rebater a desinformação que os alemães alimentavam na França ocupada. O objetivo a longo prazo era despertar os franceses a se insurgirem contra seus senhores alemães. Saint-Denis não possuía nenhuma experiência anterior com rádio e, uma vez que essa era a primeira guerra a ser travada em ondas aéreas, tampouco contava com um modelo a ser seguido. Como homem de teatro, estava ciente da importância de cativar seu público e trouxe à programação os truques do ofício. Intercalava drama, noticiários e quadros cômicos que utilizavam personagens típicas da atualidade. O programa, proibido aos franceses por seus invasores, era avidamente acompanhado às escondidas. Seu jornalismo honesto registrava não só as vitórias, como também as baixas dos Aliados, e influenciou seu público desprovido de informações. Sob o *nom de guerre* Jacques Duchesne, Saint-Denis tornou-se "a voz que não engana"[11]. O pseudônimo serviu para proteger sua família na França da retaliação do governo. Ironicamente, seus pais e irmã, partidários do marechal Pétain, o governante fantoche da França, eram indiferentes às transmissões.

Em 1945, Saint-Denis foi aclamado herói na França Livre. Mas não pôde se alegrar: seu filho mais velho fora morto em batalha três meses antes do fim da guerra, no território francês. O conflito sobre seu futuro – permanecer na França ou voltar à Inglaterra – levou-o a refletir sobre as possibilidades. Caso permanecesse na França, ficaria próximo de seus dois filhos sobreviventes. Mas qual seria o rumo do teatro francês do pós-guerra? Haveria apoio para as reformas que ele imaginava? Ele assumiu a

---

[11] Saint-Denis, tradução do texto datilografado "In London Between Churchill and De Gaulle", *Crapouillot*, n. 17, 1954.

função de diretor interino do Serviço Inglês para a Rádio Nacional Francesa, mas se demitiu ao deparar-se com condições insatisfatórias. A oferta para dirigir Laurence Olivier em *Édipo*, de Sófocles, no Old Vic, levou Saint-Denis de volta a Londres.

Ele estava animado com a valiosa oportunidade. Poderia juntar-se a Olivier que, para Saint-Denis, era o ator perfeito. Saint-Denis há muito tempo era fascinado pela tragédia grega, mas até aquele momento realizara suas pesquisas somente no LTS. *Édipo* era um território inexplorado na Inglaterra, onde jamais houvera uma produção local profissional. Nas produções anteriores de Saint-Denis havia poucas conotações políticas, porém, os cinco anos que passou como comentarista político afetara seu ponto de vista artístico. Em 1945, com a angústia da Segunda Guerra Mundial sendo um fato da vida cotidiana, Saint-Denis desejava estabelecer um vínculo entre a Grécia mítica de Sófocles e a Europa contemporânea. Dentre os modelos por ele sondados, destacava-se a força esmagadora da irracionalidade – em *Édipo*, os deuses ou o destino, no século XX, o fascismo – e a ascensão e queda do tirano. Saint-Denis traçou sutilmente as semelhanças, em parte por meio da fusão de estilos, do classicismo e do modernismo. Ao fazê-lo, rompeu com a Motley e contratou o artista John Piper, conhecido por suas assustadoramente belas pinturas da devastação da guerra. Piper, que era tanto um artista abstrato como representativo, combinou os dois estilos num impactante, se bem que parco, cenário. A música dissonante de Antony Hopkins era contemporânea, com ecos de tempos arcaicos. Ainda que críticos ocasionais ficassem incomodados com as convenções gregas, como o coro, o *Édipo* de Saint-Denis foi considerado um marco de produção em pé de igualdade com *As Três Irmãs*. A virtuosidade interpretativa de Laurence Olivier foi amplamente elogiada. Talvez a indicação mais reveladora do poder da produção era o frasco de sais aromáticos mantido no teatro para reanimar os espectadores que desmaiavam*.

Édipo foi o primeiro passo do projeto mais amplo que parecia ser a concretização das ambições de Saint-Denis: o Old Vic Theatre Centre. Olivier, diretor artístico da Old Vic Company (ao lado de Ralph Richardson e John Burrell), convidou Saint-Denis

---

* Hábito presente no século XIX, no qual as pessoas recorriam aos sais de cheiro como técnica para reanimação de desmaios. [N. da T.]

para desenvolver um programa de treinamento. Embora vagamente associado à companhia mãe, o centro operava de maneira independente, mas tinha que prestar contas perante o Conselho de Administração do Old Vic. O financiamento administrativo do pós-guerra possibilitou a Saint-Denis formular planos para uma instituição de três níveis, que consistiria de uma escola, um teatro infantil e, finalmente, o seu teatro experimental. Cada nível deveria contribuir para o outro. O teatro infantil (Young Vic) ofereceria aos melhores alunos o acesso ao teatro profissional; o teatro experimental, por sua vez, incorporaria os melhores deles numa companhia permanente, composta em grande parte de atores mais experientes. Saint-Denis esperava que o teatro experimental fosse o espaço adequado para testar e pesquisar a interpretação, a direção, a cenografia e a dramaturgia.

Quando o centro foi fundado, a Old Vic Company estava localizada em um teatro do West End. O Old Vic Theatre havia sido bombardeado e sofrera graves danos; Saint-Denis foi encarregado de sua reforma, para que pudesse ser utilizado pelo Centre. Por vários anos, Saint-Denis e o arquiteto francês e cenógrafo Pierre Sonrel trabalharam no novo projeto. O desenvolvimento de novos dramaturgos era vital para os planos de Saint-Denis com relação ao centro. Ele achava que um palco flexível abriria a imaginação do dramaturgo para as possibilidades do teatro. Consequentemente, esse novo palco do Old Vic incluía um extenso proscênio que podia ser levantado e abaixado por um elevador hidráulico, alterando a relação ator-plateia – um avanço na arquitetura teatral.

A Old Vic School (1947-1952) ampliou e aprimorou o trabalho desenvolvido no LTS, tornando-se a proeminente escola de teatro no mundo de língua inglesa. O incentivo eficaz que atuava a seu favor era a grande concentração de talento, resultado da crescente reputação de Saint-Denis e das bolsas de estudo oferecidas. Saint-Denis modificou o currículo por meio da criação do primeiro programa de direção da Inglaterra e da inclusão de um dramaturgo para trabalhar com os alunos na criação coletiva. Algumas alterações e acréscimos foram feitos ao corpo docente. Glen Byam Shaw, um ator que trabalhara sob a direção Saint-Denis, tornou-se diretor da escola, enquanto Suria Magito conduzia o

Young Vic ao lado de George Devine. As responsabilidades de Suria Magito, a segunda esposa de Saint-Denis, continuaram a aumentar ao longo do tempo. Saint-Denis deveria encarregar-se do teatro experimental, tarefa que nunca se concretizou por razões complexas. Mas, a despeito do compartilhamento de responsabilidades administrativas, Saint-Denis era o árbitro final em todos os assuntos artísticos, pedagógicos e administrativos.

Apesar do sucesso da escola e dos métodos inovadores no treinamento de atores, abordados no capítulo final de *Teatro: A Redescoberta do Estilo*, o centro perdeu o apoio do conselho. (A narração cronológica intricada desses eventos é tratada, de forma mais pormenorizada, tanto no meu livro *Michel Saint-Denis and the Shaping of the Modern Actor* quanto em *Theatres of George Devine*, de Irving Wardle). No nível mais básico, os motivos principais resultaram da mudança na direção artística do Old Vic, das ambições conflitantes e do chauvinismo. Olivier e seus companheiros foram expulsos por razões orçamentárias e substituídos por uma gestão hostil ao centro. O subsídio concedido no pós-guerra estava transformando em realidade o sonho há muito tempo acalentado na Inglaterra de um verdadeiro teatro nacional. O Conselho de Administração empenhou-se arduamente para que essa honra fosse concedida ao Old Vic. Hugh Hunt, o novo diretor artístico do Old Vic, alimentava ilusões de ser o diretor do National. Para alcançar esse objetivo, convenceu o Conselho de Administração, presidido por lorde Esher, que o Vic seria um candidato mais forte se a companhia voltasse ao seu próprio teatro. Quando ficou claro que o teatro experimental perdera seu futuro espaço, a posição oficial de Saint-Denis desapareceu. A suspeita que lorde Esher nutria em relação a Saint-Denis complicou ainda mais as coisas. Alimentado por boatos espalhados pela administração do Old Vic, Esher voltou-se contra os métodos de ensino da escola, questionando como improvisações e trabalho com máscaras poderiam beneficiar o ator clássico. Igualmente dotado de seriedade e incapaz de compreender o comprometimento de Saint-Denis com o teatro experimental, Esher pensava que Saint-Denis disputaria com ele a direção do National. No momento em que o seu preconceito tornou-se mais evidente, ele não fez segredo do fato de ter se ressentido daquele "estrangeiro [...] cujo lugar apropriado era em outra parte"[12]. A escola fechou em 1953, para a angústia da maioria dos profissionais britânicos de teatro. Por certo período, os jornais fizeram de seu restabelecimento uma *cause célèbre*, mas sem sucesso.

Desempregado, Saint-Denis aceitou sua única opção viável, a direção do Centre Dramatique de l'Est (CDE) na Alsácia, o primeiro dos teatros descentralizados do pós-guerra na França, criado em 1946. A descentralização teatral fazia parte de um esquema mais amplo do governo, de revitalizar as províncias francesas cultural e economicamente. Como terceiro diretor do Centro – posto que os dois anteriores não conseguiram adquirir a confiança da população –, Saint-Denis era de longe a pessoa mais experiente para montar instituições teatrais. Ao assumir o cargo, Saint-Denis estava voltando às suas raízes de quando, como um Copiau, lutara para criar uma companhia viável nas províncias. No entanto, em 1953, ele tinha 56 anos de idade, sua saúde estava comprometida devido a um derrame cerebral sofrido anos atrás, e ele recém saíra da decepção devastadora do Old Vic Theatre Centre. Com força de vontade, Saint-Denis deixou de lado sua ambivalência e envolveu-se no projeto com toda a energia.

A tarefa a ele atribuída era a de desenvolver uma escola de teatro, atuar como diretor artístico da trupe teatral do Centro e supervisionar o projeto do edifício em Estrasburgo, que os abrigaria. Assim, ele concretizaria a sua ambição de dirigir uma companhia e uma escola em conjunto e teria a satisfação de projetar um teatro em sua totalidade, uma vez mais em parceria com Pierre Sonrel. (O financiamento inadequado havia forçado ambos a diminuir seus planos para o Old Vic). Saint-Denis começou contratando uma trupe, o que se mostrou mais difícil do que o previsto. Os atores relutavam em deixar Paris para o que consideravam a "roça". Outro obstáculo era seu relativo desconhecimento da nova geração de atores franceses. Jacques Duchesne era um herói nacional; Michel Saint-Denis, o diretor, era um desconhecido. Sem dúvida, ter de persuadir tais atores, os quais não conhecia, a acompanhá-lo à Alsácia foi humilhante para Saint-Denis, que havia dirigido os maiores atores da Inglaterra. A trupe inexperiente aumentou ainda mais o fardo de Saint-Denis; os ensaios

---

12 John Elsom; Nicolas Tomalin, *The History of the National Theatre*, London: Jonathan Cape, 1978, p. 100.

lembravam, por vezes, aulas de interpretação, à medida que ele se esforçava para elevar o nível de interpretação.

A trupe atuava com base em princípios semelhantes aos da Quinze, em turnê quase constantemente, levando consigo um cenário adaptável, projetado pelo talentoso Abd'el Kader Farrah, o último dos cenógrafos-colaboradores de Saint-Denis. No entanto, como Saint-Denis queria atingir um público o mais variado possível, dividiu a companhia em duas seções de dez, para que as turnês cobrissem setenta cidades e aldeias, principalmente na França, mas incluindo a Bélgica e a Suíça. Sua primeira produção, *A Midsummer Night's Dream* (Sonho de uma Noite de Verão), em 1953, foi favoravelmente acolhida pelo público e pelos críticos. Um dos aspectos positivos do retorno de Saint-Denis à França foi sua liberdade para fazer experiências com Shakespeare.

Nesse mesmo ano, enquanto aguardava a conclusão da construção do edifício da École Supérieure d'Art Dramatique em Estrasburgo, as aulas de interpretação tiveram início em Colmar; as aulas técnicas entraram no programa somente depois que a escola havia sido totalmente estabelecida. O curso inicial era rudimentar devido às instalações limitadas, salas de aula pequenas e um corpo docente minúsculo, composto de três pessoas: Saint-Denis ensinava improvisação, cultura geral, teatro e história da arte; Magito, movimento e interpretação; e Daniel Leveugle, um diretor francês, encarregava-se da interpretação. Quando a escola de Estrasburgo abriu suas portas em 1954, Magito foi nomeada sua diretora, embora as alterações do programa curricular fossem de competência de Saint-Denis. O treinamento de atores foi estendido para três anos; aulas complementares de movimento foram inseridas; grande parte do repertório dos alunos foi alterado para adaptar-se à cultura francesa, e o corpo discente aberto para "estrangeiros capazes de trabalhar em francês"[13]. Esse último requisito era necessário – pelo menos no início – para a escola atrair estudantes qualificados. Alunos em potencial reagiram da mesma maneira que os atores cujas audições Saint-Denis avaliara em Paris. Saint-Denis evitou problemas semelhantes com o corpo docente ao trazer vários professores de sua confiança do Old Vic, tão logo instalou-se nas dependências em Estrasburgo.

---

13 M. Saint-Denis, notas do programa, Centre Dramatique de l'Est, 1954.

A simultaneidade de tarefas de Saint-Denis, com recursos limitados, teve o seu preço. Ele viajava cerca de cinquenta milhas a partir de Colmar, onde a trupe ensaiava, para Estrasburgo, a fim de supervisionar a construção do teatro e lecionar. Com o propósito de difundir o centro na região, escrevia artigos, fazia leituras públicas e ministrava palestras. Lutava com atores recalcitrantes, resistentes a seu perfeccionismo. (Cerca de 50% da companhia era substituída a cada temporada). As pressões aumentaram e, em 1955, Saint-Denis sofreu um segundo derrame, que o deixou temporariamente paralisado de um lado e incapaz de falar claramente.

Impossibilitado de continuar trabalhando por vários meses, trouxe mais dois de seus colegas do Old Vic, John Blatchley e Pierre Lefèvre, para que ajudassem Suria Magito a dirigir a escola. Parcialmente recuperado, a saúde de Saint-Denis não lhe permitiu prosseguir como chefe de uma organização tão multifacetada como o CDE. Ele continuou a trabalhar, dirigindo peças de teatro até o final da temporada de 1955 quando, esgotado, entregou a direção da peça original *Le Pays noir* para Pierre Lefèvre. Apresentou seu pedido de demissão, que estipulava que ele permaneceria até que o teatro fosse totalmente edificado e estivesse em funcionamento, embora jamais o dirigisse.

Saint-Denis não estava disposto a abandonar sua carreira, não obstante seus problemas de saúde. Tampouco poderia permitir-se fazê-lo. A vida dedicada ao teatro não lhe fornecera fundos de aposentadoria. Por um feliz acaso, a renomada Juilliard School, de Nova York, financiada pela Fundação Rockefeller, decidira incorporar uma Divisão de Drama em sua Escola de Dança e Música. Na procura da melhor pessoa possível que pudesse empreender sua criação, encontraram Saint-Denis. Ele deixou a escola de Estrasburgo nas mãos de seu fiel discípulo, Pierre Lefèvre, e o teatro a cargo de Hurbert Gignoux, diretor francês cuja formação estava associada ao legado de Copeau.

Nos últimos doze anos de sua vida, Saint-Denis envolveu-se em diversos projetos, não obstante a sua saúde instável. Assessorou, fundou e pôs em atividade programas de teatro nos Estados Unidos, no Canadá e na Europa. Seu papel variava em cada um deles. Segue uma breve descrição dos três mais importantes: em 1960, ele inaugurou a National Theatre School of Canada (NTS) em Montreal que, a exemplo da Juilliard, seguiu o modelo de formação de Saint-Denis, com adaptações culturais. A NTS foi o principal motor do desenvolvimento do teatro profissional canadense. Além de definir o currículo, ele contratou o corpo docente e ia para Montreal periodicamente a fim de supervisionar e criticar o trabalho empreendido. Em 1962, Peter Hall, diretor artístico da Royal Shakespeare Company e também admirador de Saint-Denis, convidou-o, assim como a Peter Brook, para ser seu diretor associado. A missão especial de Saint-Denis era a criação de um estúdio para treinar os membros menos experientes da companhia na abordagem de diferentes estilos, particularmente de um material ainda novo para os atores ingleses, como o teatro épico e o do absurdo. Depois de mais de dez anos de preparativos, a Juilliard Drama Division iniciou suas atividades em 1968. Era líder no que diz respeito ao oferecimento de uma alternativa ao ensino baseado no "Método Stanislávski", dominante nos Estados Unidos. Saint-Denis desenvolveu o currículo da Juilliard, deu assessoria no tocante ao projeto de seus espaços de teatro, contratou o corpo docente, lecionou e dirigiu uma leitura durante o ano de estreia da Divisão de Drama, antes de sofrer um terceiro derrame, que pôs fim à sua vida profissional.

Após deixar Estrasburgo, Saint-Denis continuou a dirigir na Inglaterra. Na Royal Shakespeare Company ele encenou *O Jardim das Cerejeiras*, de Tchékhov, em 1961 e *Herr Puntila und sein Knecht Matti* (O Senhor Puntila e Seu Criado Matti), de Brecht, em 1965. Em 1960, dirigiu sua primeira ópera, *Édipo Rei*, oratório de Stravínski, no teatro Sadler's Wells, conceitualmente diferente de sua produção anterior do *Édipo* de Sófocles. A altamente elogiada *mise-en-scène* permaneceu no repertório da companhia por quinze anos.

Em seus últimos anos de vida, Saint-Denis destacou-se como grande defensor ativo do treinamento do ator, ocupando-se em escrever, proferir palestras internacionais, e envolveu-se nas atividades do International Theatre Institute (ITI). Sua morte em Londres, no ano de 1971, entristeceu a comunidade teatral, talvez principalmente a da Inglaterra, onde ele havia ganhado sua maior reputação.

Jane Baldwin

PARTE I

O Teatro Clássico

1. A Tradição Clássica Francesa: Contradições e Contribuições

O Teatro Clássico foi elaborado a partir da palestra proferida por Saint-Denis na Harvard University, em 1958, como parte integrante da prestigiada série Theodore Spencer. Embora figure no primeiro capítulo de Teatro: A Redescoberta do Estilo, *cronologicamente foi a última das cinco palestras contidas neste livro. À semelhança das outras quatro, foi apresentada por ocasião da primeira visita de Saint-Denis aos Estados Unidos. As demais, sequenciais em estrutura, foram ministradas no Plymouth Theatre em Nova York a uma plateia de praticantes de teatro, críticos e intelectuais. Embora essa fosse sua primeira viagem aos Estados Unidos, Saint-Denis tinha visitado o Canadá diversas vezes por motivos profissionais, desde a década de 1930.*

Saint-Denis foi levado para Harvard por seu amigo e admirador Robert Chapman, dramaturgo e professor da universidade. Fora Chapman quem havia se encarregado do estudo internacional do treinamento de atores na Juilliard, com o objetivo de encontrar o perfeito artista-professor que dirigisse o programa da futura Divisão de Drama.

Neste capítulo, Saint-Denis expõe temas que serão apresentados ao longo de Teatro: A Redescoberta do Estilo. *O mais abrangente é o do papel significativo do passado – aqui o classicismo francês – para a fase contemporânea, a qual descreve, às vezes, como o teatro do realismo moderno, em outras, como o teatro da realidade. A variedade de abordagens dessa realidade constitui a base da concepção de estilo de Saint-Denis. Em certos momentos, ele vai além do teatro para enfatizar que a adesão rígida demais aos fantasmas do passado, isto é, à história da França e às suas tradições, pode bloquear mudança e progresso. Na vida, como no teatro, deve-se encontrar o equilíbrio, a maneira de mesclar polos opostos de modo que o passado informe o presente e este informe o passsado. À medida que a palestra prossegue, ele parte da abordagem histórica para uma discussão sobre os movimentos do teatro francês contemporâneo, seus diretores e dramaturgos.*

Talvez pelo fato de a palestra destinar-se a um público acadêmico, este capítulo é o único que enfoca intensamente a história e a cultura francesas. Possivelmente, também, a referida plateia seja a razão pela qual seus comentários a respeito do classicismo francês tenham sido tão concisos.

O classicismo francês é geralmente chamado de neoclassicismo inglês, para ressaltar suas raízes na antiguidade. No entanto, como Saint-Denis assinala, na França, sua ligação com o passado distante é um aspecto secundário. O classicismo foi refinado e redefinido em sua grande época, o século XVII, muitas vezes considerado o apogeu da cultura francesa. Ele influenciou cada arte e disciplina humanista da vida francesa: a literatura, o teatro, a filosofia, a música, a pintura, a escultura, a arquitetura, o paisagismo e o planejamento urbano.

Em suma, o classicismo refere-se a um sistema de valores e estética que foram, deliberada e conscientemente, aplicados em busca da perfeição artística e social. Deve-se acrescentar que tal sistema foi apoiado por um Estado autoritário e centralizado, a cujos objetivos servia. Os principais valores do classicismo consistiam em ordem, clareza, razão, contenção e decência. Na literatura, a adesão a tais valores levou à valorização da forma sobre o conteúdo, à simplificação e à ordenação da língua francesa, e à diminuição da imaginação em nome da verossimilhança ou da credibilidade. No teatro, a necessidade de verossimilhança acrescentou restrições adicionais, marcadamente as três unidades: A unidade de tempo ditava que o enredo da peça não poderia exceder 24 horas; a unidade de lugar, que não poderia haver mais do que um cenário que representasse um espaço único; a unidade de enredo proibia enredos secundários. Apesar de sua rigidez de vínculo à regra, a era clássica produziu dramaturgos talentosos que, ao trabalharem dentro desse sistema, desenvolveram um estilo particular. A simplificação da linguagem, por exemplo, não queria dizer que a poesia era plana e enfadonha. Pelo contrário, isso significava a eliminação de neologismos e floreios em interesse próprio. A clareza pode igualar a eloquência. No século XX, os inovadores do teatro francês sentiram que era de sua incumbência dar vida nova a tais clássicos que, além das peças de Molière, são amplamente desconhecidos fora dos países francófonos.

Esta palestra, como as outras, está imbuída do tom irônico e do senso de humor zombeteiro tão característicos de Saint-Denis. Embora tenha sido cuidadosamente preparada, seu estilo é quase coloquial, outra de suas características. Em geral, seus escritos foram feitos para serem proferidos, como, por exemplo, quando trabalhou na BBC durante a Segunda Guerra Mundial. No ensino, ele frequentemente ministrava o que chamou de causeries, "bate-papos" ou palestras informais.

Senhoras e senhores. Conhecendo os nomes dos poetas, estudiosos, e homens de teatro que aqui se pronunciaram antes de mim, percebo a grande honra que me foi dada ao ser convidado a falar pela primeira vez em Harvard em memória de um homem a quem vocês tanto prezam por tudo o que ele fez pelas letras, pelas artes e pelo teatro de seu país[1].

Tentarei simplesmente lhes contar minha experiência no teatro. No próximo ano, comemorarei quarenta anos de carreira teatral. Comecei em 1919, logo após a Primeira Guerra Mundial; fui interrompido apenas uma única vez em meu trabalho, durante a Segunda Guerra Mundial. Menciono as duas guerras porque foram de grande importância para mim: em circunstâncias trágicas, elas me conectaram com outros homens. Se não fossem essas guerras, eu talvez permaneceria

---

1 Theodore Spencer (1902-1949), poeta, dramaturgo, crítico, ensaísta e contista. *Boylston professor* de Retórica e Oratória no Departamento de Inglês da Universidade de Harvard.

confinado ao mundo do teatro, cuja atmosfera é, às vezes, rarefeita e artificial.

Se em parte escapei do teatro, estou feliz também por ter, até certo ponto, escapado à minha nacionalidade francesa. Sei que essa é uma atitude perigosa a ser tomada... Passei vinte anos da minha vida, os melhores anos da minha maturidade, vivendo na Inglaterra e trabalhando com o teatro inglês. O que provavelmente quero dizer é que me sinto em condições de compreender melhor o meu próprio país por ter passado tanto tempo longe dele.

Agora, tenho que fazer uma confissão preliminar final. Sempre pertenci a organizações não conformistas. Comecei em Paris, com Jacques Copeau no Théâtre du Vieux-Colombier, cujo início não foi fácil. Quando me tornei chefe de uma companhia – a Compagnie des Quinze – apresentei um repertório de peças que não estava na moda à época em Paris. Nunca dirigi uma peça de que não gostasse. Jamais dirigi peças no "Boulevard" ou no "West-End". Devo salientar que não fui solicitado a fazê-lo com frequência. O teatro é dividido em famílias bem definidas.

Finalmente, apesar das aparências – pois durante seis anos fiz parte do Old Vic –, sempre me preocupei mais com o teatro moderno do que com o clássico. Poderia dizer acerca do meu trabalho que durante esses quarenta anos ele foi, e ainda é, uma experiência voltada à descoberta de todos os meios pelos quais a realidade pode ser levada à ficção no palco.

Terminei o que é chamado de "introdução": e vocês conhecem os fantasmas e as sombras que me acompanham em meu primeiro contato com a Broadway, com o teatro americano, com os Estados Unidos e os americanos.

Sou francês: não há dúvida sobre isso. Deixo que apreciem as consequências naturais de minha nacionalidade. As pessoas possuem diversas ideias sobre isso. Mas, do ponto de vista teatral, tais consequências são precisas, ainda que nem sempre muito conhecidas.

Descobri, tão logo saí da França, que o povo inglês e, acredito, o povo americano, entende por "clássicos" todos os dramaturgos do passado, incluindo os do passado recente; de modo que, em seus termos, Ibsen e Tchékhov são "clássicos";

creio que seja verdade que vocês ainda se referem a Bernard Shaw e a Eugene O'Neill como clássicos. Conosco não é de todo a mesma coisa. Para o francês, classicismo é um espírito, uma filosofia, uma forma. Na verdade, se falarem com um purista francês, e nós temos alguns, irão ouvi--lo afirmar que apenas certo aspecto de sua própria civilização é digno de ser descrito como "clássico": o período que surgiu a partir de Rabelais e Montaigne na era pré-clássica e passou a florescer com Descartes e Pascal na filosofia, na pintura de Poussin, na música de Lulli, no teatro de Corneille, Racine e Molière. Nos deparamos aqui com o ápice do verdadeiro período clássico francês. O século XVI é excluído: o estilo de Luís XIII, facilmente lembrado como o de *Os Três Mosqueteiros*, é muito pesado, demasiado carnal. O estilo de Luís XV é muito afetado, extremamente frágil. Não, Luís XIV, *Le Roi Soleil*, o rei que modestamente escolheu o sol como símbolo de sua glória, permanece no centro da era clássica. Regnard[2] e Marivaux[3], dramatistas do século XVIII, serão admitidos por extensão, mas a porta estará fechada para Beaumarchais, já corrompido em forma e espírito[4].

É por uma espécie de necessidade bem pensada de afiliação que o classicismo francês reconheceu seus ancestrais: o período clássico da Grécia (Ésquilo, Sófocles e Eurípides); a comédia latina (Plauto e Terêncio), e mesmo os comediantes da *Commedia dell'Arte*. Mas aqueles bufões do sul precisavam de Molière para dar forma ao seu trabalho.

---

2   Jean-François Regnard (1655-1709) pertenceu à geração posterior a Molière, cuja obra era muito admirada por ele. Durante a vida de Regnard, suas comédias, escritas em estilo clássico, eram populares, embora fossem desfavoravelmente comparadas às de Molière. Em meados do século XX, sua reputação diminuíra na França.

3   Pierre Carlet de Marivaux (1688-1763), prolífico dramaturgo, romancista e jornalista francês. Sua reputação como dramaturgo reside principalmente em sua réplica elegante, sutil e espirituosa, muitas vezes chamada de *marivaudage*, por causa de seu estilo tão original. Pelo fato de seus enredos cômicos enfocarem os conflitos internos das personagens, em vez de suas ações externas, ele era frequentemente comparado ao trágico Racine. As peças de Marivaux têm resistido à prova do tempo.

4   Pierre Caron de Beaumarchais (1732-1799), embora seja mais conhecido por suas peças – especialmente *O Barbeiro de Sevilha* e *Bodas de Fígaro* –, teve uma vida de aventuras, em vários momentos como espião, contrabandista de armas e revolucionário. Como dramaturgo, rompeu com algumas das tradições clássicas, especialmente contra a proibição da fusão dos gêneros.

Essa é realmente a natureza do leite do qual toda criança francesa é alimentada na escola e na vida. Ela é educada nas humanidades de acordo com as disciplinas clássicas. A mesma disciplina sobrevive em universidades, academias, na literatura, nas artes e no teatro. Para essa tradição clássica voltamos continuamente; com frequência para nos opormos a ela. Mas ela continua a ser um parâmetro básico, o padrão de qualidade. Ela se materializa de forma mais reveladora em Molière: La Comédie-Française é chamada de *La maison de Molière*, a casa de Molière; supõe-se que tenha transmitido até a atualidade as tradições da companhia de Molière. É possível vê-la simbolizada pela própria poltrona em que Molière morreu enquanto representava *Le Malade Imaginaire* (O Doente Imaginário)[5]. Muitas vezes essa poltrana viaja com a companhia. Quando foram a Moscou, levaram-na com eles, embora não fossem representar *O Doente Imaginário*; era apenas o símbolo de Molière; o dramaturgo completo em madeira. O Conservatório Nacional francês, a escola oficial de arte dramática, é o lugar onde alguns grandes atores *de la maison* ensinam; aplicam-se com seriedade em sua função: a de passar aos jovens a maneira tradicional de interpretar textos clássicos e, consequentemente, o significado do estilo clássico.

Atualmente é muito fácil rir de um espírito tão conservador, especialmente se se é totalmente estranho a ele. Nós, franceses, temos sofrido bastante desse espírito, para que também possamos rir disso. É evidente que não se pode transmitir a tradição literal de geração em geração e mantê-la viva. Ninguém com alguma inteligência pensou que isso fosse possível.

Felizmente, temos os textos, os quais devem nos conduzir ao espírito. Para ser clássico é preciso ser impessoal e objetivo. Isso não significa que seja necessário evitar a caracterização detalhada, mas criar personagens que, em vez de detalhadas, com uma psicologia subjetiva e realista, permaneçam objetivas. Isso tende a criar tipos que em uma civilização equilibrada serão geralmente reconhecidos. A linguagem, em geral eloquente, é carregada de matéria humana. Nascida de uma sociedade aristocrática, essa forma de arte é aristocrática em sua expressão:

---

5 Geralmente traduzido em inglês como *The Imaginary Invalid*. Saint-Denis pode não ter mencionado o nome da obra em inglês por ser a peça bem conhecida em seu título original.

vigorosa e heroica em Corneille, terna e apaixonada em Racine e mais popular em Molière. Na tragédia de Racine e de Corneille, ou na alta comédia, como o *Misanthrope* (O Misantropo) de Molière, o texto é escrito em versos alexandrinos, geralmente divididos no meio, com rima no final. Nada menos que isso.

Vocês podem imaginar que os atores não encontram facilidade em enfrentar esse estilo, muito embora, ao mesmo tempo, ele tenha flexibilidade. Desnecessário dizer que para descobrir tal flexibilidade e preservar a forma do verso requer-se considerável arte. Da mesma forma, a prosa, a grande prosa de Molière, é igualmente uma prosa calculada, numerada, de forma escrita que tende à prosódia.

Ora, vocês podem achar que esse estilo é tão rigoroso a ponto de se tornar enfadonho. É o contrário do naturalismo: provavelmente a mais isolada, mas, ao mesmo tempo, a maior forma de teatro em toda a Europa Ocidental. É também, como sei por experiência, a mais afastada do universo anglo-saxão. Tive a oportunidade de ler algumas peças de Molière para plateias de Londres que, em geral, ficaram satisfeitas; mas quando tentei Racine, inclusive os ingleses mais familiarizados com a cultura francesa, e dispostos a apreciar certas formas de classicismo, não conseguiam "engoli-lo". E eu havia escolhido *Phèdre* (Fedra), que é rica em tensão e acontecimentos dramáticos; mesmo assim não puderam aceitá-la – "falas, falas e mais falas", disseram, "é muito retórica, formal demais, em detrimento da ação, da vida e da realidade".

É preciso ressaltar que cada vez mais nos defrontamos com a dificuldade de encontrar atores capazes de representar no estilo de Corneille e de Racine, pois o tipo de mesura clássica e disciplina exigidos está muito distante da vida moderna.

Sempre trabalhei, como disse, com pessoas não conformistas que, novamente partindo dos textos, recriaram a tradição, muitas vezes contra as decisões da Comédie-Française.

Primeiramente, em 1913, vi Charles Dullin interpretar *L'Avare* (O Avarento), de Molière[6]. E novamente em 1922. Dullin

---

6   Charles Dullin (1885-1949) já era um ator profissional quando se juntou à primeira companhia de Copeau no Vieux-Colombier. Em 1913, como um dos principais atores do Vieux-Colombier, ele interpretou pela primeira vez Harpagon em *O Avarento*. De início amigável, a relação entre Copeau e Dullin se deteriorou durante os dois anos em que a companhia permaneceu em Nova York durante a Primeira Guerra Mundial. Copeau achava que ele era ▶

ainda interpretava *O Avarento* quando morreu há alguns anos. Ele trouxe para o papel não o realismo, mas uma realidade que restaurou a vitalidade que o respeito convencional pela tradição havia destruído.

Em 1922, ouvi algumas leituras públicas de Copeau. Ele era um leitor extraordinário. Muito de sua influência originava-se de suas leituras. Ele leu *Bérénice*. Conhecem *Bérénice*? É a peça sem movimento de Racine. O tema remete a Tácito e se expressa por *invitus invitam dimisit* – "contra a vontade dele e contra a vontade dela, eles se separaram". Isto é tudo. Nenhuma outra temática: apenas o movimento de separação e de volta dos amantes. Diz respeito a quatro pessoas com seus servos. Copeau sempre dizia que tais peças, em vez de serem representadas ao ar livre, em grandes espaços, deveriam ser executadas em um pequeno auditório de madeira, no qual a sonoridade do texto teria a qualidade da música de câmara; o tom das vozes, a variedade de tons, as posições das personagens, sua extrema parcimônia de gesto e movimento, tudo deveria ser ordenado de modo que nada perturbasse a atmosfera, a não ser uma bela sonoridade e raros movimentos. Racine requer praticamente uma imobilidade; sendo a ação, como um todo, interior, ela deve ser expressada exteriormente com o máximo de sensibilidade. Notem que é tudo muito refinado.

Em 1920, Copeau realizou a produção de *Les Fourberies de Scapin* (As Artimanhas de Scapino), de Molière. Encenada sobre um tablado nu, impiedosamente iluminado como um ringue de boxe, resgatou o espírito da *Commedia dell'Arte*, sem qualquer imitação árdua do passado.

Em 1923, *O Misantropo* foi dirigido e interpretado por Copeau. Fui seu diretor de cena. Foi encenado à frente de uma tapeçaria, com quatro poltronas e um banquinho no meio do palco. Alguns poucos chapéus, bengalas e espadas: sem adereços adicionais. Duas cartas, eu acho. Quando Copeau, que interpretava Alceste, subia ao palco antes do espetáculo, ele

▷ ambicioso e intransigente demais e o demitiu. Em 1922, Dullin fundou sua própria companhia e escola, a Atelier em Paris, que exerceu grande influência no período entre-guerras. Ele apoiava a Compagnie des Quinze, de Saint-Denis, e até mesmo compartilhou a Atelier com ela em 1932. Suas ideias sobre direção e interpretação eram, em muitos aspectos, análogas às de Saint-Denis.

costumava me dizer que as poltronas, dispostas sobre um belo tapete para que eu não pudesse marcar as posições, estavam colocadas de forma incorreta. Mas posso lhes assegurar que sempre estavam exatamente ordenadas. Copeau entrava no estado de espírito de Alceste duas horas antes de subirem as cortinas – tal era a "realidade" necessária para dar vida ao grande estilo da peça.

Em 1935, Jouvet, em *L'École des Femmes* (Escola de Mulheres)[7] interpretou Arnolphe com cenário do célebre Bérard[8].

Em 1949, houve Jouvet em *Tartuffe* (Tartufo), com cenário de Braque[9].

Em 1952, um recém-chegado, Jean Vilar[10] foi aclamado como inovador por sua interpretação de *Le Cid*, de Corneille, uma tragédia no estilo retórico e lírico. Gérard Philipe representava Rodrigue[11].

Em 1954, assisti a Jean Vilar em *Dom Juan*, de Molière, no Festival de Avignon, uma magnífica performance. No final fiquei de pé, gritando: a relação entre Dom Juan e Sganarelle aparecia sob uma nova luz, muito mais esclarecedora do que na Comédie-Française. Dom Juan era mais um ateu do que um sedutor, e Sganarelle era o homem comum que servia ao descrente aristocrático e assistia com terror e admiração seu mestre desafiar a Deus.

---

7 Louis Jouvet (1887-1951), proeminente ator e diretor francês de renome internacional – tanto no palco quanto na tela. Iniciou sua carreira com Copeau no Théâtre du Vieux-Colombier e saiu em 1922 a fim de fundar sua própria companhia, que durou até sua morte. No momento desta palestra, sua memória ainda estava vívida na mente do público. Ele compartilhava igualmente uma visão de teatro similar à de Saint-Denis.
8 Christian Bérard (1902-1949), pintor que virou cenografista e figurinista, cujos cenários minimalistas e teatrais aprimoraram as *mises en scène* de Jouvet.
9 Georges Braque (1882-1963), pintor cubista francês. Ao citar esse exemplo, Saint-Denis reforça seu ponto de vista de que o clássico e o contemporâneo podem e devem dialogar.
10 Jean Vilar (1912-1971), renomado diretor e ator, de influência significativa no teatro francês do pós-guerra em termos de prática, da democratização da arte, dos padrões estéticos e da descentralização. Entre suas realizações: fundou sua primeira trupe, a Compagnie des Sept, em 1943; criou o Festival d'Avignon em 1947; e foi nomeado diretor artístico do Théâtre National Populaire em 1951.
11 Gérard Philipe (1922-1959) teve breve, mas brilhante, carreira no teatro e no cinema. Como ator de cinema, atingiu o estrelato internacional. No teatro, era conhecido principalmente por papéis clássicos que interpretou sob a direção de Jean Vilar.

Todas essas produções exerceram profunda influência sobre o teatro contemporâneo na França e no exterior. Fiz questão de mencioná-las porque são marcos: os "clássicos" oferecem uma contribuição importante para o estilo moderno. Vocês viram aqui Jean-Louis Barrault[12] em *Les Fausses Confidances* (As Falsas Confidências), de Marivaux. Há poucos anos, Moscou aplaudiu a Comédie-Française em *Le Bourgeois Gentilhome* (O Burguês Fidalgo), de Molière, e Jean Vilar em *Le Triomphe de l'amour* (O Triunfo do Amor), de Marivaux, bem como em *Dom Juan*, de Molière, e *Marie Stuart* (Maria Stuart), de Victor Hugo. Fui a Moscou em junho de 1957 e, quando indaguei aos russos do que mais haviam gostado dos repertórios de Brecht[13], da Comédie-Française e de Jean Vilar, responderam sem nenhuma hesitação: de Marivaux. Então, perguntei-lhes o porquê. Ao que responderam: "Por seu estilo: é algo que não podemos fazer. De Brecht não temos nada a aprender, fizemos isso muito antes dele. Mas reconhecemos que precisamos do tipo de dicção e elegância física exigida pelas peças francesas do século XVIII."

Por que os russos são tão sensíveis a esse tipo de arte? Por que querem aprender dela? Por que em seus próprios palcos encenam regularmente Molière e Shakespeare?

De acordo com a regra, os costumes e o vocabulário franceses, Shakespeare não é um clássico. Todos sabem que até a época de Victor Hugo, na metade do século XIX, os franceses consideravam Shakespeare um bárbaro. Suas peças eram exageradas, sem disciplina, sem gosto; ele era um homem desmedido, mesclava a comédia com a tragédia o que, de acordo com as regras do classicismo francês, era algo inconcebível: cada estilo deveria ser preservado à parte.

12 O ator e diretor Jean-Louis Barrault (1910-1994) foi uma das figuras mais dominantes no teatro francês de meados ao final do século XX. Seu repertório de direção incluía de peças clássicas às "improduzíveis", tais como *Le Soulier de Satin* (O Sapato de Cetim), de Paul Claudel, e obras da vanguarda contemporânea. Discípulo de Étienne Decroux, era também mímico, e às vezes incorporava essa técnica em suas produções.
13 Bertolt Brecht (1898-1956), dramaturgo e diretor alemão, cujas peças foram muito influentes na Europa Ocidental, América do Norte e América Latina. Refletindo sua política, as peças eram marxistas, um dos motivos pelos quais os russos não tinham nada a aprender dele.

Em seguida, os românticos franceses, Hugo e Musset, tentaram imitar Shakespeare, mas falharam na maioria de suas peças; retiveram apenas semelhanças superficiais: nunca chegaram ao âmago da realidade shakespeariana, a qual apresenta algo carnal, passional e sanguinário, que dá corpo ao espírito; e tudo expressado em uma linguagem menos restrita que o francês, mas que é perfeitamente calculada, com suas próprias leis sutis. Até por volta de 1910, os franceses consideraram Shakespeare à luz do romantismo francês e da batalha literária entre os clássicos e os românticos. Shakespeare era um romântico e Racine era um clássico, o verdadeiro representante da tradição francesa. Durante esse período intermediário, tradutores e adaptadores tenderam a simplificar Shakespeare, a trazer ordem para as suas peças, a "classicizá-las".

Desde 1910, a influência de Shakespeare tem prevalecido na França, em uma medida tal que duvido que vocês possam imaginar. Os naturalistas, dos quais o precursor foi André Antoine, apropriaram-se de Shakespeare e encenaram, por exemplo, *King Lear* (Rei Lear), com tanta ênfase sobre a tempestade que terminaram por afogar as palavras[14]. Um pouco mais tarde, Firmin Gémier fez apresentações populares de um gênero espetacular em um circo.

Quando a escola antinaturalista triunfou com Copeau – a partir de 1913 em diante – não apenas Shakespeare, mas muitos dos dramaturgos elisabetanos começaram a ser encenados e, nos palcos arquitetônicos ou formais de Copeau, Dullin e Pitoëff, o público pôde assistir às peças de Webster, Tourneur, Ford e Thomas Kyd, alternando com Ben Jonson, Thomas Heywood, Beaumont e Fletcher. O Théâtre du Vieux-Colombier foi inaugurado em 1913 com *A Woman Killed with Kindness* (Uma Mulher Assassinada com Bondade), de Heywood. Fechou sua primeira temporada em 1914 com o grande sucesso *Twelfth Night* (Noite de Reis) e reabriu em 1920 com *The Winter's Tale*

---

14 André Antoine (1858-1943), ator, diretor e fundador do Théâtre Libre, introduziu um estilo de produção naturalista no teatro francês apropriado para as peças realistas e naturalistas que dirigia. Principalmente no início de sua carreira, a preocupação com o ilusionismo neutralizou outros valores. Por conseguinte, os atores nem sempre podiam ser vistos ou ouvidos e os cenários eram réplicas de detalhes similares à realidade. Saint-Denis desaprovava esses excessos, como deixa claro o exemplo acima.

(Conto de Inverno). Vocês não consideram tais fatos significativos? Esse novo desenvolvimento na França está em consonância com a influência de Freud e do surrealismo. Novas traduções, juntamente com produções menos constritas, cultivam os contrastes do estilo de Shakespeare, dão expressão à sua violência, marcam as mudanças de tom e ambientação. Até a guerra, entretanto, tais produções eram privilégio de pessoas cultas, pertencentes à *avant-garde*. Shakespeare e os dramatistas elisabetanos eram encenados porque combinavam "teatralidade" e significado profundo.

Quando, em 1934, fui trabalhar no teatro londrino, encontrei o popular Shakespeare dos ingleses. Cheguei num momento em que as reformas trazidas por William Poel e Granville Barker haviam recolocado Shakespeare em uma arquitetura adequada, com cenários minimalistas, de modo que a composição original das peças pudesse ser respeitada sem pausas indevidas entre as cenas.

Foi também um período em que a interpretação e a produção estavam sendo influenciadas pelo realismo moderno e, por conseguinte, a verdade humana passaria a ser considerada mais importante do que a famosa "música das palavras": o resultado foi que o delírio retórico ou lírico tinha que ir. Foi então que entendi, com mais clareza do que jamais eu tivera com relação a Racine e a Corneille, como a poesia é capaz de expressar melhor a realidade do que a chamada linguagem "realista" da vida cotidiana; e como o estilo é o único instrumento penetrante do autêntico "realismo", independente do período.

Eu ia muitas vezes me sentar na galeria do Old Vic. Havia quatrocentos assentos excelentes que, à época, eram vendidos por seis *pence*. Toda noite eles eram ocupados por trabalhadores ingleses. Estive ali em uma ocasião com alguns amigos franceses. *Hamlet* estava sendo encenado em sua totalidade, com a duração de quatro horas; os assentos eram bancos de madeira; um pouco duro. Mas o público permaneceu imóvel. Ouvia a história do herói nacional, contada por um poeta nacional: isso é sempre impressionante. No final, meu amigo francês me perguntou: "Você acha que eles entendem?"; "O quê?", respondi. "O significado da peça, a filosofia."; "Ah", prossegui, "certamente não. Eles ouviram uma história que se desenrolou na sua frente como se fosse uma crônica, uma crônica real, consonante com suas tradições. Estão fascinados pela poesia, pelo som, pelo ritmo" (que, aliás, meus amigos poderiam apreciar ainda menos do que eu). "E isso", perguntaram meus amigos sorrindo, "é suficiente para eles?"; "Provavelmente carregam juntos algum tipo de significado", respondi, "seu próprio significado individual e, ao mesmo tempo, gostam de serem embebidos nas palavras. Trata-se de uma troca misteriosa, uma espécie de 'osmose', uma mescla de vários elementos, nos quais o sentido deve ser inseparável da forma. Eles são as vítimas voluntárias do poder de encantamento que pertence à poesia e que não é nem mais nem menos misterioso que o poder da música."

Aqui, vejam só, há dois guias, dois guardas, dois faróis – o classicismo francês e a poesia dramática inglesa – que têm me acompanhado constantemente em minha jornada pelas contradições do teatro moderno.

Essa jornada não é fácil, não mais para os ingleses ou franceses do que, presumo, para vocês americanos.

Vivemos no teatro, bem como na vida, na mais indefinida e indeterminada das épocas. Os franceses e os ingleses provavelmente sofrem dessa incerteza mais do que vocês, porque no passado fomos definitivos, éramos determinados.

Agora nos sentimos desenraizados. Crédulos ou incrédulos, nos apegamos a quaisquer convicções que tenhamos e trabalhamos; nossas mentes, porém, estão em caos. Não sabemos para onde seguimos. Aqueles que mantiveram a fé e o equilíbrio observam esse caos, mas não têm o poder para cessá-lo ou organizá-lo. Nossas melhores mentes se dedicam a analisar esse período de desintegração.

Na atualidade, o mundo nos apresenta um espetáculo tão apaixonadamente interessante e tão repleto de inquietação que se gostaria de saber como o teatro pode acompanhar seu andamento. Vocês não ficarão surpresos se eu lhes disser que no tocante a esse enorme desperdício de inquietação, a França está tão envolvida como qualquer outro país. Ela tem sido material, moral e espiritualmente abatida. Na verdade, nunca se recuperou totalmente da guerra de 1914-1918, e a humilhação da derrota em 1940 acentuou todas as suas dissensões anteriores. Tentamos sempre mostrar ao mundo que somos melhores do que essa derrota mostrou que éramos. É um perigoso estado de espírito. E, para a tristeza de nossos amigos, estou certo de que serão necessários muitos anos antes que nos recuperemos.

Durante o inverno de 1957-1958, em conexão com certos acontecimentos no Norte da África, jornalistas e políticos de outros países falaram da estupidez dos franceses[15]. Isso é algo novo, pois geralmente temos sido criticados por nossa inteligência excessiva, pelo que é chamada de nossa tendência incurável para o intelectualismo. Tenham a certeza, se assim o quiserem, de que o intelectualismo na França não está morto. Permanecemos – e digo isso com simplicidade, pois, afinal, deve-se encontrar sua força onde ela reside – intelectuais e também artistas, e a forma com que reagimos a nossas provações é particularmente evidente em nosso teatro.

Nosso teatro, como nossa sociedade, caminha em muitas direções diferentes e são apenas as nossas tradições, que subjazem às contradições, que tendem a criar qualquer tipo de unidade. Estamos naturalmente expostos às investidas do realismo moderno, incluindo o realismo americano: vocês sabem que seus dramaturgos são bastante encenados na França. Há muito tempo fechamos nossas portas para o naturalismo popular ou burguês. Cozinhas e quartos são banidos de nosso palco. A comédia "parisiense", tão cara aos nossos avôs, está praticamente morta. Temos estado tão determinados a evitar a apresentação de uma fotografia da vida real no palco que, por muitos anos, cometemos o erro de ignorar Tchékhov. Nos últimos quarenta anos, é claro, encenamos Tchékhov, mas acredito que somente nos últimos quatro ou cinco anos o público francês sentiu sua dramaturgia profunda e intimamente. E agora acolhemos Tchékhov cordialmente, mas não queremos nada com seus imitadores.

15 A Argélia, colonizada pela França no século xix, lutou ferozmente de 1954-1962 para conquistar sua independência. Diante do que parecia uma luta sem fim, os franceses dividiram-se ao longo das linhas políticas: a esquerda tendia para uma Argélia livre, a direita a uma guerra geral para manter a sua posse. O impasse parlamentar causou a queda da Quarta República. Um chamado da direita trouxe de volta Charles de Gaulle que, pressupunha-se, iria "manter a Argélia francesa". Ele surpreendeu seus opositores e simpatizantes, chegando a um acordo com a Argélia e concedendo-lhe a independência. Saint-Denis refere-se aqui aos eventos críticos de 1957 e 1958, que levaram ao retorno de De Gaulle como líder da França. Saint-Denis conhecia De Gaulle pessoalmente dos tempos da rádio na bbc e desconfiava de suas ambições.

Vocês receberam recentemente em seus teatros, com cordialidade, o trabalho de dois de nossos dramaturgos de reputação de longa data na França: Jean Giraudoux, que morreu no final da guerra, e Jean Anouilh, que é jovem e possui perfeita saúde. Eles são dois escritores muito diferentes, mas ambos começaram a escrever para o palco ao mesmo tempo, na década de 1930.

Giraudoux pertence à tradição que defino como clássica. Alimentado pelas fontes míticas dos gregos, ele parece ser o herdeiro de ambos, Aristófanes e Racine. Possui elegância e perspicácia satírica. É um escritor com estilo. Para ele é a escrita que conta: era incapaz de separar o pensamento do estilo, se bem que este seja, às vezes, um tanto afetado.

Anouilh é um realista, muitas vezes de maneira agressiva, tanto na matéria quanto na linguagem. É difícil definir seu estilo: enquanto se move do naturalismo ao expressionismo, é sempre obscuramente colorido pelo pessimismo moderno, pelo desesperado sentimento de perda que pertence aos anjos caídos. A paixão de Anouilh pela integridade absoluta, tão difícil de alcançar, o dispôs à anarquia. Essa atitude intransigente, que o leva a fugir de um mundo de compromisso, deixa em seu rastro uma sucessão de insultos e injúrias.

Eis agora dois dramaturgos em contradição marcante. Paul Claudel morreu há poucos anos. Era poeta, tido como um dos mais poderosos poetas franceses que conhecemos. Embora anticlássico em seu ponto de vista, estudou os gregos e Shakespeare, a *Bíblia* e as escrituras. Configurou uma prosódia e sintaxe próprias. Mas por ser um poeta católico, seu público tende a ser especializado. Em sua obra, Claudel sempre quis permanecer fora da atualidade.

Vejamos agora o outro extremo: Jean-Paul Sartre, o existencialista, promotor da *littérature engagée*, vivendo em contato próximo com os acontecimentos e os valores do nosso tempo; e Albert Camus, ganhador do Prêmio Nobel, discípulo de Sartre, do qual depois se apartou. A escrita de Camus tornou-se cada vez mais clássica, na acepção francesa do termo.

Para citar apenas os mais importantes dos jovens[16], temos Vauthier, um realista, o qual parece ser uma espécie de descen-

---

16 Os dramaturgos listados por Saint-Denis pertenciam à vanguarda do teatro francês na década de 1950. No mundo de língua inglesa, no entanto, somente

dente de Strindberg, cheio de sonhos e visões. Temos G. Schehadé, o poeta libanês, cuja terceira peça foi encenada por Jean-Louis Barrault, em outubro de 1957. Temos Jean Genet e H. Pichette, ambos poetas e realistas. E, finalmente, há o trio da *avant-garde*, atualmente o grupo mais importante de todos: Arthur Adamov, que em sua peça mais recente *Paolo Paoli* parece estar próximo de Brecht; Samuel Beckett, influenciado por Joyce e Proust, cujo trabalho é associado ao de Kafka. Seu realismo transcendental está próximo da expressão da ansiedade moderna em sua forma mais aguda, uma espécie de doença da alma aprisionada entre a necessidade e a ausência de Deus. Eugène Ionesco é o terceiro representante desse "Teatro no Inferno", como um crítico o definiu. Tal como Beckett, Ionesco faz uso de um realismo, com personagens inventadas, transplantadas de áreas humildes do mundo, em uma espécie de apresentação de Punch and Judy*, na qual a vida corriqueira se desintegra em um pesadelo. Com muita frequência, essa desintegração, que afeta a linguagem, provoca nosso riso. Em Paris, conquanto um público bastante reduzido seja fascinado por Beckett, um público maior aprecia Ionesco como dramaturgo cômico e ri de seu novo mundo; a lógica disso está curiosamente relacionada aos sentimentos de um público moderno. O fenômeno Beckett-Ionesco é muito francês. Temos aqui dois escritores de língua estrangeira – o primeiro é irlandês, o outro, romeno – ambos escrevendo em francês e nascidos no teatro, na atmosfera intelectual parisiense na qual suas peças ainda não desfrutaram de grande sucesso comercial, independentemente de sua repercussão. Eles são cada vez mais conhecidos em todo o mundo.

    Beckett, Ionesco e Genet são bem conhecidos. Enquanto Saint-Denis cita a origem estrangeira de Beckett, Ionesco e Georges Schehadé, deixa de mencionar que Arthur Adamov era russo. Apesar de as obras desses dramaturgos variarem, eles compartilhavam pontos comuns suficientes para serem rotulados de absurdistas, ainda que Saint-Denis refira-se a Georges Vauthier, Henri Pichette, Genet, Beckett e Ionesco como realistas. O leitor deve ter em mente que o uso da palavra é frequentemente idiossincrático. O próximo capítulo oferece uma compreensão mais ampla da concepção de realismo de Saint-Denis.

*   Punch and Judy, tradicional teatro de bonecos britânico, derivado da *Commedia dell'Arte*, composto por Mr. Punch e sua esposa, Judy. O nome da personagem principal tem tanto a ver com suas origens (Pulcinella) quanto com sua agressividade, direcionada às outras personagens. (N. da E.)

Esperando Godot foi representado por quase um ano no Criterion Theatre, em Piccadilly Circus. Estive há pouco em São Francisco: um grupo ensaiava essa peça. Cheguei a Los Angeles: fui levado para ver uma apresentação – era *Esperando Godot*[17]. Pode-se ver que o tipo profundo de realismo praticado por esses dois dramaturgos pertence ao mundo da poesia e do estilo. Para penetrar no cerne da realidade, muito além das aparências, eles não podem utilizar métodos naturalistas.

Na França, essas peças não poderiam ter nascido se, por trás das contradições de nosso palco, não houvesse algum tipo de unidade básica entre o movimento intelectual e o desenvolvimento do teatro.

Dois homens conduzem o teatro francês no momento: Jean-Louis Barrault e Jean Vilar, ambos alunos de Charles Dullin, que foi ator na companhia de Copeau e um de seus principais discípulos.

Aqui, em minha opinião, está a principal contribuição da França para o teatro: seus homens e uma tradição. Trabalhamos no âmbito da nossa tradição clássica e sob sua constante pressão. Lutamos para nos libertar: a tradição não se tornou tanto um guia como uma provocação constante.

Presenciei a mesma coisa na Inglaterra com a tradição admirável de Shakespeare, mais fácil de adaptar, creio eu, aos tempos modernos.

Durante muitos anos na França, a tradição foi, logicamente, apoiada por instituições. Até 1939, o Estado auxiliava exclusivamente os teatros oficiais: Opéra, Opéra Comique e Comédie-Française.

Na Comédie-Française, cada geração pode ver as obras-primas do passado, francesas e estrangeiras, juntamente com as remontagens das obras mais importantes dos últimos trinta anos. De vez em quando há uma "criação", porque seria fatal nunca mais encenar uma nova peça. A Comédie-Française inspira e provoca: quando se é jovem há sempre resistência a ela; frequentemente ela se torna obsoleta, de modo que nos intervalos deve ser atualizada.

---

17 Nos capítulos subsequentes de *Teatro: A Redescoberta do Estilo*, Saint-Denis ainda não havia deixado Nova York, em sua viagem através do país.

Até 1935, todos os teatros e companhias não oficiais eram financiados e apoiados por fundos privados. O advento da Frente Popular em 1936[18] trouxe um patrocínio mais generoso do Estado à guisa de educação popular. É preciso ressaltar, contudo, que enquanto no final do século XIX havia na França um edifício teatral para cada dez mil habitantes, entre as duas guerras a maioria deles foi transformada em cinemas. Hoje, quando Jean-Louis Barrault se apresenta em Paris, não recebe subsídio de ninguém. Está sob constante ameaça de falência[19]. O que considero único na França é que as pessoas de teatro sempre estiveram prontas a morrer por sua arte, e isso não é um contrassenso bombástico.

Se hoje, não obstante as invasões, não obstante as guerras, os distúrbios políticos e econômicos, ainda existe um teatro vivo na França é porque, em 1887, André Antoine, um empregado da companhia de gás, fundou o Théâtre Libre com muito pouco dinheiro: era o início do naturalismo dez anos antes de Stanislávski. Desde 1913, homens como Copeau, Dullin, Pitoëff, Jouvet, Baty, tomaram para si a total responsabilidade, financeira e artística, de seus empreendimentos. Esse não é um desabafo nacionalista ou um incontrolável floreio francês: Pitoëff morreu antes dos cinquenta anos de idade, Jouvet e Dullin aos 64. Nenhum dos três se aposentou. Foram interrompidos por seu coração ou por seus rins enquanto ainda atuavam.

Copeau e Dullin possuíam escolas anexadas aos seus teatros, não o tipo de escola que existe para que moças bonitas encontrem um emprego ou para trazer dinheiro a atores célebres em decadência. De modo algum. Tratava-se de escolas que custavam caro.

---

18 Em 1936, o Partido Socialista chegou pela primeira vez ao poder na França, sob a liderança de Léon Blum. Embora o governo tivesse sido de curta duração, muitas reformas sociais foram introduzidas. (N. da T.: É interessante notar a mudança teatral antes e depois da Frente Popular, a exemplo do que ocorreu na Comédie-Française, na qual até o referido acontecimento os atores representavam sempre os mesmos papéis; mesmo depois de idosos, continuavam a desempenhar as jovens personagens.)

19 Por meio do famoso decreto de André Malraux de 10 de abril de 1959, Jean-Louis Barrault foi encarregado do Le Théâtre de France, o antigo Théâtre de l'Odéon, que desde 1946 havia feito parte da Comédie-Française. Pelo mesmo decreto, Jean Vilar foi posto no comando de um teatro experimental, ambos os empreendimentos a serem subsidiados pelo Estado. (Michel Saint-Denis)

Hoje em dia Barrault se encontra nessa mesma situação heroica. Mas o Estado tomou em parte o lugar do capital privado. Ele dá a Vilar um teatro e um subsídio de 125 mil dólares por ano. Além disso, como o teatro desapareceu das províncias desde a chegada do cinema, o Estado criou cinco centros dramáticos nas principais áreas da França. Tais centros encenam repertório clássico e moderno, e mantêm relação com as universidades, que na França não possuem teatros. Eles também estão em contato com o movimento amador. Cada um deles apresenta, a preços populares, de três a seis peças diferentes por ano, em cerca de quarenta a oitenta cidades diversas, com um único espetáculo nas menores e mais apresentações nas maiores. O repertório e a apresentação são geralmente de alta qualidade. As peças do T.N.P. (Théâtre National Populaire) são encenadas ao preço de pouco mais de um dólar por assento.

Esses centros, em conjunto com as melhores companhias itinerantes de teatro de Paris, preservam o teatro na França provinciana. Constatou-se que só ao viver e trabalhar no coração das províncias os artistas e técnicos podem gerar um impulso criativo. É por isso que o Estado não subsidia companhias itinerantes. Em vez disso, por exemplo, envia pessoas como eu a Estrasburgo, para criar uma organização com a ajuda e participação da própria população local. Pelo fato de estar arraigada nas províncias, há uma chance de a organização crescer lentamente, ao convocar e treinar talentos locais. Dentro de dez a vinte anos poderemos descobrir que essa iniciativa artística tem ajudado a dar expressão ao talento original em muitas partes da França, além de Paris. Então, o verdadeiro objetivo da descentralização teatral terá sido alcançado.

Os centros dramáticos, juntamente com homens como Barrault e Vilar, estão muito mais preocupados, posso lhes assegurar, com as peças modernas do que com os clássicos. Não nos considerem uma porção de velhos enfadonhos, obcecados com o passado. Isso não é verdade. No entanto, somos todos treinados nas disciplinas clássicas, pois entendemos que nosso próprio teatro moderno, com todas as suas contradições, não pode nos servir de base sólida o suficiente para o desenvolvimento. Um ator completo não pode se formar e um dramaturgo não pode se desenvolver do naturalismo fotográfico. A verdadeira representação da realidade requer transposição e estilo.

Há apenas um teatro. Os gregos, os chineses e os japoneses, Molière e Shakespeare podem fornecer alimento para o nosso realismo. Os verdadeiros realistas em muito contribuíram para a interpretação dos clássicos.

Concluo aqui. A França foi o meu tema. Não estou fazendo propaganda do meu país. Não gosto de nacionalismo sob qualquer forma. Mas quero aproveitar esta oportunidade para agradecer do fundo do meu coração às poucas pessoas que, ao verem meu trabalho na Europa, intermediaram a minha vinda. Isso me permitiu descobrir um grande país, muito diferente do que ouvi dizer que era. É uma nova etapa do meu desenvolvimento posterior, pelo qual sou muito grato.

FIG. 1. *As quatro máscaras neutras ou "nobres" masculinas (acima) e femininas (abaixo) da tradição de Saint-Denis. Da esquerda para a direita: os quatro estágios da vida – infância, juventude, maturidade e velhice.*

FIG. 2. *Michel Saint-Denis, em licença em casa, e sua irmã Suzanne em 1916.*

FIG. 3. *Cena de* Judith, *de 1937, produção estudantil do London Theatre Studio, concebida por Michel Saint-Denis e Suria Magito. Direção de Michel Saint-Denis.*

FIG.4. *Edith Evans (à direita) em 1936, na produção do Old Vic de* A Bruxa de Edmonton. *Direção de Michel Saint-Denis.*

PARTE II

**Teatro Clássico
e Realismo Moderno**

"Teatro Clássico e Realismo Moderno" contém quatro palestras sobre todos os aspectos do estilo, proferidas por Saint-Denis no Plymouth Theatre em Nova York. Seu propósito era introduzir e testar a reação aos seus conceitos teatrais, especialmente no que diz respeito à relevância do estilo. A maneira como suas ideias seriam recebidas constituiria um fator decisivo para saber se ele aceitaria a oferta da Juilliard para desenvolver sua Divisão de Drama. Saint-Denis via a missão da Divisão de Drama como um passo na reforma do teatro americano, no qual faltavam atores completos e treinados para interpretar peças clássicas, bem como papéis realistas.

Essas palestras antecederam uma excursão pelo país, cujo propósito era o de familiarizar-se com a cultura americana e avaliar o teatro local. Nessa viagem, ele analisaria os teatros regionais em expansão, visitaria escolas de arte dramática e departamentos de teatro nas universidades, assistiria a produções, e conheceria os praticantes. (Ele se refere a essa excursão no capítulo anterior, ao mencionar as produções a que assistiu na Califórnia). Caso desenvolvesse o programa de treinamento da Juilliard, Saint-Denis previa que teria de modificar seus programas de curso anteriores para atender às necessidades do teatro americano. A viagem de três meses foi esclarecedora, porém demasiado curta para aprender tudo o que precisava. Ele empreenderia outras duas viagens no ano seguinte.

2. Estilo e Realidade

Neste capítulo Saint-Denis apresenta uma base teórica para sua preocupação com o estilo, que se originou, em parte, dos tempos caóticos e das concomitantes mudanças sociais pelas quais passara. Estilo e realidade, assim como classicismo e modernismo, parecem ser dois conceitos opostos. Na superfície, o estilo, que tem a ver frequentemente com moda, aparência e tendências, possui conotações de superficialidade, mesmo de frivolidade. A realidade tem conotações de peso, imutabilidade, verdade, mesmo universalidade. Conforme segue a palestra, ele quebra a concepção de realidade, apresentando as diferentes realidades nas quais vivemos, passando do metafísico para o sociológico e depois para o terreno pessoal.

Seus parágrafos de abertura, em tom filosófico, remetem aos conceitos existencialistas de Jean-Paul Sartre e Albert Camus – um rótulo, no entanto, rejeitado por Camus, em parte porque sua postura política diferia da de Sartre. Ambos forneceram os fundamentos intelectuais para o sentimento de perda, apreensão com o significado ou a ausência de significado da vida, a incerteza sobre a identidade, a ansiedade pelo presente e o futuro, que predominavam na França do pós-guerra. Os "novos" dramaturgos, ou os dramaturgos do absurdo, deram forma teatral a tais ansiedades. (Um aspecto fascinante do capítulo é quão aplicável a têmpera dos tempos de Saint-Denis é à nossa era.)

Esse prelúdio leva a uma discussão autobiográfica, primeiro um relato conciso da sua vida pessoal, em seguida uma descrição mais detalhada de sua vida profissional. Embora a reputação de Saint-Denis o precedesse, ele ainda era em grande parte um desconhecido para a maioria de seu público. Édipo havia sido sua única produção em turnê nos Estados Unidos. E, o que é muito importante, seu passado teatral e pontos de vista divergiam nitidamente da predominante tradição americana, especialmente no que se refere à sua abordagem da interpretação, impregnada do Método. Ao mesmo tempo, ele deixa claro para o público que é capaz de adaptação cultural, a exemplo da transferência de sua vida profissional da França para a Inglaterra.

Como de costume, seu argumento é dialético. Ele trabalha com oposições: realidade e realismo, realismo e naturalismo, classicismo e modernismo, paixão e desapego. Mesmo ambos os praticantes que reivindicava como mentores, Stanislávski e Copeau, podem ser vistos como contrastes, posto que, pelo menos superficialmente, Copeau preocupava-se com os aspectos físicos ou externos da interpretação, enquanto Stanislávski com os internos. É interessante notar que Saint-Denis menciona apenas a produção do Teatro de Arte de Moscou de O Jardim das Cerejeiras, *se bem que tivesse visto igualmente sua versão de* Ralé *e de* Os Irmãos Karamazov. *Embora seu contato pessoal com Stanislávski limitara-se ao encontro em 1922, Saint-Denis adotou e modificou as técnicas psicológicas realistas russas com base nessa conversa, nas produções a que assistira e nos livros de Stanislávski, quando suas traduções foram disponibilizadas.*

O cerne do seu argumento é, no entanto, que as tradições mudam, novas tecnologias trazem à luz novas realidades e, ainda assim, o legado de uma cultura é um palimpsesto que jamais é completamente apagado. Para Saint-Denis, que acreditava que o dramaturgo é o único artista teatral totalmente criativo, o artefato mais importante do teatro é o texto do dramaturgo. A tarefa do profissional de teatro é fazer com que os grandes textos do passado falem ao público contemporâneo, permanecendo fiel à voz do dramaturgo. Nesse momento, Saint-Denis começa a ligar estilo e realidade e oferece uma definição de seu termo "realismo moderno", o qual cuidadosamente distingue do naturalismo. Para Saint-Denis, o naturalismo se torna obsoleto, uma vez que trata apenas da superfície da existência, ao passo que o realismo é atemporal, posto que se aprofunda em questões universais. O problema para o profissional de teatro contemporâneo é que os meios e métodos que o dramaturgo utilizou podem ser estranhos à cultura atual. Consequentemente, na busca de estilo, o profissional deve entender profundamente a cultura na qual a obra está inserida. Não é suficiente tocar nos elementos externos do período e/ou local em que a peça está assentada. Por outro lado, o diretor e o cenógrafo, não devem procurar replicar a cultura da peça, mas sim apresentar uma compreensão contemporânea dela. A fusão de passado e presente, lá e aqui, é o que cria estilo no teatro (pelo menos ao lidar com obras estrangeiras e/ou mais antigas). E assim, como diz Saint-Denis, o estilo se torna sua própria realidade. Nos capítulos posteriores, ele apresenta abordagens práticas e úteis para professores, alunos, diretores e atores para atingir estilo.

Hoje, gostaria de falar com vocês sobre a "realidade no teatro". Não escolhi esse tema por acaso. Creio que ele me foi imposto pelo período em que vivemos, que abalou de forma intensa a própria noção de realidade. O conforto de uma realidade profundamente estabelecida, na qual a consciência possuía seu lugar, onde Deus habitava seu céu e sua igreja, em que as classes sociais eram distintas, a lei moral distinguia entre o bem e o mal – toda a organização de um mundo ordenado, com suas graduais mudanças, tem sido perturbada por guerras, revoluções e descobertas de todos os tipos. Trata-se de algo corriqueiro, em particular para nós, europeus.

Mas vocês, que são líderes em progresso material e científico, talvez estejam mais conscientes do que nós do que seja a ansiedade moderna: somos ameaçados em nossa existência, em nossa consciência, em nossa própria integridade como seres humanos. Somos testemunhas de fenômenos que muitas vezes não podemos mais entender. Beliscamos a nós mesmos para termos certeza de que não estamos sonhando. Há uma embriaguez moderna, um mundo moderno de maravilhas, que turva nosso senso de valores. Manter a própria realidade como ser humano em tal mundo requer certa coragem.

Um artista vive dentro de dois tipos de realidade. Existe sua humilde realidade humana na qual ele se abriga, e há sua realidade como artista, como artífice, a qual o expõe a maior parte do tempo, especialmente se trabalha com teatro, aos olhos do público. Há um conflito incessante entre essas duas realidades. Entretanto, não se pode tornar ou permanecer artista se não se é, antes de tudo, um homem[1].

Vocês não me conhecem. Não creio que seja mais exibicionista do que a média das pessoas na minha profissão. Assim, antes de lhes dizer alguma coisa sobre a realidade na arte, gostaria de dizer algumas palavras sobre a minha própria realidade, minha realidade humana, da maneira mais franca e judiciosa possível.

Tenho sessenta anos. Conheci o mundo como era entre 1900 e 1913 e recordo-me dele muito bem. Em 1914, tinha dezessete anos, e, um dia, em 1916, me vi na linha de combate na França. Terminei a guerra na Bessarábia, lutando contra os Vermelhos[2]. Naquela época, vi a Europa Oriental e a maior parte do Oriente Médio.

Aos 22 anos testemunhei desordem, miséria e doença terríveis.

Entre as duas guerras me casei, mais de uma vez. Tive três filhos e o mais velho tombou aos vinte anos de idade, na Alsácia, logo abaixo da montanha em cujo topo eu havia sido soldado nessa mesma idade.

O mundo mudou para mim uma vez mais em 1940. Nessa época eu vivia em Londres. Fui convocado de novo e voltei para o exército contra minha vontade. Tive que passar por Dunquerque para me encontrar novamente em Londres onde, por apego e decisão pessoal, permaneci. Dirigi a equipe francesa da BBC; ao todo, foram sete anos fora do teatro e engajado na política.

---

1   A utilização dessa linguagem, relacionada a um gênero particular, utilizada por Saint-Denis, era algo admitido como corriqueiro na época em que ele ministrou a palestra. Assim, o termo "homem" era comumente empregado para significar ser humano. No entanto, o uso também refletia uma hierarquia social, na qual as mulheres tinham pouco poder.
2   Muito do que era chamado de Bessarábia até a Primeira Guerra Mundial (1914-1918) agora faz parte da Moldávia. A Revolução Russa de 1917 e o crescimento concomitante do comunismo alarmou muitos países ocidentais, entre eles a França. Quando a Primeira Guerra Mundial terminou em 1918, a divisão de Saint-Denis foi enviada para lutar contra o Exército Vermelho na Bessarábia, entre outros lugares. O Exército Vermelho estava engajado em uma guerra civil contra a facção anticomunista russa, conhecida como o Exército Branco. Obviamente, a intervenção da França foi em vão.

Desde então, minha filha fez de mim um avô: para meu espanto, descobri que gosto disso.

Durante toda a minha juventude, vivi e trabalhei na França. Aos 37 anos me mudei para a Inglaterra, onde fiquei dezoito anos, até 1952. Desde então, vivo e trabalho em Estrasburgo.

Tenho viajado muito pela Europa. Em junho passado fui convidado a conhecer o teatro russo: isso me deu a chance de observar os russos. Fui três vezes ao Canadá, mas esta é a primeira vez que visito os Estados Unidos. O teatro mais uma vez me chamou, mas primeiro quero conhecer os americanos e no final deste mês visitarei a maior parte do país que eu puder. Estou aqui há uma semana. Não consigo dormir muito. Percebo que há uma espécie de animação dentro de mim que me faz sentir mais jovem. Dizer algo mais sobre a minha realidade humana pode ser indiscreto.

Agora, posso dizer alguma coisa sobre a minha realidade teatral?

Em 1919 entrei para a companhia do Théâtre du Vieux-Colombier, em Paris. Jacques Copeau recém voltara de duas temporadas no Garrick Theatre em Nova York. (Ele havia fundado o Vieux-Colombier em 1913, aos 33 anos de idade, mas devido à guerra, teve de fechá-lo em 1914.) Eu estava, portanto, em posição de observar desde o início o movimento que transformaria o palco francês e exerceria uma influência sobre o teatro europeu que não terminou até os dias atuais; um movimento que provou ser mais importante do que poderíamos ter acreditado, mesmo na época da morte de Copeau, em 1949. Por que isso? O que deu tal impulso a essa revolução artística?

Para começar, foi uma luta contra o naturalismo, iniciada em nosso país por André Antoine. Foi igualmente uma luta contra a sobrevivência da retórica romântica na interpretação dos clássicos, particularmente na Comédie-Française. Entretanto, ela tinha um propósito ainda mais amplo e profundo, expressado por Copeau em seu manifesto *Un Essai de rénovation dramatique* (Uma Tentativa de Renovação Dramática), escrito em 1913. Reagindo contra muitos aspectos do teatro da época, Copeau queria libertar o palco da maquinaria pesada e dos efeitos espalhafatosos; concentrar seus esforços no desenvolvimento de uma nova escola de interpretação; e, sobretudo, conferir importância em primeiro lugar aos "poetas", termo por ele utilizado para se referir aos verdadeiros dramatistas, seja do passado ou do presente. Foi nesse espírito que ele escreveu no final de seu famoso manifesto: *Pour l'oeuvre nouvelle qu'on nous laisse un tréteau nu* (Para a obra nova que nos deixem um tablado nu).

Quando, no Vieux-Colombier, na primavera de 1920, Copeau encenou uma peça realista escrita por um "poeta", *Le Paquebot Tenacity* (O Paquete Tenacidade), de Charles Vildrac[3], Antoine, o pai do naturalismo francês, o qual se tornara um crítico de teatro, escreveu que ficara abismado pelo tipo de "realidade" que vira no palco. O piso era de concreto. Havia um proscênio, mas sem ribalta e, assim, desprovido de "quarta parede". *Le Paquebot Tenacity* apresenta o "mergulho" de um marinheiro num pequeno porto. Havia uma porta ao fundo através da qual o mar era sugerido por efeitos de luz; havia um balcão, três mesas e dez cadeiras. Isso era tudo. Antoine escreveu: "A atmosfera é criada com uma intensidade quase insuportável... O público não está mais sentado diante de um quadro, mas na mesma sala, ao lado das personagens. Tal impressão extraordinária nunca foi produzida antes a tal ponto: essa eliminação completa de todos os 'elementos teatrais' contribui para a perfeição detalhada na interpretação."[4]

Pouco mais tarde, Copeau apresentou a maior produção "teatral"[5] de *As Artimanhas de Scapino*[6], de Molière, sobre um

3   Charles Vildrac (1882-1971), poeta e dramaturgo francês. Apesar de sua vocação poética, Vildrac escreveu peças realistas, em que as personagens provinham de classes mais baixas, sua linguagem era despojada, os enredos, simples, o período de tempo, contemporâneo. No entanto, as peças projetavam uma eloquência poética e um estado de espírito por meio do silêncio e dos gestos expressivos das personagens.
4   O ponto de Saint-Denis é que embora Copeau não tivesse tentado simular o mesmo tipo de ambiente semelhante à vida que Antoine, o "pai do naturalismo", acreditava ser necessário, o próprio Antoine apreciava a abordagem poética de Copeau e o que Saint-Denis denominava a "realidade profunda" da produção.
5   Na frase de Antoine, o termo "teatral" possui um significado bastante distinto da acepção a ele atribuída por Saint-Denis. Para Antoine, os "elementos teatrais" dos quais Copeau prescindia eram cenários naturalistas detalhados que tentavam replicar a realidade externa da vida cotidiana. Quando Saint-Denis descreve a produção "teatral" de Copeau da peça de Molière, ele o faz com a intenção de elogiar suas qualidades anti-ilusionistas. Isto é, a produção de Copeau chamava a atenção para o fato de que se tratava de teatro e não da vida.
6   Não há uma tradução padronizada de *Les Fourberies de Scapin*, que significa *As Artimanhas de Scapino*. Alguns dos muitos exemplos traduzidos para o inglês são: *The Tricks of Scapin* (Os Truques de Scapino), *The Impostures of Scapin* (As Imposturas de Scapino) e *That Scoundrel Scapin* (O Patife Scapino).

tablado nu, de madeira, que fora isolado sobre o palco de concreto e intensamente iluminado por um grande triângulo de luz pendurado acima dele, à plena vista[7]. Os atores representavam sobre essa plataforma e ao redor dela. Tal disposição[8] requeria movimento e velocidade, uma atuação de fato física, porém os atores, ao mesmo tempo expostos naquele tablado nu, tinham que conferir "realidade" verdadeira às suas caracterizações. Jouvet, à época com um pouco mais de trinta anos de idade, criou um velho avarento da maior veracidade.

Uma nova realidade fora trazida para a interpretação dos clássicos franceses, uma realidade que possuía estilo, vitalizada por uma veracidade humana, "realista".

No outono de 1921, a escola do Vieux-Colombier foi aberta. O treinamento era bastante incomum. Os alunos, familiarizados com o teatro dos gregos, dos chineses e dos japoneses, com a *Commedia dell'Arte*, costumavam trabalhar a maior parte do tempo sem texto. Utilizavam máscaras com muita frequência. Na verdade, Copeau usou seus jovens pupilos como filhos talentosos com os quais, afastando-os da influência dos atores demasiado normais de sua companhia, queria redescobrir os segredos da interpretação, e experimentar novas ou renovadas formas da expressão dramática.

Em 1922, Stanislávski veio a Paris com o Teatro de Arte de Moscou. Eles representaram no Théâtre des Champs-Elysées. Todos nós comparecemos, todos os alunos juntos, muito elegantes, relativamente prontos a antecipar o riso: íamos ver os realistas, os naturalistas, os contemporâneos do velho Antoine! Naquela noite, vimos *O Jardim das Cerejeiras* e paramos de rir rapidamente. Há um momento, no primeiro ato da peça, quando todas as personagens retornam de uma viagem a Paris, cansadas por dias e noites passados no trem. Entram no quarto

---

[7] *As Artimanhas de Scapino*, uma farsa, é estilisticamente distinta de *O Paquete Tenacidade*. A encenação de Copeau, que enfatizava o movimento, desviou-se das produções fossilizadas de Molière nos padrões da Comédie-Française. Ele trouxe vida nova a Molière e, desse modo, conferiu a ela "nova realidade".

[8] *Disposition* parece ser uma tradução ruim de *dispositif*, palavra francesa com múltiplos significados. Quando se refere ao espaço físico da interpretação, pode ser traduzido por vezes como organização cênica, projeto arquitetônico ou cenário.

das crianças; Madame Ranevsky faz uma pausa para admirar e sentir o antigo quarto, repleto de memórias e Anya, sua jovem filha de dezessete anos, que havia sido criada naquele quarto, salta sobre um sofá e, agachando-se sobre ele, é tomada por um riso estridente induzido por uma combinação de cansaço e emoção. E diante daquela cena de interpretação, desprovida de palavras, o público composto por duas mil e quinhentas pessoas explodiu em aplausos. Depois, no terceiro ato, Olga Knipper Tchékhova, a esposa de Tchékhov, que interpretava Madame Ranevsky, pega uma xícara de chá trazida por seu velho criado, enquanto está falando com outra pessoa. Suas mãos tremem, ela é queimada pelo chá, deixa a xícara cair no chão e quebrar. Uma nova explosão calorosa de aplausos. Por quê? Porque a realidade dessa ação foi tão completa, nada teatralizada, e parecia impressionante mesmo à distância. Foi o suficiente para despertar o entusiasmo. Tive a oportunidade de perguntar a Stanislávski como ele conseguira essa realidade tão equilibrada e convincente. Ele respondeu: "Oh, é muito estúpido. Ela não conseguia entender. Ensaiamos durante sete meses, mas ela ainda não era capaz de entender, de modo que um dia pedi ao contrarregra para colocar água fervente na xícara. E ele assim o fez." Não pude deixar de dizer – afinal, eu tinha 25 anos na época (mas aquele homem era maravilhoso) – "Sim, isso foi estúpido." Ele riu. "Foi absolutamente estúpido. Mas você tem que fazer de tudo, qualquer coisa, mesmo coisas estúpidas, para conseguir o que precisa no teatro."[9]

Pouco mais cedo, naquela mesma noite, havíamos levado Stanislávski para ver *Sganarelle ou Le Cocu imaginaire*[10] na Comédie-Française. Era uma produção tradicional, mas havia um ator extraordinário, Emile Dehelly, já idoso, que me revelou que leveza e virtuosidade podem ser alcançadas por um espírito jovem em uma farsa clássica. Sua performance era primorosamente verdadeira em sua artificialidade juvenil – como uma borboleta. Stanislávski, contudo, não parecia apreciar esse tipo de atuação. Quando saímos, ele disse: "Vejam só, meus amigos,

---

9 Em 1961, Saint-Denis utilizou a mesma estratégia ao dirigir Peggy Aschroft em *O Jardim das Cerejeiras*.
10 Farsa de um ato (*Sganarello ou O Corno Imaginário*), de Molière, escrita em 1660.

esta noite, neste velho teatro, tivemos um exemplo muito bom daquilo que não se deve fazer." Isso foi tudo.

Essa visita de Stanislávski e sua companhia foi de incomensurável importância para mim. Pela primeira vez, nossa atitude clássica com relação ao teatro, nossos esforços para trazer uma nova realidade à interpretação, uma realidade transposta da vida, foram confrontados por uma forma superior de realismo moderno, o realismo de Tchékhov. Stanislávski estava, então, na sua melhor forma; todos os grandes nomes estavam na companhia; a Revolução Russa tinha apenas cinco anos.

Em 1931, após dez anos de trabalho e estreita colaboração com Copeau, comecei minha própria companhia, La Compagnie des Quinze, no Vieux-Colombier. Reconstruímos o palco na premissa de que Copeau não fora suficientemente longe e que sua configuração permanente e formal ainda estava aberta para uma acomodação. O novo palco parecia uma grande sala em um palácio, com visíveis fontes de luz no teto e nas paredes. As colunas permanentes não nos impediriam de representar o mar, as margens de um rio, um campo de batalha, bem como o quarto de Lucrécia. Pelo contrário, essa disposição arquitetônica[11] enfatizaria o nosso desprezo pela ilusão teatral medíocre. Na verdade, naqueles tempos, teríamos gostado de sair completamente do teatro. Pensei seriamente em usar uma grande sala de boxe em Paris, a Salle Wagram, e ali representar sobre um tablado nu, no meio da plateia.

Havíamos trabalhado dez anos em conjunto. Nesse período, desenvolvemos uma série de possibilidades enquanto companhia: éramos mímicos, acrobatas; alguns dentre nós podiam tocar instrumentos musicais e cantar. Podíamos criar personagens e improvisar. Na verdade, éramos um coro com algumas personalidades que sobressaiam em vez de atores preparados para representar o repertório habitual, clássico ou moderno. Trouxemos ao teatro parisiense um repertório especializado de peças, a maior parte das quais escritas por um único dramatista, André Obey. Estávamos voltados para um só propósito. As nossas peças possuíam um caráter épico muito antes de esse estilo tornar-se mais conhecido. Elas tratavam de amplos

11 Ver supra nota 8.

temas populares; seus enredos não giravam em torno do desenvolvimento psicológico das personagens. Como atores, éramos sinceros e engenhosos; no palco, dávamos a impressão de ser livres, vigorosos e reais. Um crítico em Paris escreveu que trouxemos a "natureza" de volta ao universo artificial do teatro daquele período[12]. Tomamos Londres pela surpresa e pela tempestade: talvez nossas qualidades genuínas agradassem mais aos ingleses que aos franceses.

Durante esse período, de 1931 a 1935, dirigi todas as peças – cerca de dez – apresentadas pela Compagnie des Quinze, e atuei na maioria delas.

Em 1935, após o sucesso de minha companhia em Londres e sua lenta desintegração, sugeriram que eu me estabelecesse por ali. Elaborei o plano de uma escola. O perfil de ator que eu buscava não podia ser encontrado pronto. O treinamento e a experimentação pareciam-me mais importantes do que a montagem imediata de uma companhia destituída de sentido e unidade. Com o apoio eficaz de Tyrone Guthrie, a estreita colaboração de George Devine e, logo depois, a ajuda e a amizade de Laurence Olivier, John Gielgud, Glen Byam Shaw, Peggy Ashcroft, Edith Evans, Michael Redgrave, Alec Guinness e da "Motley", abri minha primeira escola, o London Theatre Studio, uma escola privada.

E naquele momento, no alto da minha educação francesa, tive que iniciar uma nova aprendizagem – do teatro inglês, dos próprios ingleses (não é fácil), de Shakespeare (mais difícil ainda). Depois de dois anos, a convite de Tyrone Guthrie, tive a ousadia de dirigir *A Bruxa de Edmonton* no Old Vic e, anos depois, no mesmo teatro, o próprio Laurence Olivier em *Macbeth*.

A intimidade com Shakespeare, vivendo na atmosfera de Shakespeare, me introduziu aos poucos a um nível de direção e interpretação infinitamente mais amplo que aquele que conhecera ao lidar com o repertório clássico francês. Com o passar dos anos me familiarizei com os métodos de composição de Shakespeare, moldado à arquitetura do palco elisabetano, e com um estilo de atuação em harmonia com o lirismo dos

---

12 O uso da palavra "natureza" aqui não tem relação com o naturalismo. A companhia era "genuína" em sua teatralidade sem rodeios.

grandes momentos poéticos de Shakespeare, bem como com o realismo de suas comédias e farsas populares. Tive de seguir todas as variações de uma linguagem cuja escansão tentei, lenta e dolorosamente, aprender e apreciar seu ritmo.

Em 1938, tive minha primeira experiência com o realismo, quando produzi[13] *As Três Irmãs*, de Tchékhov, para a companhia de John Gielgud.

Imediatamente após a guerra, em 1945, gostei muito de produzir *Édipo Rei*, de Sófocles, com Laurence Olivier, que era então um dos diretores do Old Vic. Foi graças a ele que George Devine, Glen Byam Shaw e eu conseguimos criar o Old Vic Theatre Centre e a Old Vic School, de 1946 a 1952, um empreendimento acerca do qual terei mais a dizer em uma palestra subsequente.

Finalmente, em 1953, retornei à França. Reencontrei a tradição clássica francesa conforme praticada não só pelos velhos mestres, Charles Dullin e Louis Jouvet, mas também por dois recém-chegados, Jean-Louis Barrault e Jean Vilar, que seguiam os ensinamentos de Dullin, discípulo de Copeau. Também entrei em contato com o existencialismo de Jean-Paul Sartre, com o novo humanismo ateísta de Albert Camus e o realismo transcendental de Ionesco e Beckett. Em Paris, presenciei o sucesso e a crescente influência de Bertolt Brecht, devidos, creio eu, mais ao seu talento de poeta e artífice do que ao seu apoio ao Partido Comunista.

Fui afortunado, na nossa pobre e devastada Europa, por ter tido muito a ver com a arquitetura teatral. Em 1931, reconstruí o palco do Vieux-Colombier com André Barsacq[14]. Em Londres, construí e equipei duas escolas (1935 e 1947). Em 1950, contribuí para a reconstrução do Old Vic com o arquiteto francês Pierre Sonrel. Com o mesmo arquiteto, construí em

13 Durante grande parte do século XX, a palavra "produzir", em vez do termo "dirigir", era frequentemente usada na Inglaterra para descrever o trabalho de levar uma peça à apresentação. Da mesma forma, a pessoa encarregada desse trabalho era chamada de produtor, em vez de diretor. À época, "diretor" tinha a acepção de diretor artístico.
14 André Barsacq (1909-1973) começou sua carreira como cenógrafo de Charles Dullin, em seguida fez projetos cênicos para a Compagnie des Quinze. Ele abriu mão da cenografia no final da década de 1930 e se tornou um diretor de teatro bem-sucedido. Em 1940, Charles Dullin entregou o seu teatro, o Atelier, a Barsaq, que permaneceu seu diretor artístico até a morte.

Estrasburgo, entre 1935 e 1957, um teatro moderno de oitocentos lugares como parte de um *ensemble*, no qual, pela primeira vez na minha vida, fui capaz de reunir todos os elementos de uma organização completa – um teatro prático de pequeno porte, salas de ensaio, oficinas e lojas.

Eis minha realidade teatral, muito rápida e superficialmente relatada, quase reduzida a meros fatos. Tenho me interessado pela arquitetura, pela produção de peças de teatro clássicas e realistas e pela formação – três aspectos do teatro relacionados entre si.

E isso me traz ao presente.

Vocês podem notar, pela extensão de minha história, como minha vida sempre tem sido devorada pelo trabalho. É um fato a que tento me opor cada vez mais à medida que envelheço. O teatro só pode ser praticado com paixão; mas a paixão sem desapego torna você cego, limitando a sua vida. A menos que você seja forte o suficiente para realizar tudo ao mesmo tempo – e eu não sou forte o bastante.

Fundei e dirigi três escolas, provavelmente por causa de uma necessidade de escapar da escravidão e encontrar uma vez mais a lucidez.

Serei eu, antes de tudo, um professor? Alguns de meus alunos me dizem que às vezes sou cruel no meu ensino. Isso me deixaria com medo de algo em mim caso não soubesse o que eles querem dizer. É uma certa forma que tenho de trabalhar com persistência para conseguir o que tenho em mente; uma obstinação que se apodera de mim quando a minha saúde está boa; a paixão – novamente essa palavra – de ver algo acontecer no palco e de criar as condições que permitirão que esse "algo" aconteça naturalmente e de forma ininterrupta e não apenas por acaso e de relance. Mas o que deve "acontecer"? O que me deixa tão ansioso para ver "acontecer"? Já vi isso "acontecer" alguma vez? Sim, de vez em quando, e quando acontece nunca me esqueço. É por esse motivo que ainda o persigo. Tentarei explicar o que quero dizer, embora de fato todas essas quatro palestras sejam dedicadas a tal explicação. É meu tema e, em palavras um tanto intimidadoras, poderia ser expresso da seguinte maneira: um estudo das condições nas quais a interpretação de obras de diferentes estilos teatrais possua no palco o maior grau de realidade.

Cada país tem sua própria realidade, característica de seus sucessivos períodos históricos.

Essa realidade nacional deriva da natureza do país e de suas tradições. Às vezes, no entanto, essa realidade pode ser de natureza semelhante em vários países diferentes ao mesmo tempo. Isso é, mais ou menos, o que ocorre neste momento: com óbvias diferenças entre os diversos países, o realismo, de modo geral, é o estilo contemporâneo mais comum em todo o mundo e parece prosperar particularmente em suas formas americanas e russas.

Em outras épocas, os movimentos na arte e, em especial, os da arte teatral, nos parecem como monumentos isolados – o teatro grego, por exemplo, o teatro espanhol do Século de Ouro, o teatro elisabetano, a *Commedia Dell'Arte*, o teatro clássico francês do século XVII. O teatro clássico do século XVIII começa a apresentar características comuns a todos os países europeus.

Excluí desse quadro o teatro do Extremo Oriente que teve, e continua a ter, cada vez mais influência sobre nós.

Os países da Europa encontraram certa individualidade como resultado de suas tradições acumuladas, de uma sobreposição de períodos que formam uma cadeia contínua de desenvolvimento; e, ao mesmo tempo, influenciaram uns aos outros por meio de suas semelhanças, bem como de suas diferenças.

Para os franceses ou para os ingleses, há uma tradição central. Pode-se dizer que para os ingleses trata-se de uma tradição popular e romântica[15] e para os franceses, ela é aristocrática e clássica. Podemos ver, não muito longe, outras tradições em ação; a tradição italiana, que surgiu a partir do Renascimento; a grande tradição espanhola, quase contemporânea, em suas origens, à inglesa; a alemã, que se desenvolveria posteriormente.

Outro país entra em cena no século XIX – a Rússia; e, finalmente, há a civilização americana a qual floresce principalmente no século XX.

---

15 Saint-Denis via a tradição inglesa como "popular", uma vez que as peças de Shakespeare e da maioria de seus contemporâneos eram assistidas por um público mais vasto, ao contrário, por exemplo, das peças de Racine e de Corneille na França.

A realidade de cada país é constituída de sua personalidade histórica, a qual é constantemente modificada.

O teatro faz parte da expressão daquela realidade que é tradicional no caso dos velhos países ou nova e não convencional no caso dos novos países.

O teatro, contudo, é uma arte; e sua forma depende da arquitetura, em particular da relação entre palco e plateia; da interpretação e, mais do que qualquer outra coisa, do trabalho dos escritores.

Os meios de expressão teatral são forjados pela época em que a peça é escrita e representada, e pela contribuição do passado.

Em cada país o teatro reporta-se ao público de seu tempo, que no devido momento se tornará um "período".

Cada período tem um estilo próprio, mesmo que não tenhamos consciência dele enquanto vivemos. (Vocês sabem a impressão que temos hoje ao olharmos para as imagens de 1900, 1910 ou até mesmo de 1925. Lembro-me muito bem de 1925 e nunca pensei que se tornaria um "período"). E esse estilo influencia a todos. Ele exerce influência sobre a vida e é com esse sentimento inconsciente do estilo do nosso próprio tempo em nosso próprio país que nos voltamos para a interpretação dos estilos de diferentes períodos em diferentes países.

É impossível separar-se do seu próprio período sem o perigo da morte. E é impossível não ser influenciado e apoiado pelas tradições de seu próprio país.

Quando um artista oferece uma interpretação de obras de outro período e de outro país, é necessário que sua interpretação esteja vinculada a seu país de origem e ao seu próprio tempo. Ele pode tentar compreender o que é passado e estrangeiro, mas é totalmente impossível resgatar o espírito de três séculos atrás em um país estrangeiro. Certo dia, alguém ligou para Louis Jouvet e criticou sua produção da peça de Molière, dizendo: "Molière não teria gostado disso." Jouvet respondeu: "Você tem o número de telefone dele?" Assim, um artista contemporâneo fará sua interpretação do passado sob o ponto de vista de hoje, com base nas tradições que lhes são nativas ou no conhecimento, no sentimento, na avaliação que adquiriu da realidade de períodos do passado e de outros povos.

Por outro lado, o que é peculiar ao nosso tempo é a velocidade e a violência da mudança que tem afetado todos os países do mundo, tendendo a unificá-los. Digo isto novamente – no universo do teatro o traço contemporâneo comum é o realismo moderno.

Qual é a natureza desse realismo?

Sofremos muito com a dúvida e a instabilidade. Ao mesmo tempo, descobertas modernas nos conferiram meios científicos de investigação, os quais criaram em nós uma necessidade premente de lucidez e conhecimento, um desejo apaixonado de não sermos mais enganados. Essa atitude austera forma o plano de fundo essencial do realismo contemporâneo, que assume todo tipo de aspecto e aplica-se a todo tipo de assunto.

Entre o realismo moderno e o classicismo tradicional, cada qual com sua coloração nacional, há um conflito; há também fortes influências recíprocas; pode até mesmo existir a possibilidade de concordância de opinião: esse é o ponto crucial.

A interpretação de obras do passado muitas vezes é abordada com o mesmo tipo de ansiedade, de lucidez e de austeridade que trazemos para nossos comentários sobre o presente. Ao aplicar essa exatidão científica ao exame da realidade e expressar nossas dúvidas acerca da própria essência dessa realidade, somos levados a fazer uma distinção cada vez mais clara entre os dois tipos de realismo. Por um lado, temos o realismo profundo, que estuda e exprime a natureza das coisas, o significado da vida humana, o que acontece por trás e sob as aparências; e, por outro lado, temos o realismo que se satisfaz com a representação do que é externo, o realismo superficial, que foi chamado de "naturalismo" no início do presente século. Se me permitirem, gostaria de fazer uma distinção entre "realismo", que se aplica à arte de todos os tempos, e "naturalismo", que é uma forma de arte efêmera pertencente ao período de Zola, Ibsen, Strindberg, Antoine, Stanislávski etc.

De um ponto de vista realista moderno, certos períodos do passado estão mais próximos de nós que outros. Por exemplo, a tradição popular inglesa, exemplificada por Shakespeare, está mais próxima, creio eu, ao homem de hoje, mesmo ao francês, do que a arte aristocrata francesa do século XVII, sintetizada pelas peças de Racine. Se os dramatistas elisabetanos se tornaram moda na França a partir de 1920, não seria porque há algum tipo de relação entre a "loucura" moderna e a elisabetana? Não seria o surrealismo uma evidência de tal parentesco?[16]

Porém, para revelar uma realidade com a qual nos sentimos relacionados, tais períodos antigos usavam meios de expressão que diferem dos nossos costumes contemporâneos. Isso nos levou a pensar se a poesia no teatro, um certo tipo de poesia, não seria o melhor instrumento para penetrar a realidade do que a prosa entrecortada da fala cotidiana utilizada na maioria das peças.

Percebemos agora que o estilo, ao nos afastar das formas externas da realidade, das aparências, tornou-se por si só uma realidade, representativa de um mundo mais profundo. Na arte, a realidade de um estilo deve ser apreciada: não pode ser ignorada ou destruída. Há uma realidade de estilos antigos que constitui uma parte da realidade humana: um livro e uma peça são tão reais quanto uma catedral ou uma estátua e, mesmo que sejam menos concretos, não deixam de ser substanciais. Para ter seu significado revelado, uma peça clássica deve ser representada na realidade de seu estilo, na maior medida que possamos entender e alcançar. Não se pode interpretar o passado em termos da linguagem e do estilo atuais. Do ponto de vista moderno, é preciso assimilar a realidade de estilos do passado. Não há dois mundos; não existe um mundo do teatro moderno e outro do teatro clássico. Há apenas um teatro, assim como existe apenas um mundo. No entanto, há uma continuidade que muda lentamente e se desenvolve, do estilo antigo

---

16 Surrealismo foi um fenômeno cultural que surgiu na França após a Primeira Guerra Mundial, o período em que Saint-Denis começava sua carreira teatral. Mesmo não sendo um surrealista, a direção de Saint-Denis foi influenciada pelas práticas surrealistas. As principais influências do surrealismo foram o dadaísmo – o zombeteiro movimento antiarte que começou como protesto contra a guerra – e as teorias de Freud sobre o inconsciente. Artistas e escritores tentaram explorar suas experiências inconscientes. Exploraram os estados irracionais e oníricos por meio de técnicas como o automatismo, quando pintariam ou escreveriam espontaneamente, sem fazer uso da autocrítica. Anticonformista por natureza, o surrealismo foi associado ao modernismo, à liberdade e ao individualismo. Pode-se traçar paralelos entre os elisabetanos e os surrealistas, no sentido em que os escritores de ambas as épocas exploraram o mundo dos sonhos, da magia e da loucura.

ao moderno. Quanto mais profundo o realismo moderno se torna em sua expressão, bem como em seu tema principal, mais é possível afirmar que o ator moderno, se tiver sido educado em uma tradição clássica a qual tenha devidamente compreendido, estará melhor equipado para "mordiscar" as modernas formas de teatro.

Há uma ação de mão dupla. Dispomos hoje de uma adequada abordagem realista que pode ser de grande benefício para a interpretação de obras clássicas. Ao mesmo tempo, o treinamento e a prática nos clássicos é essencial para enriquecer e inspirar o realismo que, de outra forma, correria o perigo de se tornar sensacionalista, sentimental ou meramente vazio.

E, por fim, algumas palavras sobre a Rússia. Eu lhes disse que estive lá em junho de 1957. Fui oficialmente convidado, junto com outros cinco diretores e atores franceses, para visitar o teatro russo e ver seu trabalho em Moscou e Leningrado. Assistimos a quatorze espetáculos em quinze dias. Estávamos muito interessados em conhecer a maneira russa de dirigir, produzir e atuar, porém mais ansiosos ainda para entrar em contato com o povo, compreender as condições em que vivia, descobrir algo de sua "realidade humana".

Encontrei pessoas em geral e pessoas de teatro, em particular, expressando abertamente sua necessidade de contato com o mundo exterior. Elas queriam se desenvolver. Ouvíamos dizer, tanto de modo privado como em público: "Estamos trinta anos atrasados no que diz respeito ao teatro." E é verdade. Mas por quê?

Por muito tempo os russos têm sido obrigados, em nome do realismo socialista[17], a praticar exclusivamente o credo

17 O realismo socialista foi o estilo oficial imposto aos artistas russos de 1934 até a queda da União Soviética em 1991, se bem que sua rigidez tenha enfraquecido progressivamente após a morte de Stálin, em 1953. Posto que sua função propagandista era educar a população sobre o comunismo, a mensagem da obra deveria ser apresentada de forma realista e direta. Porém, inversamente, como Saint-Denis observa adiante, a mensagem subjacente tinha que ser otimista. No teatro, novos textos deveriam retratar, de forma idealizada, personagens da classe trabalhadora unida em seus esforços para construir a sociedade perfeita. Peças existentes, que recebiam a aprovação do governo, tinham que ser dirigidas de modo consonante com os objetivos do Estado, isto é, naturalisticamente. Assim, as técnicas de Stanislávski se tornaram os únicos métodos sancionados.

artístico que se tornou oficial na década de 1930 – o "Sistema Stanislávski". Um sistema em questões artísticas é obviamente algo perigoso. Creio que Stanislávski teria sido o primeiro a odiar a ideia de que sua forma de trabalho e de treinamento de pessoas fosse chamada de sistema. O homem era o oposto de um fanático intelectual: era alto, de aparência forte e relaxada. Emanava dele uma impressão de calor, bondade e paixão. Foi um grande mestre do teatro de seu próprio tempo e jamais se prendeu aos limites estreitos do "naturalismo". Creio que ele seria o primeiro a nos pedir que rejeitássemos o sistema, extraindo dele apenas o que há de bom para o nosso tempo e país, descartando o resto.

O realismo, conforme o vi na Rússia, tornou-se acadêmico, confortável e burguês. Admirável em fragmentos, mas, na maior parte, congelado.

Dessa vez vi *As Três Irmãs*, pelo Teatro de Arte de Moscou, e também assisti a uma adaptação de *Almas Mortas*, de Gógol[18], pela mesma companhia, na turnê em Leningrado. *As Três Irmãs* era o que os russos chamavam de uma "nova produção", no sentido de que havia sido produzida em 1940 por Nemírovitch-Dântchenko[19]: a companhia incluía alguns atores maravilhosos, mas as três atrizes que representavam as irmãs tinham respectivamente quarenta e oito, cinquenta e cinquenta e dois anos de idade – pior do que na Comédie-Française[20]. Era uma produção de um padrão muito elevado, mas era um Tchékhov

---

18 Nikolai Vasilievich Gógol (1809-1852), um dos grandes escritores cômicos da Rússia. Suas peças continuaram a serem produzidas por toda a era soviética por pertencerem à condição de clássicos.

19 Vladímir Ivanovich Nemírovitch-Dântchenko (1858-1953), dramaturgo, "dramaturgista" e diretor, fundou o Teatro de Arte de Moscou em 1857, ao lado de Constantin Stanislávski (1863-1938). (N. da T.: dramaturgista – aquele que acompanha o processo de criação teatral, fornecendo ferramentas teóricas acerca da dramaturgia, aspectos da época e estilo da peça encenada. O dramaturgista colabora diretamente com o diretor e possui muitas vezes certas semelhanças com este último no que diz respeito à fundamentação estética do espetáculo. No entanto, serve igualmente ao propósito de esclarecer sobremaneira as questões dos atores referentes às personagens que desempenham. Em épocas anteriores, tal função era mais presente nas produções.)

20 Desde aqueles dias, o Teatro de Arte de Moscou apresenta *As Três Irmãs* em Londres e Paris. A produção tinha as mesmas características essenciais que notei em Moscou, mas muitas melhorias foram feitas. Em particular, as três irmãs eram interpretadas por atrizes mais jovens. (Michel Saint-Denis)

simplificado, tanto em estilo como em significado. A simplificação do cenário ao ar livre no último ato era bem-vinda, mas carecia de unidade. A peça fora acelerada em seu ritmo. As famosas pausas tchekhovianas foram cortadas ou reduzidas e, consequentemente, os ruídos da "atmosfera", tão caros a Stanislávski, eram muito menos perceptíveis. Os valores poéticos haviam sido danificados em favor de um significado mais otimista, mais claramente construtivo.

A melancolia nostálgica, mesmo o desespero, deram lugar a declarações positivas. As falas de Vershinin, sobre o que aconteceria em "dois ou trezentos anos", assumira um sentido verdadeiramente profético. Era forçado. Os russos alegaram que, em algum tempo antes da guerra, seu público entediara-se com Tchékhov e, portanto, era preciso renovar sua interpretação. Gógol era encenado de forma muito melhor. Foi apresentado na produção original de Stanislávski. Havia uma série de cenas com mudanças rápidas, de modo que os cenários eram apenas esboçados e não realisticamente detalhados. Aqueles atores gigantes, dotados de vozes profundas, desempenharam plenamente a peça com caracterizações robustas e coloridas. Na minha opinião, um defeito típico causou dano à produção. Uma cena da peça ocorre durante uma tempestade. Era a mais admirável das tempestades! O trovão era inesquecível. E ainda por cima havia a chuva. Através da janela do lado direito eu podia ver a chuva passar por todas as suas fases: tivemos chuva rápida, chuva lenta e, no final, perceptivelmente, pingos de chuva. Podia-se não só ouvir como também ver a chuva, a ponto de ser completamente impossível ouvir ou ver a peça, a qual não é escrita em um estilo realista[21].

Mas por que Gógol parece ter resistido ao teste do tempo melhor do que Tchékhov?

Não obstante todo o meu amor por Tchékhov, sugiro que a razão se deva ao fato de Gógol ter um estilo mais objetivo, mais "escrito", mais clássico que o de Tchékhov. Deve ser difícil imitar Gógol. Mas, Deus o sabe, Tchékhov é imitado o tempo todo. A quantidade de montagens simplificadas e de segunda qualidade de Tchékhov vista em Londres e Nova York

---

21 Saint-Denis zomba da tempestade naturalista, que estava totalmente fora de sintonia com o estilo da peça de Gógol.

é extraordinária – levando habitualmente a uma mediocridade maçante denominada "vida".

Mas o teatro não é vida. O teatro vem da vida, mas teatro é teatro: a vida no teatro precisa de transposição teatral, na escrita e no estilo.

Em minhas próximas palestras tentarei mostrar como, em termos de arquitetura, direção, cenografia e treinamento, isso pode ser alcançado.

3. Estilo e Estilização

À medida que o livro avança, cada capítulo seguinte concentra-se mais na aplicação prática de estilo. Para Saint-Denis, a distinção entre estilo e estilização era essencial. Em contraste à qualidade orgânica do estilo, ele considerava a estilização como uma tentativa ilusória de atualizar uma peça por meio do acréscimo de elementos decorativos superficiais que poderiam, por exemplo, resultar na mudança da época do drama, mas sem esclarecer as ideias do dramaturgo.

À primeira vista, o título do presente capítulo pode parecer desconcertante por causa do peso do foco de Saint-Denis sobre a arquitetura teatral. (Neste capítulo é discutido mais detalhadamente o projeto cenográfico e, sobretudo, a direção.) Enquanto a relação entre o treinamento do ator – da qual ele fala em detalhes mais tarde – e o estilo é inicialmente mais compreensível, a forma do palco, do auditório e a configuração plateia-ator têm uma função de destaque na produção e aceitação de uma peça. A produção visual e o estilo vocal são predeterminados, em grande parte, pelo palco.

Saint-Denis argumenta que para o teatro avançar, o proscênio, ainda comumente utilizado nos dias atuais, deve ser substituído por um espaço de atuação mais flexível, adequado para uma variedade de peças. Em épocas anteriores, os dramas eram condicionados à cultura. A arquitetura teatral de uma determinada cultura e seu drama combinavam-se, enquanto nos períodos recentes, o teatro ocidental tornou-se eclético. Por exemplo, o teatro britânico de meados do século XX apresentava regularmente – tanto quanto nós na atualidade – obras contemporâneas, clássicas e estrangeiras. Para Saint-Denis, não há um único estilo adequado para todas. Em cada fase de sua carreira, ele se envolvera intensamente na concepção de seu próprio espaço de interpretação, o que lhe forneceu uma expertise incomum.

A Compagnie des Quinze utilizava um palco transportável com um cenário fixo não representativo, que consistia de uma cúpula arredondada apoiada sobre sete colunas. Ao redor do palco, nos três lados, havia uma estrutura semelhante à de uma tenda, a qual podia ser dobrada para permitir as entradas. Esse cenário abstrato aprimorava o repertório teatral da Quinze, que fora criado por e para eles. Adereços e peças de cenário portáteis podiam ser acrescentados à vontade. Quando Saint-Denis veio a Londres, seu repertório se expandiu, de modo a incluir peças realistas e clássicas. Foi então que ele e Marcel Breuer criaram o teatro do London Theatre Studio, essencialmente um palco modernizado da Restauração*, completado com portas de ambos os lados da boca de cena. Dramas representacionais ou realistas podiam ser interpretados atrás de seu proscênio ou do "palco-moldura", ao passo que a frente do palco era adequada para peças presentacionais. Foi um projeto que Saint-Denis atualizou com o tempo, acrescentando novas tecnologias, quando possível, assim como no Old Vic. O palco de Saint-Denis possuía um arco de proscênio e um amplo palco avançado curvo e removível. Quando ele concebeu o Juilliard Drama Theatre, seu processo foi inverso, e o proscênio era destacável. No entanto, o espaço da Juilliard é utilizado diferentemente do antecipado por Saint-Denis. Enquanto o cenário para uma peça tradicional é colocado atrás do proscênio, quase toda a ação ocorre sobre o palco avançado da Juilliard. A demarcação estilística entre realismo e não realismo ficou indistinta no teatro contemporâneo. É verdade,

---

* Assim chamado devido à restauração da coroa inglesa por Carlos II (1660); período que vai até o início do século XVIII. (N. da T.)

entretanto, que ao representar sobre o palco avançado nu, um ator chama mais atenção por causa de sua proximidade com a plateia, uma vantagem ou desvantagem, dependendo de seu talento. Isso também confere mais ênfase à linguagem da peça.

Na segunda parte do capítulo, Saint-Denis aborda o conceito de estilo no que se refere ao ator, cuja atuação é parcialmente condicionada ao formato do teatro. Ele começa descrevendo estilo como um conceito multifacetado, que possui aspectos externos e internos. Externamente, é vinculado ao período da peça, mas emular o comportamento e a aparência de uma época é insuficiente, mesmo vazio. Para definir o que é estilo, Saint-Denis baseia-se no provérbio francês: "Estilo é o próprio homem", um ponto de vista bastante distinto do velho ditado inglês: "A roupa faz o homem", o que implica superficialidade ou, no caso do teatro, estilização. Para o ator, então, o estilo é também pessoal, posto que, como nos diz Saint-Denis, é revelado por sua qualidade de trabalho. Mas o trabalho do ator é personificar a visão de realidade do dramaturgo. Por isso, a busca por estilo inicia-se com as palavras do dramaturgo. Para exemplificar, ele lê duas passagens de Shakespeare. A primeira é de **Romeu e Julieta**, *dificilmente uma escolha acidental, pois Saint-Denis acabara de criticar o acromatismo do livro* **West Side Story**, *que era uma adaptação da peça de Shakespeare.*

Ele termina sua palestra enfatizando a importância da formação clássica para o ator, isto é, a mesma que seus alunos receberam. Saint-Denis estava convicto de que um ator de formação clássica possuía as ferramentas para trabalhar em qualquer tipo de teatro. O inverso não se aplicava. Os performers treinados apenas na atuação naturalista ou realista eram mais limitados, porque sua educação teatral era centrada no aprendizado de como interpretar personagens modernas, cuja elocução e comportamento eram semelhantes aos seus. Não só careciam de habilidades técnicas relacionadas à elocução e ao movimento, mas sua imaginação não seria tão desenvolvida. Ao mesmo tempo, Saint-Denis reconhecia que o ponto de encontro de uma boa atuação realista e clássica era a verdade emocional.

Chamei minha última palestra de "Estilo e Realidade". Falei sobre a realidade humana e a realidade artística. Ao final, eu disse: "teatro não é vida, teatro é teatro". E devo acrescentar que o teatro é uma revelação; uma revelação concreta, intelectual, emocional e sensual da vida por meio dessa arte denominada arte do palco.

Eu também disse: "Para revelar a vida, o teatro não pode usar os meios da vida. Ele deve utilizar os meios do teatro."

Os chineses dizem: "Não são as portas que são interessantes, mas o que acontece atrás delas; então por que há portas?"

Do mesmo modo, acrescentei no outro dia: "O teatro necessita de transposição." Ele precisa "escrever". Para revelar a realidade ele necessita de "estilo". Tentarei lhes sugerir como isso pode ser feito em termos de arquitetura, de interpretação e direção, de cenografia e formação. Hoje me dedicarei a esclarecer o que entendemos por estilo e lhes mostrarei por que ele não deve ser confundido com estilização – esta palavra horrível.

O significado de "realismo" é confuso e desgastado. O "realismo" se eleva novamente à sua antiga dignidade apenas se for considerado o melhor instrumento para revelar a realidade humana; consequentemente, ao mesmo tempo, ocorre o declínio do "naturalismo".

Quais são os requisitos desse realismo regenerado?

Comecemos com a arquitetura.

Antes de tudo, o edifício teatral deve dispor a plateia e os atores em posições que permitam que a peça seja vista e ouvida: que a encenação, em todos seus aspectos, possa ser concebida por diretores e cenógrafos em condições tais que possibilitem uma sensação de realidade a ser criada.

Considerações estéticas isoladas não podem nos propiciar condições adequadas. Conhecimento e experiência teatral são tão importantes quanto considerações estéticas e técnicas, se quisermos chegar a uma arquitetura teatral de verdadeiro valor. Essas considerações devem se originar de uma necessidade de despertar no público e nas pessoas de teatro um espírito pelo qual não somente as peças modernas, mas as obras do passado, sejam trazidas à vida em termos contemporâneos.

Eu disse "em termos contemporâneos".

Sei pelos livros que nos Estados Unidos uma grande quantidade de trabalho tem sido realizada nessa direção. Observei os projetos de Norman Bel Geddes e de Robert Edmond Jones[1]. Ainda não vi as casas de espetáculo. Na maioria dos países europeus, os auditórios estão fora de época. Excluí os teatros mais modernos na Alemanha e na Rússia. A relação entre palco e plateia ainda é governada pelas diferenças sociais que dominaram nossas sociedades antigas, sobretudo as do século XVIII. O público é distribuído em uma série de fileiras, geralmente entre duas e quatro, nitidamente separadas umas das outras. Entretanto, nas aglomerações modernas, nos cinemas e campos esportivos, por exemplo, o público adquiriu o hábito e o gosto de se reunir em grupos com muito menor gradação. Na Europa, em nossos antigos teatros, muitas pessoas estão mal posicionadas para ver e ouvir. Ficam geralmente longe demais do palco e, incentivadas pelo cinema e pela televisão, sentem a necessidade de ver e ouvir mais vividamente, de estar mais próximas. O anseio principal de uma plateia não reside apenas no fato de estar confortável, mas em ser disposta de tal maneira que possa ser "alcançada" a partir do palco, que possa ser impressionada pela realidade da interpretação a que assiste. O público de hoje, ou sua parte mais jovem, não se importa com a grandiosidade operística ou com a ilusão dos contos de fada. Não pode mais acreditar em tais coisas. Atualmente, as pessoas são "realistas" demais, racionais demais. O mesmo ocorre com os atores: isolados da plateia, eles anseiam por atingir o público sem que sejam obrigados a forçar seus meios de

---

1 Norman Bel Geddes (1893-1958) e Robert Edmond Jones (1887-1954) foram cenógrafos americanos pioneiros, influenciados pelo diretor experimental australiano, Max Reinhardt. Jones, além de cenógrafo, também desenhou figurinos, iluminação e teatros, dirigiu, produziu e escreveu inúmeros artigos e diversos livros promovendo sua visão de teatro. Seus cenários expressionistas eram reminiscentes da obra de Adolphe Appia (1862-1928), cenógrafo e teórico de teatro suíço, e Gordon Craig (1872-1966), cenógrafo e teórico de teatro britânico. Em contraste com Jones, cuja vida foi dedicada ao teatro, a obra teatral de Bel Geddes não foi a parte mais significativa de sua carreira. Sua principal contribuição para a cultura americana foi o design industrial. No entanto, ele produziu uma série de projetos cenográficos inovadores, como seu cenário para a produção do *The Miracle* (1924) de Reinhardt, para o qual reconstruiu o teatro como uma catedral gótica. Ele também revolucionou a iluminação cênica. Ambos, Bel Geddes e Jones, estavam envolvidos na reforma da arquitetura teatral. Cada qual elaborou projetos modernistas para teatros, mas poucos foram realmente construídos, provavelmente porque não eram comercialmente viáveis.

expressão. Eles precisam ser colocados em uma posição na qual possam ter uma sensação de realidade com respeito à plateia.

Eu disse: "Trazer as obras do passado à vida em termos contemporâneos." É óbvio que "dar vida às obras do passado" não pode significar "reconstrução". A reconstrução do passado está morta. Tampouco podemos imitar o passado. Ele deve ser recriado, a partir de uma atitude contemporânea.

A realidade de uma peça, no entanto, deriva, em primeiro lugar, do país e do período, de onde e quando foi escrita. Em termos de arte, a performance de uma peça depende da disposição cênica original, à qual está umbilicalmente ligada. A disposição cênica dos antigos teatros possuía uma realidade muito mais definida do que o palco de hoje tem para o espectador moderno. Consideremos rapidamente o palco grego, com sua orquestra; o pátio espanhol; o tablado da *Commedia dell'Arte* italiana; o fosso e o tablado do teatro elisabetano; mesmo o formalismo do palco francês clássico; e depois, dirijam suas mentes por um segundo ao teatro chinês ou à disposição do teatro japonês para a apresentação de uma peça nô.

Em cada caso:

- existe uma relação estreita entre o formato visível do palco e a forma da peça escrita;
- a relação entre palco e plateia significa, ao mesmo tempo, comunhão e separação distinta;
- o palco é construído de material real: pedra para os gregos; madeira e cortinas em volta para os espanhóis e italianos; madeira pintada e interior decorado para os elisabetanos; pedra, madeira decorada, cortinados e candelabros para os franceses.

Essa realidade no formato do teatro e no material do qual o palco é feito combina com uma convenção aberta, livre e franca. O ator apresenta uma ação inventada sobre um palco que todos sabem que é um palco. A ilusão, ou melhor, a realidade, é criada pelo ator. No devido tempo, após a introdução de maquinaria operística nos séculos XVII e especialmente XVIII, chegamos passo a passo ao palco moderno. E foi o palco operístico que, com sua ilusão mágica, tornou-se o instrumento do naturalismo, no final do século xix.

A eletricidade dará novas possibilidades para essa maquinaria elaborada, já transformada pelo uso de materiais modernos – mas para quê? Quando o drama está em causa, principalmente para reproduzir com nova perfeição a aparência de vida real. Os requisitos do teatro naturalista se ajustam aos da ópera. Verossimilhança, bem como magia, precisa de distância. Ambas dependem da separação física entre palco e público.

A ilusão, abertamente criada pelo ator, deve ser exterminada e substituída pela própria vida, a vida real, por "fatias de vida".

O palco moderno é vazio, não possui sentido próprio. Se olharem para ele à tarde, verão um buraco negro pronto para receber uma variedade infinita de cenários vivos que, à noite, formará uma imagem distante, fixada em uma moldura, isolada pela ribalta. Essa fotografia, mais ou menos fiel da vida real, criou uma nova ilusão que tem enganado o público por um tempo incrivelmente longo: a ilusão de que a ilusão desapareceu.

O naturalismo persiste em todos os lugares, embora mais em alguns países do que em outros. No entanto, ainda se justifica perguntar – será que a convenção naturalista nos oferece a maneira mais notável de revelar a realidade humana?

Em outras palavras, o palco que herdamos do naturalismo é ou não o melhor instrumento do realismo moderno? Parece claro que o nosso palco moderno, não muito distante talvez das necessidades do classicismo francês, não pode atender a requisitos de todos os outros estilos do passado. Sua arquitetura é muito diferente das disposições originais do teatro, às quais as peças do passado estão umbilicalmente ligadas. Com o palco-moldura, todas as peças gregas, shakespearianas ou da tradição espanhola são distorcidas e privadas de parte da sua verdadeira realidade.

Por conseguinte, nosso teatro moderno confronta-se com um problema.

O naturalismo se desgastou demais. Durou tempo demais. Além disso, é maravilhosamente bem servido pelo filme. Nosso período não possui um estilo próprio, exceto talvez esse tipo de realismo moderno que, a julgar por suas origens em diferentes países, visa a interpretação da realidade humana em sua essência, além e por baixo das aparências.

Nossos teatros modernos deveriam ser capazes de abrigar, ao mesmo tempo, qualquer tipo de realismo que nossas convenções contemporâneas possam exigir, juntamente com as maiores obras do passado em seus mais diversos estilos, fornecendo-lhes o tipo adequado de disposição arquitetônica. Nossos novos teatros, nossos novos palcos, só podem ser lugares de natureza transitória, adaptáveis a diferentes necessidades e servindo de denominador comum de obras clássicas e contemporâneas.

Até agora, a tendência geral tem sido partir do antigo palco italiano e colocar diante dele um proscênio e uma boca de cena de uma espécie mais ou menos transformável.

Esse palco pode ser de excelente flexibilidade. Pode oferecer múltiplos espaços de interpretação, que podem ser bem diferenciados pela iluminação. A boca de cena é trazida à frente para aumentar o contato do ator com o público, ou retirada, de acordo com o estilo da peça a ser encenada. Assim, a relação entre palco e auditório permanece mutável em detalhe, e pronta para adaptar-se a vários estilos, para que o "palco-moldura" seja exceção e não a regra.

Tomemos agora o segundo ponto e consideremos a interpretação em sua relação tanto com o teatro clássico quanto com o realismo moderno.

Para recapitular, por clássico compreendo a longa tradição que começou com a tragédia grega e desenvolveu-se em toda sua extensão nos séculos XVII e XVIII. Por realismo refiro-me a tudo que é ligado à escola iniciada com Ibsen e Strindberg[2]. Não quero sugerir que ambos sejam totalmente separados. Eles não precisam ser opostos: com muita frequência coexistem.

---

2   No capítulo 3, Saint-Denis agrupa Henrik Ibsen e August Strindberg com os naturalistas. Se bem que Strindberg tivesse escrito diversas peças naturalistas em meados de sua carreira, ele explorou o drama não realista no final dela, quando desenvolveu suas peças oníricas. Ibsen geralmente é considerado o "pai do realismo", embora no período tardio de sua carreira também tenha feito experiências com formas não realistas. Presumivelmente, Saint-Denis associa os dois dramaturgos ao naturalismo, posto que suas obras foram introduzidas na França em produções dirigidas por André Antoine.

Eu odiaria incentivar a ideia de que existem duas formas de teatro: uma que é maravilhosa e fácil, denominada realismo, e outra que é ainda mais maravilhosa, mas quase impossível de realizar, chamada de clássica.

Em qualquer um dos casos o ator, o diretor e o cenógrafo devem se comportar da mesma forma ou diferentemente? A abordagem de Stanislávski, por exemplo, poderia aplicar-se à interpretação clássica ou não? E o bom ator realista, desde que se dedique ao trabalho necessário, estaria equipado para se tornar um bom ator clássico?

Para responder tais questões sem fazer declarações perigosamente arbitrárias, devemos procurar lançar alguma luz sobre o que queremos dizer com estilo. Pode ser um circunlóquio, porém não se esquiva do assunto.

Costuma-se dizer que um criado tem estilo quando é, obviamente, bem treinado e denota distinção em seu comportamento. Um vestido teria estilo quando seu corte e sua cor são elegantes. Também se fala de "figurino com estilo". Aqui entra a ideia de período. Um escritor, mesmo contemporâneo, pode ser elogiado por seu estilo, e essa apreciação não está necessariamente ligada à ideia de um período. O mesmo ocorre com o ator. Ao aprofundarmos isso um pouco mais, descobrimos que um escritor francês – Buffon, creio eu – escreveu: *Le style, c'est l'homme même*, o qual pode ser traduzido por "O estilo é o próprio homem", significando que a parte mais autêntica da personalidade do homem, tudo o que há de mais profundo nele, é revelado pelo estilo de sua obra[3].

Então, o que encontramos? Bons modos, treinamento adequado, elegância, um senso de período e, finalmente, essa revelação da personalidade – todas essas coisas são inerentes ao estilo. Não é de admirar que isso seja difícil definir.

Para muitas pessoas, estilo sugere período; isso, contudo, é um significado secundário. É evidente que um ator que toma parte em uma peça realista de hoje pode mostrar estilo em sua interpretação. Mesmo as cenas de embriaguez em *Ralé* podem

---

3   Georges-Louis Leclerc, conde de Buffon (1707-1788), escritor e cientista francês. Ele fez essa observação, agora famosa, em um discurso proferido na ocasião de sua posse como membro da Académie Française.

ter estilo[4]. "O capuz não faz o monge." O uso de um traje de época ou mesmo um traje elegante não confere necessariamente estilo ao ator: pode ocorrer o contrário. Estilo não é algo superficial ou meramente externo. Embora esteja intimamente relacionado à forma, não pode ser reduzido a ela. Implica uma ideia de qualidade em vez de elegância; e elegância, em todo caso, não é a palavra correta.

Conhecemos escritores contemporâneos que possuem estilo e outros que não, sejam eles de prosa ou verso. Numa noite dessas assisti a *West Side Story* e achei que a parte da dança na apresentação tinha um estilo contemporâneo verdadeiro (para não mencionar a encenação, que foi igualmente notável). Mas achei o texto sem estilo. Era executado com muita sequência plana, de modo que a interpretação das falas na peça não estava no nível das danças[5].

Por vezes é difícil estar ciente do estilo que toma forma em nosso tempo, enquanto conduzimos nossas vidas diárias. O estilo é como o vinho: fica melhor à medida que envelhece. Ele também se torna mais evidente com o tempo. Daí a confusão entre estilo e período. Gostaria de sugerir que as obras do passado remanescem apenas se tiverem estilo, o que significa qualidade.

Se aceitarmos essa noção, podemos definir estilo como a forma perceptível que é assumida pela realidade ao nos revelar sua natureza interior e verdadeira. Há algo de secreto sobre o estilo. Essa forma perceptível ou exterior esconde um segredo que temos de penetrar, se quisermos perceber a realidade essencial subjacente.

Sejamos mais simples e diretos. Se dissermos que o estilo de uma peça se torna mais evidente com o tempo, então, tendo

---

4   *Ralé*, de Górki, considerada peça chave naturalista por seu exame de personagens da classe baixa, a importância de seu ambiente, sua visão pessimista e enredo curto. Stanislávski dirigiu e estrelou sua primeira produção em 1902. Saint-Denis aponta para o fato de que o estilo é parte inerente de qualquer peça, mesmo a que representa a "lama do naturalismo".

5   *West Side Story* foi sucesso da Broadway na grande temporada teatral de 1957-1958. A produção foi dirigida e coreografada por Jerome Robbins, a música composta por Leonard Bernstein, as letras escritas por Stephen Soundheim, todos eles talentos extraordinários. O livro foi escrito por Arthur Laurents, um dramaturgo bem conhecido do período, que escreveu peças realistas, as quais Saint-Denis provavelmente consideraria como "Tchékhov de segunda categoria".

as obras clássicas em mente, não devemos confundir o que é visível para nós com o conteúdo interno da peça ou, mais uma vez, confundiremos estilo com período.

Por outro lado, estamos acostumados com o realismo, com ou sem estilo, seja ele superficial ou enraizado.

Tomemos, por exemplo, uma peça de Shakespeare. Aqui somos confrontados com um texto escrito em verso ou prosa. Escrita em uma linguagem distinta da falada atualmente, ela não nos parece natural. De mais a mais, a psicologia das personagens, seus humores, a maneira como estão trajadas, a forma como se movem, seu manejo ocasional de espadas e adagas, todas essas coisas exigem que um ator moderno tente entender um tipo de comportamento muito diferente do seu, do ponto de vista moral, intelectual e físico. O que ele deve fazer para estar em condição de descobrir nas falas e no texto a realidade humana, sem cuja sensação ele será incapaz de trabalhar de maneira convincente?

Vamos lidar rapidamente com as coisas simples e elementares que todos podem entender:

- conhecimento do período, das condições históricas e dos costumes;
- uso de trajes históricos característicos – conhecimento do movimento e, possivelmente, da dança do período;
- manuseio de armas.

Tudo isso pode ser aprendido por meio de aulas e livros.

Muito mais importante e difícil do que qualquer outra coisa é o texto – a atitude de um ator diante de um texto clássico. Para ajudá-los a avaliar plenamente tal dificuldade, citarei duas breves passagens de Shakespeare. A primeira é a Cena do Balcão de *Romeu e Julieta*. Vocês se lembram que Romeu entra no jardim à noite e Julieta aparece em sua janela. Romeu diz:

ROMEU: Que luz surge lá no alto, na janela?
 Ali é o leste, e Julieta é o Sol.
 Levante, Sol, faça morrer a Lua
 Ciumenta, que já sofre e empalidece
 Porque você, sua serva, é mais formosa.
 Não a sirva, pois que assim ela a inveja!

Suas vestais têm trajes doentios
Que só tolas envergam; tire-os fora.
É a minha dama, oh, é o meu amor!
Se ao menos o soubesse!
Seus olhos falam, e eu vou responder.
Que ousado sou; não é a mim que falam.
Duas estrelas, das mais fulgurantes,
'Stando ocupadas, pedem aos seus olhos
Que brilhem na alta esfera até que voltem.
E se ficassem lá, e elas no rosto?
O brilho de sua face ofuscaria
Os astros como o dia faz à chama:
Por todo o ar do céu, com tal fulgor
A luz de seu olhar penetraria,
Que as aves cantariam, como ao dia!
Como ela curva o rosto sobre a mão!
Quem me dera ser luva pra poder
Beijar aquela face.
JULIETA: Ai de mim!
ROMEU: Fale!
Fale, anjo, outra vez, pois você brilha
Na glória desta noite, sobre a terra,
Como o celeste mensageiro alado
Sobre os olhos mortais que, deslumbrados,
Se voltam para o alto, para olhá-lo,
Quando ele chega, cavalgando as nuvens,
E vaga sobre o seio desse espaço.*

Vejam – o texto possui uma forma definida. Eu o escolhi de propósito, porque está muito distante de nós. Os versos sobre os olhos de Julieta e as estrelas são exemplos de metáforas artificiais do período.

Ora, eu disse que quando interpretamos peças do passado, podemos somente dar uma interpretação proveniente do tempo e país em que vivemos. Isso significa que para lutar contra o distanciamento de seu texto o ator que representa Romeu deveria criar sua própria ideia da realidade da situação e pressupor que tivesse pulado um muro nas cercanias do Central Park ou de Marble Arch? Se ele estabelece em si mesmo tais condições detalhadas de tempo e espaço que emanam de suas experiências cotidianas, não é provável que se torne consciente

* Tradução de Barbara Heliodora. Rio de Janeiro: Nova Fronteira, 2011. Col. Saraiva de Bolso. (N. da E.)

de um conflito entre a realidade moderna e o lirismo dos versos? Não se sentiria ele muito mais "natural" ao se permitir fazer pausas, negligenciando ou exagerando a pontuação do texto e a forma do verso?

Permitam-me, agora, citar minha segunda peça. Trata-se do último ato de *Macbeth*.

MACBETH: Que foi isso?
SEYTON: É um grito de mulher, bom senhor.
MACBETH: Quase esqueci que gosto tem o medo.
Outrora meus sentidos gelariam
Com um guincho à noite; e a minha cabeleira
Com um relato de horror ficava em pé,
Como se viva; estou farto de horrores:
O pavor, íntimo do meu pensar,
Já nem me assusta.
(*Seyton entra novamente.*)
Quem gritou assim?
SEYTON: A rainha está morta, meu senhor.
MACBETH: Ela só devia morrer mais tarde;
Haveria um momento para isso.
Amanhã, e amanhã, e ainda amanhã
Arrastam nesse passo o dia a dia
Até o fim do tempo pré-notado.
E todo ontem conduziu os tolos
À via em pó da morte: apaga vela!
A vida é só uma sombra: um mau ator
Que grita e se debate pelo palco,
Depois é esquecido; é uma história
Que conta o idiota, toda som e fúria
Sem querer dizer nada.*

Citei esses famosos versos por uma simples razão. Quando você chega a um verso como "Amanhã, e amanhã, e ainda amanhã", o seu desejo pela verdade levará à tendência de cortá-lo em três partes definidas, a fim de evitar uma elocução convencional. Mas qual é o resultado? O significado de "O Amanhã, e o amanhã, e o amanhã" carrega um sentido de eternidade. Com longas pausas, o segundo "e o amanhã" pode soar como amanhã de manhã, e o terceiro pode sugerir um mês ou mais posteriormente. Essa realidade absurda pode ser devida a uma

---

* Cena 5, tradução de Barbara Heliodora. Rio de Janeiro: Nova Aguillar, 2006. (N. da E.)

excessiva importância dada à pontuação, que quebra a unidade de um verso. É uma questão pequena, mas, em conjunto com o exemplo de *Romeu e Julieta*, ilustra um ponto de grande consequência.

O estilo tem sua própria realidade: é composto de uma escolha de palavras, de formato, de ritmo e ênfase. Essa realidade artística não pode ser separada do significado. Ademais, muitas vezes ela possui um significado próprio. Não pode ser quebrada ou alterada, mas penetrada e decifrada, se for a realidade humana contida no texto exposta totalmente.

A peça escrita em versos, mesmo em boa prosa, é como uma partitura, porém suscetível a uma leitura menos exata do que a música, pois não é baseada em um tipo similar de esquema matemático. Devemos nos acostumar a ler a peça à primeira vista com um olhar afiado, atentos às notações precisas, alertas e receptivos a toda indicação de som e ritmo.

Seria isso suficiente? Certamente não. Sem motivação dramática tal leitura só poderia levar a uma declamação mais ou menos bela do texto, desprovida de maior significado. É improvável que produzisse uma interpretação convincente. A realidade psicológica, social e emocional deve ser evocada para dar substância à forma. Ao mesmo tempo, o ator, que depende de seus próprios recursos, não deve acumular todos os elementos de uma realidade contemporânea fora do estilo e assim criar um conflito entre realidade e estilo. Vimos que se a forma for destruída ou alterada, o sentido é igualmente destruído, e o tipo certo de revelação não será produzido. Talvez possa resultar em uma outra revelação, provavelmente de uma espécie ainda mais interessante, mas não será a realidade que o poeta tentou expressar em seu texto. Em uma peça de estilo, o sentido não pode ser separado da forma. Um respeito vital à forma, sensibilidade à cor poética e ao ritmo são essenciais para o tipo de drama intenso que o ator clássico, confrontado com uma personagem, precisa criar.

Confrontado com uma personagem: nos aproximamos do ponto crucial. Como, por meio de um texto formal, o ator enfrentará sua personagem?

Penso que ele deve ser extremamente cauteloso, pois essa operação é a mais difícil de todas, mas ao mesmo tempo tão fascinante que justifica todos os esforços de Stanislávski para explicar e esclarecer o processo. Cansado de clichês, exausto de rotinas, ele analisou o que acontece dentro de um grande ator. Ele recorreu à sua própria experiência e inspirou-se na observação de outros atores. Estudou os atores em ação e tentou elucidar o mistério de seu comportamento como artistas e artífices. Queria ordenar a abordagem do ator ao seu papel, para racionalizá-la – daí seu "sistema" ou "método". Durante o tempo de "preparação do ator", que parte é desempenhada pela observação, pelas circunstâncias externas e pela memória emotiva? Como mecanismos e hábitos podem ser criados de modo a libertar o subconsciente? Que ajuda deve-se esperar da ação, a ação física?

Tudo isso em Stanislávski está perfeitamente bem esclarecido e não é de se surpreender que os atores americanos o tenham adotado tão estreitamente. Stanislávski responde às necessidades americanas. Ele veio em sua ajuda no início de sua tradição, que é a realista.

Vamos um pouco mais longe. Stanislávski, como Copeau em outra direção, foi um reformador. Ele reagia contra o teatro de seu tempo. E, no seu tempo, viu o fim do período romântico e o início do naturalismo. Sua contribuição foi a de elevar o nível do naturalismo ao do realismo verdadeiro.

Mas nem sempre obteve êxito. Ele foi, por vezes, vítima de seu "período". Vocês conhecem a produção publicada de *Otelo* por Stanislávski? Aqui as motivações são frequentemente naturalistas. A realidade do estilo de Shakespeare não parece ser levada em consideração.

Em uma peça clássica o ator não deve se apressar ou envolver-se imediatamente com a personagem. O texto não deve ser escravizado por uma concepção ou sentimentos prematuros com relação à personagem. Você não deve se apressar para entrar no palco e tentar representar, física e emocionalmente, cedo demais. A compreensão psicológica e emocional de uma personagem deve vir a partir da familiaridade com o texto e não fora dele. Deve-se saber como esperar, como recusar, de modo a permanecer livre. Você deve ser como uma luva, aberta e flexível, mas plana, e assim continuar de início. Então, pouco a pouco, o texto, a imaginação, as associações despertadas pelo texto penetram em você, trazendo-o à vida. Formas meios são preparados para que a personagem se insinue lentamente e dê vida à luva, a luva que é você, com seu sangue, com seus nervos, com seu sistema respiratório, sua voz, com a luz do seu próprio e lúcido controle, ligando e desligando. Toda a maquinaria complexa está trabalhando; ela foi posta em ação pelo texto; agora pode ser útil a ajuda de Stanislávski – sem o seu sistema – por favor.

O curso a ser seguido pela interpretação clássica, se é que vejo as coisas de maneira correta é, portanto, diferente no início do rumo a ser seguido pela interpretação realista. Mas ambas, no final, reduzem-se às mesmas leis que as exigências do realismo moderno têm reforçado. Essas demandas são boas. Elas tendem a resultar em sinceridade, simplicidade, clareza de significado.

Finalmente, devo responder à pergunta: "Um bom ator realista está equipado para se tornar um ator clássico?"

Não há separação. Ambos requerem a mesma interpretação, mas a abordagem é diferente.

A arte clássica requer, mesmo nos menores papéis, o conhecimento apropriado e a prática de estilos. Não se pode interpretar os clássicos sem a prática; prática no tocante à relação entre uma linguagem distante e a realidade interior tão familiar.

O teatro clássico também requer uma sensibilidade controlada e forte.

Acima de tudo, exige atores bem treinados, com meios adequados de expressão física. As qualificações mais importantes são o tamanho e as proporções do corpo, e o tamanho, a qualidade e o alcance da voz. Desnecessário dizer que tudo isso deve ser acompanhado de bom senso artístico e temperamento. Na essência, não há diferença entre a interpretação clássica e a realista. Apenas não ocorrem no mesmo nível, provavelmente porque a arte clássica impõe a necessidade de maior rigor na seleção de atores.

As peças clássicas nos apresentam muitas passagens mortas ou vazias. A beleza da forma prevaleceu sobre a matéria. Se não são cortadas, então é necessário o virtuosismo do ator e a habilidade especial para fazer o formal e o superficial parecerem críveis e atraentes.

Vimos que o tratamento do estilo nos apresenta hoje muitos problemas. Eu me pergunto se foi o embaraço que provocou a estilização. É uma palavra horrível, porém, o que mais existe ali? Tenho ouvido pessoas de teatro perguntarem umas às outras: "a produção dessa peça deve ser realista ou seria melhor se fosse estilizada?" Nesse sentido, a estilização parece opor-se ao realismo fotográfico. Às vezes isso acontece – um poste de luz para simbolizar uma rua nos bairros pobres e, de modo geral, uma seleção de elementos que podem ser representativos da realidade concentrada. O expressionismo tem muito a ver com isso.

O que é perigoso na estilização é sua imprecisão. Ela está associada a experiências em uma grande variedade de direções. Pode afetar a aparência das coisas e até mesmo se tornar sinônimo de modas decorativas. A invasão do palco pelo cubismo e pelas artes plásticas resultou em estilização. Ela anda de mãos dadas com a fantasia e a "diversão". Se você teme a seriedade de uma peça, tende a "estilizá-la". Há um aspecto jocoso na estilização, uma atitude caracterizada pela ironia. Quantas comédias da Restauração, de estilo verdadeiro, não se tornam, quando estilizadas, caricaturas ou paródias?

Eu prefiro o estilo, o estilo autêntico, tratado livremente, sem inibição. O estilo não é assustador: é agradável. Por meio do estilo, podemos nos aproximar do passado em sua mais rica veia. O estilo perdura. O estilo não mente. É a expressão da verdadeira compreensão, da comunicação profunda com o mundo e seus segredos, do esforço constante dos homens de superar a si mesmos.

É preciso amar o estilo. O estilo é a libertação da lama do naturalismo.

4. Estilo na Interpretação, Direção e Cenografia

O principal foco deste capítulo é sobre o papel do diretor, historicamente, no momento em que a palestra foi ministrada, e o que Saint-Denis antecipava que ele seria no futuro. Ele também delineia sua própria abordagem. Sua perspectiva é colorida pela convicção, compartilhada por inúmeros diretores franceses contemporâneos, de que o dramaturgo é a única pessoa totalmente criativa no teatro; todos os demais artistas teatrais estão lá para servir a ele. (No tempo de Saint-Denis, eram produzidas poucas obras de autoras teatrais, e ele nunca dirigiu uma peça escrita por uma mulher.)

Em uma extremidade do espectro da direção está o diretor interpretativo, como Saint-Denis, na outra, o diretor-auteur, que tornou-se mais proeminente nos últimos cinquenta anos. O termo, emprestado do cinema francês, refere-se à prática autoral do diretor, cujas modificações radicais do texto diminuem a importância do dramaturgo. O diretor-autor foi um desenvolvimento adicional do depreciado diretor estilizado de Saint-Denis, para quem as imagens poderosas ou uma interpretação estritamente focada eram pelo menos tão importantes quanto o roteiro. As diferenças entre o diretor interpretativo e o diretor-autor podem ser resumidas da seguinte maneira. O diretor interpretativo empenha-se em descobrir a intenção do dramaturgo, ao passo que o diretor autoral busca impor sua própria intenção, usando o texto como ponto de partida. A maioria dos diretores contemporâneos encontra-se no meio termo.

O fato de Saint-Denis ver o papel do diretor como interpretativo não significa que o considerava desprovido de imaginação. É o diretor quem dá vida à produção com base em sua compreensão dela, transfigurando palavras sobre uma página em uma experiência estética visual e auditiva. Para Saint-Denis, o diretor ideal opera mais enquanto eminência parda, por trás da produção, conduzindo os outros profissionais envolvidos aos resultados desejados, em vez de assumir a posição de estrela, cuja influência domina a peça e a produção.

Saint-Denis acreditava que o teatro em meados do século XX estava mais uma vez em transição, sendo que a modernização teatral, em uma uma escala internacional, fora alcançada pela primeira geração de diretores reformadores. O prognóstico é sempre arriscado, mas Saint-Denis estava confiante na previsão do restabelecimento do dramatista como figura central do teatro. Quando George Devine, amigo de Saint-Denis, discípulo e antigo colega, fundou a English Stage Company em 1956, sua intenção era encorajar o desenvolvimento de dramaturgos cujas obras representariam uma Inglaterra mudada e em transformação. Em busca desse objetivo, em 1958 ele criou uma oficina de escritores. Muitos do primeiro grupo, que incluía Arnold Wesker, Anne Jellicoe, Edward Bond, John Arden e Wole Soyinka, prêmio Nobel de Literatura em 1986 –, quase todos com menos de 30 anos – eram esquerdistas politicamente engajados, que escreviam acerca dos problemas contemporâneos vistos a partir da óptica da classe operária. Saint--Denis assistiu a algumas de suas primeiras reuniões, as quais ele descreve aqui em uma luz positiva, suprimindo suas preocupações. Por um lado, ele aclamava a descoberta de jovens dramatistas, por outro, temia que seu trabalho fosse naturalista demais e remontasse a Antoine e ao Théâtre Libre. Quando Saint-Denis proferiu esta série de palestras, poucas estreias dos dramaturgos da oficina haviam ocorrido. Nos anos seguintes, o English Stage, no Royal Court, tornar-se-ia líder na produção de novas peças.

Curiosamente, Brecht, a quem Saint-Denis julga muito próximo do tempo para avaliar plenamente, foi também um catalisador para o desenvolvimento da dramaturgia inglesa. A primeira visita da companhia de Brecht, o Berliner Ensemble, quatro meses depois, foi quase coincidente com a abertura do Royal Court, em abril de 1956. (A segunda visita ocorreu em 1965.) De certa forma, essa primeira visita foi semelhante à da chegada da Quinze em Londres, cerca de 25 anos mais cedo. Mais uma vez, a nova geração de profissionais de teatro estava animada com um estilo de drama diferente (o qual, representado em uma língua estrangeira, era apenas parcialmente entendido), com novas técnicas de produção e interpretação não psicológica brilhante e inavodora. A influência de Brecht materializava-se de maneira diferente da de Saint-Denis que, como sabemos, tornou-se uma grande força na Inglaterra como professor e diretor. A visita do Berliner Ensemble propiciou uma fonte de inspiração para mudança, uma oportunidade de criar outro tipo de teatro britânico, que às vezes chamava-se brechtiano. Dramaturgos, em particular os politicamente engajados, começaram a experimentar o estilo épico de Brecht, considerando-o uma linguagem teatral mais apropriada e imaginativa que o naturalismo tradicional para a expressão de suas ideias.

Embora Saint-Denis estivesse correto ao prever o florescimento da dramaturgia, contrário à sua opinião, o diretor não perdeu seu status. O diretor estrela continuou a fazer contribuições significativas, algumas construídas sobre as tradições dos "grandes reformadores", que levaram o teatro a diferentes caminhos. Embora o diretor como criador ainda levante polêmica em alguns setores, a ideia ganhou ampla aceitação, em parte por causa de uma mudança filosófica e literária que Saint-Denis não poderia ter previsto, a desconstrução. Em uma definição sucinta e muito simples, a desconstrução desvalorizou a linguagem, questionando sua capacidade de representar a verdade e tornando o texto não confiável.

O trabalho do diretor no teatro é por vezes exagerado, outras vezes, menosprezado, mas é do trabalho dele que o produtor de teatro ou o administrador ainda depende para assegurar que uma peça obtenha sucesso. O produtor também depende, é claro, do astro, mas não às custas do diretor. A produção teatral precisa do talento do diretor, de sua personalidade, sua imaginação, seu poder de atração, sua autoridade sobre os atores e todas as outras pessoas que colaboram no espetáculo. Ela precisa da confiança que ele pode inspirar. O diretor é o centro da organização, é o elo que une todos os elementos envolvidos em uma produção moderna e que, sendo mais especializada do que nunca, tende a se desintegrar. Ele representa a unidade, é a garantia de inteligência, de eficiência, de qualidade. Eu mesmo sou um diretor!

Durante os últimos cinquenta anos, as condições teatrais elevaram o diretor a uma posição inebriante. Odiado, lisonjeado, amado, um após o outro, ele tem desfrutado de tantos privilégios que haja indecisão em falar sobre eles.

Tem sido dito que durante a primeira metade do presente século os diretores deram uma contribuição mais criativa para o teatro do que os dramatistas.

No que concerne à literatura dramática, o período não foi muito produtivo; naturalmente, quando as peças são feitas a partir de determinado tipo de literatura que é antipático ao palco e quando os dramatistas são mais atraídos por ideias do que por pessoas, então o diretor, vivendo e trabalhando em meio a realidades cênicas, tem o jogo nas mãos.

Embora esse ponto possa ser um pouco discutível, parece que as inovações e as mudanças que têm transformado o teatro desde o final do século XIX foram principalmente devidas a Antoine, Stanislávski, Gordon Craig, Adolphe Appia, Granville Barker[1], Max Reinhardt e Jacques Copeau, em vez de Ibsen, Strindberg, Tchékhov, Shaw, Pirandello[2], Claudel, Giraudoux

---

1   Harley Granville Barker (1877-1946), ator, dramaturgo e crítico britânico, foi considerado um diretor experimental durante os primeiros anos do século XX. Duas das realizações mais significantes de Granville Barker foram o lançamento de Bernard Shaw como dramaturgo importante e seu enfoque das peças de Shakespeare. Saint-Denis encontrou em seu *Prefaces to Shakespeare* (Prefácios a Shakespeare), que discute as peças da perspectiva do diretor, uma referência inestimável.
2   Apesar de Pirandello (1867-1936) ter sido também romancista e escritor de contos, ele é mais conhecido como dramaturgo. Suas peças mais célebres são metateatrais, isto é, ele faz uso do teatro como metáfora. Seus temas e conflitos giram em torno da impossibilidade de discernir a diferença entre realidade e ilusão. As peças de Pirandello eram pouco conhecidas na França

ou O'Neill[3]. Os referidos diretores eram "reformadores": lidavam com cada aspecto do teatro – muito fizeram para alterar a forma do teatro na qual trabalhavam. Durante os últimos cinquenta anos, temos visto a contribuição do cabaré, os experimentos dos russos na década de 1920[4], as descobertas de Jean-Louis Barrault ao adaptar as obras de Faulkner, Knut Hamsun e Cervantes[5] e as ideias imaginativas de W.B. Yeats[6], que conciliava ao mesmo tempo a arte de ser poeta e dramatista; hoje vemos o desenvolvimento da comédia musical, o sucesso de Marcel Marceau[7], e o trabalho de Bertolt Brecht, o qual foi igualmente um reformador cênico, embora

até a produção de Georges Pitoëff de *Seis Personagens à Procura de um Autor*, em 1923, certamente vista por Saint-Denis, que então trabalhava em Paris. Em 1939, Pirandello foi laureado com o prêmio Nobel de literatura.

3   Eugene O'Neill (1888-1953) foi o primeiro dramaturgo americano importante e o único a receber um prêmio Nobel. Ele experimentou uma variedade de estilos e formas, assim como o fizera o seu inspirador, August Strindberg. O'Neill escreveu peças realistas, históricas e expressionistas. À semelhança de seus colegas da vanguarda europeia, explorou as máscaras (*Great God Brown*). Em *Strange Interlude* (Estranho Interlúdio), reviveu o solilóquio, a fim de revelar o inconsciente das personagens. Grande parte de sua obra mergulha nas teorias psicológicas de sua época.

4   Em 1920, houve um período de relativa liberdade artística na Rússia soviética, que deu origem a uma explosão de criatividade que seria sufocada dentro de poucos anos. Durante esse breve momento, os principais diretores antirrealistas da Rússia, Vsevolod Meierhold (1883-1929), Aleksander Taírov (1885-1950) e Evguêny Vaikhtângov (1883-1929) encenaram algumas de suas produções mais inovadoras. Foi também quando Meierhold trouxe à prática a biomecânica teatral, sua técnica de interpretação baseada no movimento antipsicológico. A repressão severa que se seguiu levou ao teatro estéril presenciado por Saint-Denis na década de 1950.

5   Jean-Louis Barrault, um defensor do teatro de movimento ganhou fama em 1935 com sua primeira produção, uma adaptação em mímica do romance *As I Lay Dying* (Enquanto Agonizo), de William Faulkner. Em 1937, incorporou a dança e a máscara à peça de do século XVI, *La Numancia* (A Numancia) e em 1939 adaptou para o palco o romance *Hunger* (A Fome), de Knut Hamsun, novamente integrando a mímica.

6   William Butler Yeats (1865-1939) foi um prolífico poeta e dramaturgo irlandês, que ganhou o prêmio Nobel de Literatura em 1923. Sua estética teatral compartilhava pontos em comum com Saint-Denis. Suas peças inspiravam-se no simbolismo francês e no teatro nô. Uma de suas ambições era reviver dramas em verso. Ele rejeitava a caracterização psicológica, o naturalismo cênico e a interpretação realista. Interessava-se pelos aspectos ritualísticos do teatro. Foi a adaptação de Yeats do *Édipo* de Sófocles que Saint-Denis usou em sua renomada produção de 1945.

7   Marcel Marceau (1923-2007) fez muito para difundir a mímica nas suas turnês internacionais. Ele aprendeu o ofício com o mímico e mestre Étienne Decroux (1828-1991), que fora brevemente um Copiau.

ainda esteja muito próximo de nós para ficar clara a verdadeira natureza de sua contribuição; acima de tudo, temos as realizações do cinema, onde o diretor quase substituiu o autor: tudo isso, de uma forma ou de outra, enfatiza a importância do campo no qual diretores têm demonstrado sua influência. Tudo pertence agora à história do teatro e está registrado nos livros; mas o que ainda não foi dito, e creio ser verdade, é que este período da supremacia do diretor começa a passar, pelo menos na Europa Central e Ocidental.

A tendência na Europa, e mais particularmente na França, é agora negar que o diretor seja o que chamam de "artista criativo". Observo a mesma tendência em Londres. A política de uma organização teatral ativa nessa cidade, o Royal Court Theatre, que abriga a English Stage Company, é decididamente dar o primeiro lugar ao dramaturgo. A companhia foi organizada para estimular a escrita de tantas peças contemporâneas quanto possível. Métodos simples de encenação dessas peças, longe de comprometê-las, deveriam reforçar suas qualidades. Encontros com dramaturgos jovens ocorrem nas tardes de sábado. Ideias e críticas são trocadas. Inúmeras pessoas trabalham constantemente em leituras de peças. Suponho que vocês sentiram a mesma necessidade quando criaram a Playwright's Company nos Estados Unidos?[8]

Qual é a razão para essa tendência? Seria simplesmente um balanço do pêndulo? Eu já enfatizei – pois é um dos temas destas palestras – que nosso período possui um caráter realista. Obviamente, o teatro como forma de entretenimento continuará. Ele sempre seguirá em frente. Porém mesmo a conotação de "entretenimento" mudou consideravelmente. As pessoas tornam-se cada vez mais preocupadas com o significado da peça. Quando vejo a lista de teatro nos jornais americanos fico impressionado com o desenvolvimento dos espetáculos da off--Broadway. E na própria Broadway.... Não digo que o significado das peças seja sempre satisfatório, mas que ele está lá, e a

---

[8] A Playwright's Company foi fundada em 1938 por cinco conhecidos dramaturgos: Maxwell Anderson, S.N. Behrman, Sidney Howard, Elmer Rice e Robert Sherwood. O propósito da organização era produzir as peças de seus membros. Até o momento de sua dissolução em 1960, a Playwright Company produziu mais de setenta peças.

ênfase é posta sobre o significado, mesmo em peças musicais. *West Side Story* não é simplesmente entretenimento. A parte da dança, que é a mais interessante, possui significado. A partir da Guerra, tem aumentado uma espécie de necessidade de obras contemporâneas que lidam com a posição do homem na sociedade moderna. Essa tendência evidencia-se igualmente nos teatros inglês e francês.

E tal necessidade de um significado, seja humano, moral, social, ou mesmo metafísico, está naturalmente ligada a um gosto pelo realismo, pela realidade em todos os seus aspectos. E esse gosto pela realidade opõe-se diretamente ao exibicionismo puro e ao entretenimento em prol do próprio entretenimento. Contrapõe-se ao diretor espetacular. Exige peças que tenham algo a dizer.

No entanto, dizer algo de forma eficaz no teatro requer duas coisas: substância e os meios para expressá-la. Em nosso teatro transicional, os dramatistas são como arquitetos, cenógrafos e diretores: todos buscam formas, métodos de transposição e estilo.

Se a peça deve vir em primeiro lugar, vejamos a sua evolução antes de examinarmos a fundo o trabalho do diretor.

Para expressar a realidade moderna em toda sua complexidade, temos de descobrir novas formas: daí nossa curiosidade, nosso estudo intensivo do passado, nossas novas teorias e manifestos. Os pintores e os escultores fizeram isso antes de nós – o teatro sempre vem por último – mas agora, finalmente, estamos abertos a todo tipo de influência.

Antes de tudo, a influência do Extremo Oriente; dos teatros chinês e japonês que, para fins poéticos, inventaram o palco giratório e as magníficas pontes que se projetam até o auditório; instrumentos para relacionar o espaço à passagem do tempo, não utilizados para efeitos de realismo prático.

No Japão, encontramos atores e peças do teatro nô, seu palco rodeado pelo público em três lados, seus figurinos construídos como uma peça de arquitetura, seus coros de cantores e músicos, dotados de sensação de eternidade.

O teatro moderno, seguindo Bertolt Brecht, gosta de ser chamado de "épico", e esta palavra obteve considerável sucesso na Europa. Mas isso é apenas um aspecto de um movimento mundial, que começou sob a influência do teatro do Extremo Oriente. Yeats foi o primeiro nesse campo. Thornton Wilder antecipou Brecht quando escreveu uma peça como *Our Town* (Nossa Cidade)[9]. A maioria das peças de André Obey, escritas para a Compagnie des Quinze, como *A Batalha do Marne* e *Loire*[10], podem ser chamadas de "épicas".

Agora temos que contemplar os nossos próprios clássicos do mesmo ponto de vista.

Não voltamos aos nossos clássicos simplesmente por respeito ao passado. Não queremos ser congelados por nosso respeito. Ao olharmos para os gregos, espanhóis e elisabetanos, ao contemplarmos Shakespeare, bem como os teatros chinês e japonês, tentamos encontrar recursos para o nosso mundo moderno, a nossa arte moderna e o nosso teatro moderno. Tentamos redescobrir segredos de composição, de construção, de linguagem, procuramos redescobrir o que se entende por forma, para que possamos exprimir a substância: pois o realismo moderno precisa de novos instrumentos para chegar ao cerne da realidade. Desejamos desenvolver o realismo, não matá-lo. Existe apenas um teatro, que está em constante evolução com o passar do tempo.

Não se trata de interpretar todos os clássicos. Apresentar todas as peças de Shakespeare, da primeira à última, de forma sistemática, me parece o mais desanimador dos empreendimentos. Sugiro que façamos uma escolha, que selecionemos os clássicos que podem ser interessantes para nós atualmente.

---

9 Wilder não antecipou Brecht, pois este começou a escrever mais cedo. Sua *Ópera dos Três Vinténs*, produzida em 1928, faz uso do chamado efeito de distanciamento (ou estranhamento). A maior influência sobre *Nossa Cidade* (1938), de Wilder, foi, como ele mesmo informou a Saint-Denis, *A Violação de Lucrécia*. A Quinze e Obey utilizaram técnicas paralelas à do efeito de distanciamento de Brecht embora seu objetivo fosse diferente. *Nossa Cidade*, de Wilder, a despeito de seu sentimentalismo, lembra Brecht, em seu esforço para conscientizar o público de que estava assistindo a uma peça. Sua estrutura não cronológica, o uso de um narrador, cenários esparsos e não realistas, cenas curtas, e a quebra da quarta parede podem ser vistos como efeitos de distanciamento.

10 *Loire*, produzida em 1933, é uma peça alegórica e, nos termos de Saint-Denis, poética, cuja personagem principal, o rio Loire, é interpretada por uma mulher e sua ação principal é uma enchente. O conflito é entre o mundo natural e o humano. A qualidade épica talvez possa ser encontrada em sua franca teatralidade, suas personagens centradas em bases não psicológicas e seu uso da música.

Esse retorno às grandes obras do passado deve ser feito de maneira que atraia não somente os estudiosos, mas boa parte do público em geral. Requer conhecimento e avaliação. Deve ser parte de uma política. Exige convicção e habilidade de ambos, produtor e diretor.

Consideremos agora o diretor e a direção.

O primeiro problema para o diretor é escolher uma peça. A seleção é importante e deve ter uma ideia por trás dela. Muitas vezes me deparei com a seguinte situação extraordinária. Um diretor recebe um telefonema e é convidado a dirigir uma peça. Ele a lê, não gosta, pelo menos não muito, e mesmo assim aceita, encontrando na sua indiferença uma espécie de virtude profissional, pois é bom fazer o que não se gosta (como se a ausência de amor levasse a um aumento de lucidez). Mas sem o impulso inicial a produção pode ser tépida e carecer de convicção. Parece-me que o sucesso de uma produção depende, em primeiro lugar, do choque provocado pela peça quando ela é lida por inteiro. Nada pode substituir esse impacto inicial, essa primeira revelação. Ela pode ser confusa ou misteriosa, mas sempre terão que voltar a ela para obter orientação. Ela age em vocês tanto como incitamento quanto como freio. A dificuldade não reside no fato de não ter ideias – posto que a imaginação do diretor é geralmente fértil –, mas de verificar as suas próprias ideias. Ao envolver-se depressa demais em suas ideias, à semelhança do ator que assume sua personagem muito rapidamente, o diretor estará em perigo; poderá ver apenas um lado da peça; simplificar ou sistematizar.

Permitam que a peça chegue até vocês. Leiam diversas vezes, evitem a forma fragmentária. Tentem ler a peça pela primeira vez em uma única sessão, de modo a obter a sensação do todo. Em seguida, leiam-na até que ela fale com vocês, até o momento que possam lembrar facilmente a sequência dos acontecimentos, os principais movimentos do texto e as passagens conectivas, até saberem claramente onde a peça é mais fraca e onde é mais forte. Retardem o máximo possível pensar sobre a produção em si.

Não tentarei dar uma definição de produção. Isso não pode ser feito. Já foi tentado várias vezes. Existem tantas maneiras de dirigir como há diretores. Trata-se de uma questão empírica e pessoal. Meu propósito é considerar a produção de uma grande peça clássica em um estilo que está distante de nós, um Shakespeare ou uma peça grega, por exemplo. Aqui, os problemas de produção são os mais amplos, os mais tangíveis, mas, concomitantemente, os mais intrigantes e fascinantes.

Quando confrontado com uma grande obra de estilo, o diretor encontra-se em uma posição complexa. Ele deve ser submisso e criativo ao mesmo tempo. Em outras palavras, para conseguir ser ao mesmo tempo fiel à obra e eficiente no tratamento dado a ela, o diretor terá de substituir o dramatista morto e recriar a peça.

É muito difícil encontrar o caminho para o tipo certo de submissão e permanecer vivo, inventivo e inspirador para outros.

A submissão não deve conduzir a uma atitude pronta, acadêmica ou pedante.

Por outro lado, inventividade não significa fantasia. Deixar a imaginação solta, agradar a si mesmo e seguir as próprias inclinações, podem não resultar em verdadeira inventividade, mas em uma imposição, uma exibição de ideias e estados de espírito pessoais, por mais originais ou brilhantes que sejam. Acredito que o tempo dos Hamlets em trajes modernos, do complexo de Édipo aplicado psicologicamente[11] e da oposição sensacional de estilos tenha passado. Permitam-me um exemplo. A produção de *Sonho de Uma Noite de Verão* está em discussão. "Não seria divertido fazer o *Sonho* com figurinos do século XIX?", disse o diretor, "com um coro de fadas voando e uma bela música de Mendelssohn?"

Todos esses tipos de estilização e fantasticalização estão obsoletos. Precisamos de algo mais profundo, mais próximo do trabalho do dramatista do que essa abordagem irreverente. O que queremos é a união entre o significado, o cerne do significado, conforme pode ser sentido pelo homem moderno, e

11 Em 1937, Laurence Olivier representou Hamlet sob a direção de Tyrone Guthrie. Ambos, Guthrie e Olivier estavam intrigados com a ideia de incorporar a teoria freudiana do complexo de Édipo em sua apresentação. Com o intuito de se embasarem ainda mais, reuniram-se para discutir com Ernest Jones, biógrafo de Freud e psicanalista. Em 1948, Olivier dirigiu a versão para o cinema de *Hamlet*, na qual também desempenhava a personagem-título,

o que mencionei na palestra anterior, a realidade do estilo, a qual não pode ser separada do significado.
A realidade do estilo é composta por quais elementos?

- de construção e composição. Composição em termos musicais. Construção considerada em todas as suas diferentes partes e a maneira pela qual estão ligadas;
- de ritmo. A relação entre os diferentes ritmos tomados pela primeira vez em grandes blocos;
- de tom e cor da linguagem, e como o texto vai de um tom para outro.

Não há nenhum significado ou construção psicológica em uma peça que possa ser separado de seu estilo. Um contém o outro. O estilo possui seu próprio significado. É por meio do texto e do estilo, não à parte deles, que o significado e a psicologia devem ser analisados. Um Hamlet freudiano ou místico incorreria no perigo de ser prosaico ou exaltado, porque tal interpretação viria à mente do diretor em separado da realidade do estilo da peça. Uma motivação ou interpretação imposta, simplificada ou sistemática, não se harmonizará no ator com as variadas exigências do texto ou com seu poder de encantamento. O texto tem seu próprio poder, ele cria seu efeito particular: não deve entrar em conflito, de forma alguma, com a motivação psicológica. Esse é o problema mais excitante que atores e diretores modernos têm de resolver. De sua solução depende a grandeza e a força do impacto da produção.

É a partir do estudo solitário do texto pelo diretor, que o lê e relê, descobre significados que lhe são revelados através da composição da peça, observando o ritmo, a cor e o tom, que ele começará lentamente a perceber como escalar o elenco: o temperamento dos atores, sua compleição, estatura, e, o mais importante para as peças clássicas, a qualidade, a força de sua voz, juntamente com os contrastes essenciais entre eles – tudo isso aos poucos torna-se claro. Existe uma relação entre o elenco de grandes peças clássicas e o de óperas. Na Comédie-Française, seguindo as tradições do teatro clássico francês, os atores ainda são classificados de acordo com seus tipos, temperamento e habilidade vocal. A palavra francesa é *emploi**, e esses *emplois* incluem pais, jovens, *soubrettes***, primeiro e segundo camareiro, e assim por diante. Tal prática pode ir contra a "realidade humana" de forma excessiva, mas está naturalmente em conformidade com a "realidade artística".

Durante a fase inicial do trabalho, a disposição[12] da peça sobre o palco também deve revelar-se ao diretor. Primeiramente, o leiaute geral: quais cenas devem ser representadas e onde, na parte de trás, da frente, dos lados – uma espécie de topografia*** que deve ser concluída no início, na forma de um planejamento, mostrando os movimentos principais das personagens, suas entradas e saídas: um plano de tráfego. Esse processo inicial de adaptação ao palco da ampla arquitetura da peça não deve ser restringido por motivações psicológicas detalhadas. A peça deve respirar livremente. Seu fluxo não deve ser interrompido no palco moderno mais do que o era no elisabetano, ao qual continua umbilicalmente ligado, onde a "arquitetura era como música congelada"[13].

O desenrolar da peça, a "topografia" das cenas, o "tráfego": a partir destes três elementos essenciais, o leiaute do cenário com suas principais alterações deve evoluir com a colaboração do cenógrafo. Neste momento, ainda não estamos projetando o cenário: estamos planejando como usar o nosso espaço. Em breve, enfocaremos a escolha da forma e da cor, mas essa escolha não deve ser ditada por considerações cenográficas, tanto quanto por considerações dramáticas, emocionais e práticas. O seu êxito depende do equilíbrio mantido pelo cenógrafo e pelo diretor em sua colaboração vital. A completa liberdade na troca de ideias é certamente frutífera, conquanto o diretor saiba o que quer e não seja gradualmente dominado pelo talento do cenógrafo ou por sua utilidade. Não se recorre ao projetista de cena para obter

---

* *Emploi*, em francês, literalmente, trabalho, emprego, papel fixo e característico no qual o ator é especializado e pelo qual é conhecido. (N. da T.)

** Soubrettes – personagens secundárias que aparecem como criadas de damas. Por serem namoradeiras, geralmente contribuem para a comicidade da peça. (N. da T.)

12 Saint-Denis aqui usa a palavra francesa *disposition* no sentido de arranjo, distribuição.

*** Embora o termo original em língua inglesa seja *geography* (geografia), em nossa versão pareceu-nos mais adequado alterá-lo por topografia, o qual exprime a relação do ator com o espaço e suas respectivas marcações cênicas. (N. da T.)

13 Esta observação frequentemente citada é atribuída ao escritor alemão Johan Wolfgang von Goethe (1749-1832).

uma produção mobiliada e trajada de forma inteligente ou apropriada, tampouco para que sejam apresentados cenários e figurinos sensacionais que irão desequilibrar as produções e obliterar os atores. É fato que muitas produções são indiretamente dirigidas por cenógrafos. Quanto ao cenário, sua forma e cor devem conferir à peça seu plano de fundo e uma espécie de trampolim para a ação. Atores trajados adequadamente farão o resto.

A concepção de figurinos, contudo, fará com que nos defrontemos com problemas mais graves. Em primeiro lugar, um de aspecto geral. O que é esperado dos figurinos? A que tipo de uso serão destinados, particularmente em obras clássicas?

Fiquei muito surpreso em determinada ocasião, quando assisti a *As You Like It* (Como Quiserem), com cenários e figurinos no estilo de Watteau[14]. Por que não? "Não seria divertido fazer *Como Quiserem* no estilo do século XVIII?", disse o diretor imaginário a que já me referi. Mas havia mais do que isso. As pernas da atriz principal estavam longe de serem perfeitas. "No estilo de Watteau, elas ficarão escondidas."*

---

14 A produção a que Saint-Denis se refere como ilustração de estilização é *Love's Labour's Lost* (Trabalhos de Amor Perdidos), de Peter Brook, de 1946, e não *As You Like It*. Não está claro se Saint-Denis cometeu um erro ou se não quis revelar o diretor inominado. Peter Brook discute a produção e a reação de Saint-Denis, em seu *Threads of Time* (Fios do Tempo, Rio de Janeiro: Bertrand Brasil, 2000), de 1998. Brook, de fato, baseou seu conceito visual nas pinturas de Watteau porque sentiu que *Trabalhos de Amor Perdidos* "precisava de uma nova imagem" (p. 34 na edição inglesa). As críticas foram excelentes; Saint-Denis estava sozinho em sua condenação. Ele disse ao ferido e irritado Brook que "teatro é teatro" e não deve ser confundido com qualquer outra arte. Brook acabou por concordar com a crítica.

* Embora a posição de Saint-Denis frente à montagem de Peter Brook seja a mais conhecida, há que se confrontar a nota de Jane Baldwin com um pequeno trecho do ensaio de Michel Saint-Denis, "L'Évolution de la mise-en-scène de Shakespeare en Angleterre" (A Evolução da Encenação de Shakespeare na Inglaterra) *Revue d'Histoire du Théâtre*, Octobre-Décembre, 1964, no qual o diretor reporta-se à encenação de *As You Like It* (Old Vic – 1935) com a decoração de Tyrone Guthrie à la Watteau. "Essas maneiras de rejuvenescer Shakespeare me parecem bastante exteriores; mas Guthrie procurou produzir choque: foi assim, aliás, que ele decorou *Como Quiserem* à la Watteau". Desse modo, pode-se atestar a coerência do título shakespeariano mencionado pelo autor, cuja montagem precede a de Brook. Para mais esclarecimentos, sugerimos consulta dos livros *Old Vic Saga*, de Harcourt Williams (London: Winchester, 1949, capítulo de Guthrie Returns, p. 142-143); *As You Like It from 1600 to the Present: Critical Essays*, de Edward Tomarken (New York: Garland, 1997, p. 634) e *Love's Labour's Lost*, de Miriam Gilbert (p. 44-46). (N. da T.)

Não discutirei a adequação do estilo do século XVIII a *Como Quiserem*. Tratava-se de diversão do tipo mais aborrecido. O que me parece perigoso num caso como esse é ver o estilo de uma peça submetido não apenas a um período diferente, mas à maneira individual de um conhecido pintor desse período. O estilo de um período, até mesmo o de um pintor, pode ser uma inspiração necessária, mas a partir do momento em que se começa a trazer para o palco a cópia de uma obra-prima, isso talvez produza grande efeito visual, mas certamente faltará vida dramática. Você copia em vez de inventar. Transforma o teatro em um museu. Como poderia um figurino tão copiado ter valor para uma peça particular? O ator está disfarçado: não está trajado. Além disso, o anacronismo pode ser extraordinário, mas não é original. É divertido e nada mais. Pode haver uma certa revelação em tal proeza, mas como ela pode ajustar-se ao estilo secreto que subjaz no cerne da peça de Shakespeare?

O figurino é, antes de tudo, feito para ser usado pelo ator. Deve ajudá-lo a atuar fisicamente, sem tentar impor uma personagem sobre ele. Caso contrário, o ator ficará aprisionado pelo seu traje. O figurinista deve saber qual é a sensação de usar um figurino e ter de atuar com ele. Um bom figurino faz com que os atores se sintam livres e, ao mesmo tempo, os conduz ainda mais à personagem. De mais a mais, em qualquer cenário dado, deve estabelecer boa relação – no que diz respeito à forma e à cor – com o plano de fundo. Cenários e figurinos sutilmente projetados devem auxiliar os atores e o público a captar a plenitude da personagem e o impacto emocional que advém da produção.

Há também a questão da iluminação, mas se trata igualmente de um assunto complicado para ser explorado neste momento. No tocante à produção clássica com cenário que é movido rapidamente, a iluminação é de primeira importância. Pode ajudar, em geral sem necessidade de nada mais, a sugerir mudanças de ambientes, bem como de clima.

O resto depende da interpretação e da força de sua concepção original. A disciplina, essencial quando se trabalha, é a condição da liberdade de interpretação. Liberdade do diretor, liberdade do cenógrafo, liberdade do ator: é impossível conseguir uma sem a outra. Sem essa liberdade comum, acredito que a completa realidade da atuação não possa ser alcançada.

Não estou presumindo uma atitude fácil com relação à ideia de liberdade. Alcançá-la é o trabalho de uma vida. Assinalamos como particularmente afortunadas as poucas produções durante cuja preparação tivemos a sensação de sermos livres e de elevarmos outras pessoas a tal condição de liberdade. No decorrer de minha vida, apenas quatro vezes tive a experiência de conduzir uma companhia de tal modo que o último ensaio decorreu sem nenhuma tensão, permeado de um de espírito de confiança, justificado pelo sucesso de público no dia seguinte. Esse tipo de liberdade significa maestria.

O que mais me preocupa, no estado atual do teatro, é como alcançar essa liberdade e garantir que ela seja algo usual e familiar.

A primeira condição necessária para criá-la, sem a qual a realidade dramática não pode ser completa, é ter um palco de acordo com o estilo da peça: o palco-moldura para o naturalismo e certas formas de realismo, ou até mesmo para determinadas peças clássicas – todas as peças que precisam, mais ou menos, da ilusão de vida sendo vivida. Para as demais, no entanto, necessitamos de outra espécie de palco, que tentei descrever em minha última palestra, livre, abertamente convencional, no qual teatro é teatro, onde o ator é um ator e a ação dramática a invenção na qual o público é levado a acreditar.

Creio que não há liberdade possível se as pessoas que trabalham juntas em um determinado espetáculo ainda não conheçam umas às outras. Retomo aquela realidade humana que é indispensável à realidade artística. Para mim, a unidade e a qualidade de uma performance, especialmente ao se tratar de uma peça de estilo, dependerá principalmente da unidade e da qualidade que deve existir na companhia antes do início do trabalho da peça. O diretor precisa conhecer os elementos de sua realização e os meios pelos quais trará a peça à vida antes de começar a trabalhá-la. Ele precisa conhecer seus colaboradores, em especial seus atores, mas também todas as pessoas, mesmo as consideradas menos significativas, as quais participarão da preparação do espetáculo nos bastidores. (Pensem o quão importante pode ser o contrarregra). É a partir desse mútuo conhecimento e compreensão preexistente que a força pode brotar livremente e uma concepção artística enraizar-se em solo firme.

Provavelmente serei acusado mais uma vez de ir contra o tempo. Fui acusado de formar pessoas para um teatro que não existe. Estou ciente da crítica. Disseram-me que as pessoas que trabalham nos teatros do West End, do Boulevard parisiense, e da Broadway fazem parte de uma grande família, todas se conhecem – os atores dizem isso com vozes comovidas. E descobrimos que até certo ponto isso é verdade, especialmente quando nos aproximamos do final de nossa vida.

Mas é também perfeitamente falso. O único estilo que essa família pode tocar é o realista. Observem, no entanto, Stanislávski; vejam o American Group Theatre. Será que eles não trouxeram algo de novo ao próprio realismo? Seus nomes não serão registrados na história do teatro porque se basearam numa tentativa de permanência e continuidade?

O que acontece com as peças de grande estilo?

Não sei se vocês se sentem como nós, franceses. Com frequência nos queixamos de que, na mesma apresentação, os atores representam em muitos estilos diferentes. Como poderia ser de outra maneira quando há tal variedade de estilos, quando os atores devem ser capazes de passar de Shakespeare a Clifford Odets e deste à televisão?

A unidade de estilo pode ser obtida somente por meio do trabalho coletivo, habituando-se com as reações físicas e emocionais do outro. Ocasionalmente, pode-se ter sucesso sem isso e diretores e atores de talento deleitam-se em triunfar a despeito de todas as probabilidades – é muito mais excitante! Mas um teatro não pode estabelecer uma política artística a menos que reúna um grupo devidamente composto de colaboradores em torno de uma companhia permanente de atores, com renovação parcial a cada ano. Mesmo com uma variedade de peças interessantes, o talento do diretor não é suficiente para conferir expressão a uma política sem a continuidade e a presença do ator. Pois é a companhia que dá ao lugar o seu espírito. O público é ligado aos homens e mulheres que pode ver em carne e osso.

Isso foi uma digressão. Para concluir, retomo o meu assunto.

Qual é a relação de trabalho entre os atores e seu diretor?

Essa é uma questão desconcertante. Neste momento, estou mudando de ideia a tal respeito e não posso respondê-la sem lhes confidenciar algo.

Sempre estive preso entre duas tendências opostas: de um lado, a de dar forma, valor plástico à produção; do outro, a de preservar a liberdade do ator.

Acredito que o leiaute de um cenário, as relativas posições dos atores, seus movimentos, atitudes, sua expressão corporal, a sonoridade de suas vozes, possuem em si poder de revelação direta.

Estudei as formas teatrais gregas e as do Extremo Oriente. Nutro fortes sentimentos pela tragédia, o suficiente para desejar que a minha encenação tenha valor formal. A utilização do espaço no palco tem um significado preciso para mim: dois passos à direita, dois à esquerda, tais pequenos movimentos podem ser repletos de significado. Entre sentir intensamente a necessidade de tal movimento e impô-lo aos atores há uma distância muito pequena; mas para fazer com que o ator aprecie tal necessidade, deve-se sugerir isso no momento certo e da maneira adequada, mesmo quando se trata de alguém que deposite em você absoluta confiança.

Além disso, na qualidade de ator, pratiquei com frequência a improvisação, ensaiando e atuando à maneira que os italianos denominam *alla improvisare*. Existe um veículo no qual o ator inventa tudo dentro de um dado contexto. Ele não é dirigido, mas de certo modo "aconselhado" pelo diretor, que atua como uma espécie de espelho. Esse tipo de liberdade, a qual degustei no palco, foi a mais libertadora de todas as experiências.

Como é possível conciliar essas duas maneiras de trabalho, conferir forma expressiva à produção e, concomitantemente, cultivar a liberdade criativa do ator? Aí reside o segredo da arte teatral. Mas ainda não encontrei sua solução.

Em minha pesquisa, fui constantemente estimulado por um homem que é vinte anos mais jovem que eu, Jean Vilar[15], chefe do Théâtre National Populaire em Paris[16]. Há alguns anos ele criou o Festival de Avignon, agora um evento anual importante. Ele é o homem que mais admiro no teatro francês da

---

15 Jean Vilar compartilhava os valores teatrais básicos de Saint-Denis, conforme atestado por esta citação: "O autor é o criador do teatro." (*De la tradition théâtrale*, Paris: L'Arche, 1955, p. 65.)
16 Desde que tais palestras foram proferidas, a companhia de Jean Villar tem sido vista tanto em Londres como em Nova York. (Michel Saint-Denis)

atualidade. Aplaudi suas duas produções, *Le Prince de Homburg* (O Príncipe de Homburgo), de Kleist e *Don Juan*, de Molière. Ele possui forte organização teatral, os melhores colaboradores em cada parte, e uma companhia permanente. O seu teatro, Palais de Chaillot, não é adequado, mas tem 2.500 lugares. Vilar tem aproveitado o tamanho descomunal desse espaço para encenar peças a preços populares, com o objetivo de reproduzir em local fechado as condições abertas e livres existentes em Avignon. Há um palco muito grande que ele ampliou ainda mais ao construir uma boca de cena sobre o fosso da orquestra, unindo palco e auditório, sem ribalta. Seu palco aberto é iluminado por spots fixados no auditório, e ele nunca abaixa a cortina de frente entre a plateia e os atores. Quando me deparei com sua obra pela primeira vez, fiquei muito surpreso com o modo ousado com que ele fazia uso do espaço, limitando-o por meio da iluminação. O cenário para ele é apenas um plano de fundo. Seus figurinos são geralmente projetados por pintores, não por cenógrafos; eles destacam o ator por meio de fortes blocos de cor, sem detalhes desnecessários. Ele faz uso considerável da música e do som. Durante dez anos antes de sua nomeação para o TNP, dirigiu Strindberg, Pirandello, Tchékhov, e umas quantas peças modernas. Ele foi treinado na escola de Charles Dullin em disciplinas clássicas, mas por natureza é um realista latino, nascido às margens do Mediterrâneo. Jean Vilar me interessa e me intriga porque conseguiu frequentemente alcançar a difícil fusão entre uma atitude realista e um estilo clássico. Laurence Olivier também atingiu esse resultado, por exemplo, em suas produções de *Ricardo III* e *Rei Lear*, mas a tradição francesa é mais rigorosa que a inglesa.

A produção, a encenação, todo o trabalho de Vilar transmite a impressão de liberdade, de liberdade de estilo. Como ele consegue fazê-lo?

Nunca presenciei seus ensaios. Por vezes, seus atores me disseram que não ensaiavam o suficiente. O seu diretor de palco queixou-se que os cenários não eram estudados cuidadosamente. Em tudo isso, parece haver um pouco de descuido, alguma frouxidão. No entanto, todas as vezes que assisti a uma apresentação, ela estava em perfeita ordem, nunca mecânica, sempre significativa e repleta de estilo – com as falhas ocasionais que são naturais a qualquer artista criativo. Isso me deixava mais perplexo.

Em minha viagem de navio para cá, li o recente livro de Vilar. O título é *De la tradition théâtrale*. Fiquei imediatamente impressionado pela qualidade do pensamento, pela concentração e densidade daquele pequeno livro. Jamais banal. É lúcido, simples e preciso, nunca nebuloso ou filosófico, nunca pretensioso.

Vilar escreve que a tendência é sempre trabalhar sobre o palco muito cedo e por um período longo demais, conferindo também demasiado tempo e cuidado ao que denominamos marcação de cena (*placing*), mas acredito que os americanos chamem isso de "marcação de cena por blocagem" (*blocking*). (Lembrem-se que as ideias dele pressupõem uma companhia permanente de atores talentosos e bem treinados.) "É preciso", ele continua, "não só transmitir confiança ao ator, mas também confiar nele. Uma pessoa nunca tem confiança suficiente em sua inteligência e sensibilidade profissional. Um terço do tempo de ensaio deve ser atribuído a ensaios de mesa, o que chamamos de *répéter à l'italienne*. Quando se coloca um ator no palco com muita rapidez, suas reações físicas são instantaneamente provocadas", e Vilar escreve, "devemos ensaiar muito" – em francês: *le corps au repos et le cul sur la chaise*, que significa "o corpo relaxado e a bunda na cadeira". *Cul* é uma palavra muito boa.

"É necessário", prossegue, "que a profunda sensibilidade do ator, conduzida pelo diretor, tenha tempo bastante para chegar, gradualmente, ao nível adequado." E depois, "não há nenhuma parte que não tenha que ser caracterizada. Não há nenhuma personificação pronta, não há boa interpretação sem caracterização". Muito esclarecedor. E Vilar de forma alguma é um homem que caricaturiza qualquer coisa. Seu estilo é muito límpido. Ele também diz, "o *placing* (ou *blocking*) e a expressão física devem ser tratados comparativamente depressa por um ator verdadeiramente profissional, o que leva cerca de quinze ensaios de quarenta". Não é impressionante? Ainda não entendo completamente como ele faz isso. E de novo, "a arte do diretor reside em sugerir, jamais em impor". O que sabemos. "Acima de tudo, ele não deve ser brutal. O espírito do ator é tão importante quanto o do poeta. Não se chega à mente de alguém pela brutalidade. É da mente dos atores, em vez de sua qualidade emocional, que depende a boa interpretação de uma peça." E segue, "um diretor que não sabe se separar de seu trabalho durante os últimos ensaios, quando não está envolvido, é apenas um pobre artesão que perde sua visão, esquecendo-se, o pobre sujeito, que antes de mais nada o teatro é *un jeu*[17], no qual a inspiração e o êxtase infantil são mais importantes que o suor e explosões de temperamento".

Eu aprecio a tendência que tal atitude revela. Concordo com ela. Lembrem-se, uma vez mais, que isso se aplica a uma companhia permanente e bem treinada, na qual voz, corpo e estilo são praticados diariamente.

E tudo isso está relacionado à ideia de liberdade que é inalcançável sem a habilidade de primeira classe.

Creio que essa liberdade é o objetivo supremo de um artista que não pode ser mestre de sua arte até que se sinta relaxado e natural. A arte clássica auxilia no difícil caminho para a liberdade. Ajuda a adquirir uma leveza de toque e concentração no que diz respeito a elementos essenciais. A escolha de ficar fora da lama do naturalismo contribuiu com a elevação do trabalho.

Acredito que uma disciplina clássica fornece a você ferramentas mais afiadas para penetrar nas profundezas do realismo.

Para evitar os perigos inerentes à prática clássica é preciso um plano de fundo bom, amplo e culto, bem como um longo treinamento. Em minha última palestra direi algo a respeito da formação a que me refiro e sobre o meu trabalho na Old Vic School.

---

17 Dois dos significados do termo são, em inglês, *acting* (atuação) e *game* (jogo),

5. Formação Para o Teatro: A Old Vic School

Neste último capítulo de Teatro: A Redescoberta do Estilo, *Saint-Denis, da maneira mais concreta, estabelece os fundamentos lógicos para seu tipo de escola, descreve sua missão e delineia seu processo de ensino de interpretação. A experiência lhe ensinara que uma escola de teatro bem projetada poderia e deveria influenciar a direção teatral. Isso ocorrera na França, na qual os inovadores teatrais dominantes em meados do século xx foram, direta ou indiretamente, legatários dos ensinamentos de Jacques Copeau.*

O próprio Saint-Denis, que se beneficiara da escola de Copeau, causou mudanças no teatro inglês por intermédio do London Theatre Studio e da Old Vic School. O sucesso de tais escolas podia ser medido pelo trabalho desenvolvido por seus diplomados, os quais não se tornaram apenas atores, mas professores, cenógrafos, diretores e fundadores de companhias. Além disso, o êxito daquelas instituições comprovou que os métodos de treinamento de Saint-Denis, desenvolvidos na França, eram adaptáveis e funcionavam em outros países. Suas escolas não eram sisudas e convencionais, tampouco instituições "agressivamente não convencionais" ridicularizadas por críticos de formação do ator. Elas combinavam experimentação com o melhor da tradição.

Ao descrever o treinamento do ator, Saint-Denis baseia-se em grande parte na Old Vic School, a qual permitira chegar mais perto de seus objetivos. O treinamento era holístico; centrado no coletivo e no individual. No seu melhor, o teatro é uma arte colaborativa, na qual o resultado depende da contribuição de dedicados praticantes talentosos, trabalhando como uma unidade para a boa produção. Os alunos, ensembliers, de Saint-Denis eram treinados pelos ensembliers do corpo docente, posto que ele não ensinava isoladamente. Seu corpo docente era composto por profissionais talentosos dotados da mesma opinião, muitos deles treinados por Saint-Denis, os quais acreditavam sinceramente na eficácia do currículo escolar. O currículo, no entanto, não era rígido nem fixo, se bem que se baseasse firmemente na teoria e na estética cuidadosamente desenvolvidas por Saint-Denis. Variações e alterações eram adicionadas conforme a necessidade, mas sempre depois de reflexão e discussão. As frequentes reuniões do corpo docente permitiam esse trabalho de equipe.

O subtexto deste capítulo (do livro, na verdade) é a comparação do treinamento de Saint-Denis com o Método Americano. Neste período, o Método (derivado do sistema de Stanislávski) era a abordagem mais difundida de treinamento nos Estados Unidos. De modo geral, a ênfase do Método é dada à emoção: os atores inspiram-se em sua experiência pessoal para interpretar a personagem, por vezes em detrimento da imaginação. No treinamento proposto por Saint-Denis, a chave para a representação da personagem era a transformação do self. Por exemplo, as aulas de voz, dicção e movimento conferiam aos alunos as ferramentas técnicas para que se expandissem na criação de uma variedade de personagens. As aulas de improvisação desviavam-nos cada vez mais da vida cotidiana, em direção a mundos distintos. O trabalho com máscaras acrescentava outra camada de complexidade e estranheza. Por meio disso, bem como das aulas de interpretação, os alunos adquiriam consciência de que o desenvolvimento da imaginação era crucial para a caracterização das personagens.

As escolas de teatro parecem provocar muitas pessoas, especialmente as de teatro, à hostilidade. Estas costumam dizer que as escolas são perigosas: por serem convencionais e acadêmicas, perpetuando tradições destituídas de vida, ou porque são agressivamente não cornformistas e assim tornam-se estreitas, sectárias e teóricas, se não histéricas; e eu concordarei prontamente que diversos gênios e artistas românticos estão em melhor situação sem treinamento em qualquer escola.

No entanto, espero que as escolas do tipo que promovi possam contribuir para resolver alguns dos problemas que o teatro de nosso tempo tem de enfrentar: a ausência de um estilo próprio definido faz com que oscile constantemente entre a poderosa tradição clássica e a extraordinária realização do realismo moderno, ainda em processo de evolução.

Assim como Louis Jouvet e Charles Dullin, pertenci à escola de Copeau. Presenciei o trabalho da escola de Dullin, na qual Jean-Louis Barrault e Jean Vilar tiveram sua formação. Ambas as escolas, a de Copeau e a de Dullin, eram da espécie não convencional.

Eu mesmo criei e dirigi três escolas não convencionais: a London Theatre Studio (1935-1939), a Old Vic Theatre School (1946-1952), e a École Supérieure d'Art Dramatique, em Estrasburgo, que abri em 1954. As duas escolas inglesas foram fechadas, mas no presente momento há três escolas na Inglaterra que alegam seguir, mais ou menos estreitamente, os princípios básicos de nosso ensino[1]. A escola de Estrasburgo, que foi dirigida por minha esposa, Suria Magito, continua em atividade. Ela sofre menos "pressões" que as outras duas. Estrasburgo pode ser a capital da Europa, mas, mesmo assim, é meio fora do caminho.

Escolhi falar com vocês sobre a Old Vic School porque ela possui um nome glorioso que sempre teve grande apelo popular. Foi também a mais completa. Incluía na sua equipe algumas das melhores pessoas que conheci no teatro inglês. Ela contava com o serviço exclusivo de homens como meus velhos amigos George Devine e Glen Byam Shaw. Nós três costumávamos lecionar na escola.

Essas três escolas não existiam para atender a seus interesses individuais. Possuíam um propósito em comum. Ao treinar pessoas em todos os ramos do teatro, buscavam promover a

---

[1] As três escolas foram lideradas por graduados da Old Vic School: Norman Ayrton, a LAMDA; George Hall, a Central School of Speech and Drama; Duncan Ross, a Bristol Old Vic School.

constante evolução da arte dramática. Preocupando-nos com todos os meios de expressão característicos de nosso tempo, baseamos nosso treinamento nas disciplinas clássicas. Nosso objetivo, no entanto, era sempre enriquecer o teatro moderno.

O propósito prático das três escolas era enfatizado pelo fato de que a primeira, denominada London Theatre Studio (LTS), tentava criar uma nova companhia de atores. Seus membros participaram das principais produções que dirigi antes da guerra, tanto no Old Vic quanto no West End. O resultado mais recente foi a fundação, a cargo de George Devine, da English Stage Company, moderna tanto em repertório como em atitude. É igualmente significativo que Glen Byam Shaw tivesse dirigido o Stratford Memorial Theatre por quatro anos[2].

Quais eram as principais características dessas três escolas?

O *ensemblier*, de acordo com o dicionário, é "um artista que visa a unidade do efeito geral". Éramos *ensembliers*. Nos propusemos a desenvolver a iniciativa, a liberdade e o senso de responsabilidade no indivíduo, por todo o tempo em que ele ou ela fosse capaz de incorporar suas qualidades pessoais ao *ensemble*.

O número de nossos alunos era o mais limitado possível.

Nunca trabalhamos a partir de um sistema ou em direção a ele. Ao observarmos os clássicos do ponto de vista moderno, percebemos que o desenvolvimento artístico é um processo muito complexo. Em cada verão revisávamos e corrigíamos os nossos processos de trabalho em estreita consulta à equipe e aos mais talentosos alunos que estavam deixando a escola.

A fim de criar gradativamente uma organização teatral viva e completa, encontramos a maneira de fazer com que nossa equipe e alunos percebessem a necessidade de preservar uma atitude criativa com relação ao seu trabalho. Em primeiro lugar, incentivamos a inventividade e a imaginação. A escola sempre foi, em parte, experimental; porém, para evitar a presunção e a extravagância, reafirmávamos que nosso principal objetivo

---

[2] O Stratford Memorial Theatre foi precursor da Royal Shakespeare Company. Glen Byam Shaw foi seu último diretor artístico antes que Peter Hall, em 1960, transformasse o teatro na Royal Shakespeare Company, a mais contemporânea, complexa e melhor instituição fundada.

prático era, acima de tudo, o de servir à interpretação e que, ao lidar com uma peça importante, era salutar ver o autor como a única pessoa completamente criativa: o diretor, o cenógrafo e o ator deveriam entender sua intenção, submetendo-se a ela.

Nossos cursos eram divididos entre interpretação e técnica: os cursos de interpretação eram abertos a jovens estudantes com idade entre 17 e 23 anos. Para este grupo jovem, tentamos acrescentar outro, dedicado a novos atores já treinados e profissionais. Nos cursos de técnica, o limite de idade era muito maior. Optamos pela despretensiosa denominação "técnica" de modo a enfatizar que queríamos que a experiência concreta e mesmo a prática manual antecedesse a discussão de ideias teóricas ou estéticas.

Aplicamos outros princípios básicos, a fim de que jamais se permitisse que as técnicas dominassem e superassem a inventividade e interferissem no que chamávamos de verdade. Mas enfatizávamos a todos de que não havia possibilidade de expressar a verdade, especialmente a verdade para o estilo teatral, sem uma técnica fortemente desenvolvida.

Sempre tive a experiência de que realizo o meu melhor trabalho no teatro com estrelas dentro de uma companhia permanente. Na escola, entretanto, o nosso propósito não era obter resultados rápidos e criar estrelas à custa do desenvolvimento regular dos alunos. Contentávamo-nos em deixar o cultivo de estrelas ao trabalho árduo, à boa sorte e ao tempo.

Outra de nossas preocupações principais era proporcionar boas oportunidades profissionais aos alunos que saíam da escola, ao mesmo tempo que recusávamos sermos considerados como uma máquina pela qual os alunos eram obrigados a passar se quisessem sair com a segurança de um emprego.

Para o trabalho interpretativo dos alunos, gostávamos de usar peças inteiras ou atos, em vez de cenas isoladas, para que pudessem aprender a apreciar seu relacionamento com outros atores, bem como os valores relativos das diferentes partes da peça. Para o trabalho detalhado no tocante à linguagem e ao estilo textual, usávamos cenas de peças apenas em circunstâncias excepcionais.

Os alunos trabalhavam principalmente em grupos, cada qual como se fosse uma pequena companhia composta pelo mesmo número de rapazes e moças. Cada grupo preservava sua identidade ano após ano.

Qual era a duração do curso? Na Inglaterra, o curso de interpretação para iniciantes era de apenas dois anos. Em Estrasburgo, consegui organizar os cursos de interpretação em uma base trienal – a subvenção dada à escola de Estrasburgo pelo Estado e pela autoridade local era muito maior do que na Inglaterra. A experiência tem me demonstrado que três anos é o tempo mínimo para um curso de interpretação bem-sucedido, principalmente por causa da morosidade do trabalho que deve ser feito no que diz respeito à voz e à prática da linguagem em vários estilos. Posso dizer que na Rússia a duração de um curso de interpretação é de quatro anos.

Os cursos técnicos eram de um ano, considerado o tempo necessário para treinar um bom assistente de contrarregra e selecionar alguns estudantes a serem admitidos em um curso avançado, no qual candidatos a diretores e cenógrafos trabalhavam em duplas por mais um ou dois anos. Poderiam, então, continuar o seu aprendizado, tornando-se instrutores assistentes na escola, ou contrarregras e diretores de palco nas pequenas companhias formadas pelos melhores alunos após estes deixarem a escola. Na Rússia, a duração dos estudos de direção ou cenografia é de cinco anos.

Planejamos um contato contínuo entre os vários cursos, que provou ser de grande vantagem para o desenvolvimento e a unidade da escola como um todo.

Todo ano, o treinamento culminava em apresentações públicas. Em Londres, costumávamos dar dois espetáculos completamente distintos, no intuito de incluir a maior variedade de estilos possível e fornecer diversas oportunidades aos atores. Apresentávamos peças de um ato ou um ato de uma peça inteira. No final do segundo espetáculo, sempre apresentávamos um trabalho experimental, com frequência composto por um escritor de nossa equipe. Fazíamos muitas experiências com a relação entre a palavra falada, a música e a expressão coral. Desse modo, levamos obras variadas como *La Vie parisienne* (A Vida Parisiense) e *Fortunio*[3], de Offenbach, *Down in*

---

3   *La Vie parisienne* (1866) e *Fortunio*, usualmente intitulada *La Chanson de Fortunio* (1861), são duas operetas francesas de Jacques Offenbach.

the Valley (Embaixo, no Vale), de Kurt Weill[4], e uma adaptação da grande lenda finlandesa *Kalevala*[5], que falava sobre a criação do mundo conforme relatada no folclore finlandês.

Em Londres, fazíamos essas apresentações de fim de curso durante duas semanas para a plateia pagante. Os espetáculos eram realizados integralmente por alunos, desde a bilheteria até o quadro de iluminação. Os alunos eram dirigidos por instrutores, auxiliados por seus assistentes. Cenários e figurinos eram concebidos e confeccionados por alunos do curso técnico avançado. Alunos do primeiro ano do curso de interpretação participavam da preparação manual do espetáculo. Pensávamos que não estaria abaixo de sua dignidade enquanto artistas passar uma pequena parte do curso fazendo algo com as mãos.

Em Estrasburgo, fazíamos uma única apresentação de um único espetáculo em nosso teatro e depois o levávamos em turnê por três semanas. O contato com diferentes plateias e uma mudança de ambiente a cada noite resultou numa melhor familiarização dos jovens atores com as mais difíceis condições teatrais do que qualquer outra forma que eu poderia ter planejado.

De fato, os alunos já haviam começado a fazer contato com o público no início do segundo ano, quando eram chamados a transferir seu sentimento à verdade e concentração, do trabalho privado em salas de aula para as apresentações públicas, com ou sem a quarta parede.

Temo ainda não ter chegado à parte essencial desta conversa: a própria natureza do treinamento. Se gasto muito tempo na enumeração monótona das condições básicas em que nosso trabalho foi estabelecido é porque elas eram essenciais para promover a feliz liberdade e a forte disciplina necessárias ao trabalho criativo no teatro.

---

4   Kurt Weill (1900-1950), compositor alemão de formação clássica, se voltou ao teatro musical, colaborando com Bertolt Brecht no final da década de 1920 e início da década de 1930. Os frutos dessa colaboração incluem *A Ópera dos Três Vinténs*, *Happy End* (Final Feliz), *Mahagonny* e *Die sieben Todsünden* (Os Sete Pecados Capitais). Em meados da década de 1930, a perseguição dos judeus na Alemanha o levou a emigrar para os EUA, onde ele compôs para musicais americanos de sucesso. *Down in the Valley*, de 1948, é a sua ópera popular baseada na canção epônima.

5   *Kalevala* foi transformada em um poema épico pelo escritor finlandês Elias Lönnrot no século XIX.

O dia de trabalho começava às 09h00 e terminava às 17h30 ou 18h00. Aos sábados, terminava às 13h00. Durante os períodos frenéticos de ensaios, continuava até a noite.

Até o final do primeiro período letivo, ambas as partes eram postas à prova. Nós e os alunos testávamos uns aos outros. Depois de três meses, estávamos livres para nos separarmos. A partir daí assumíamos uma espécie de compromisso entre nós pelo restante do curso, deixando aberta a possibilidade de eliminar algumas pessoas no final de cada ano por motivos de trabalho ruim ou falta de disciplina. Trabalhar fora da escola era proibido, exceto com a autorização do diretor.

Na Old Vic School recebíamos entre quatrocentos e quinhentos pedidos de inscrição a cada ano. Admitíamos 35 alunos no curso de interpretação e vinte no curso técnico. A admissão para o curso de interpretação dependia de duas audições e uma entrevista. No que diz respeito aos cursos técnicos, a admissão para candidatos a diretores dependia de uma produção escrita de um único ato de uma peça clássica; dos cenógrafos requeria-se o projeto de um número limitado de cenários e figurinos para uma peça da mesma espécie. Os cenógrafos eram igualmente obrigados a mostrar todos os seus trabalhos anteriores em pintura, escultura, desenho etc.

Bolsas de estudos: na França, a instrução nas escolas oficiais é gratuita – essa é a regra[6]. Se necessário, bolsas de subsistência são concedidas pelo Estado ou pela autoridade local. Na Inglaterra, todos pagam uma taxa. Na Old Vic School, no entanto, dois terços de nossos alunos tinham bolsas de estudos. As mensalidades escolares eram pagas pelas autoridades educacionais diretamente para a escola, de modo que nosso orçamento, mesmo se não equilibrasse a receita com a despesa, pudesse ser mantido sob controle. As bolsas de subsistência, cujo valor dependia das necessidades da família do aluno, eram pagas diretamente aos alunos. É importante salientar que esse excelente sistema foi promovido na Inglaterra pela denominada "revolução silenciosa"[7].

---

6   Por "oficial", Saint-Denis quer dizer públicas. Na França, as instituições públicas de ensino são, de longe, a maioria.
7   Em 1945, o Partido Trabalhista, ao assumir o controle do governo britânico, introduziu reformas sociais, tais como assistência de saúde para todos,

Isso mudou completamente o tipo de alunos que recebíamos e, consequentemente, o espírito na escola. Devido ao apelo popular da Old Vic, vieram à escola jovens oriundos de todas as partes do país, da Comunidade Britânica e dos Estados Unidos, com muita frequência com sotaques locais, repletos de sabor, os quais aceitávamos quando não eram carregados demais.

A escola do tipo que tentávamos construir não podia ter propósitos lucrativos. Deveria poder limitar a entrada, nessa profissão tão saturada, apenas a pessoas talentosas. A Old Vic School recebia um subsídio de £ 4.500 por ano. Ainda que generoso, ele era inadequado.

Cheguei finalmente ao cerne do meu tema: a natureza da formação em si, sua finalidade, seu conteúdo, suas formas e meios.

Nosso objetivo era duplo:

- trazer realidade à interpretação de todos os estilos teatrais, especialmente do clássico, e alcançar o máximo de liberdade possível em sua prática;
- ampliar o campo de expressão do ator e equipá-lo de tal forma que pudesse fazer mímica, cantar, dançar, fazer acrobacias, sem especialização além dos requisitos básicos de um ator.

Ao explicar como tentamos levar a cabo esse programa, me limitarei aos cursos de interpretação, omitindo os técnicos, por mais que lhes atribua importância. Do mesmo modo, terei tempo para descrever apenas os principais aspectos da formação, suprimindo muitos detalhes do currículo.

No primeiro dia, começava o treinamento técnico do corpo (que é a primeira necessidade técnica do ator) e, pouco depois, de sua voz; seguia-se um período de três semanas de ensaio de uma longa peça shakespeariana, por exemplo, sob a supervisão do diretor da escola. Essa última era uma atividade bastante desagradável, a qual denominávamos "teste". Era como atirar um cão na água, sabendo que ele nunca iria se afogar, mas para

> bem-estar social, e a nacionalização de indústrias. A educação e o teatro também foram beneficiados. Bolsas de estudo governamentais abriram o ensino superior aos pobres, o Conselho de Artes da Grã-Bretanha subsidiou teatros em uma base limitada, prática iniciada durante a Segunda Guerra Mundial.

ver o quão bem ele nadava. No final de três semanas, membros de toda a equipe reuniam-se no teatro da escola para assistir ao "teste". Isso lhes dava uma ideia da habilidade e do comportamento de cada aluno sobre o palco. Mais importante ainda, o diretor da escola tinha a experiência de três semanas de trabalho diário com os novos alunos. Ele começara a conhecê-los e agora estava na posição de dirigir as discussões que se seguiam, em uma reunião geral da equipe. Comparavam-se as anotações feitas pelos professores durante a apresentação e, assim, era possível tomar decisões sobre o tratamento a ser dispensado a cada aluno. Críticas e recomendações bem pensadas eram então feitas aos alunos em uma reunião geral que contava com a sua participação e a da equipe completa[8].

Tais reuniões críticas estavam entre as características mais importantes da escola. Reuniões extensas eram realizadas no final de cada período letivo, ao passo que outras, de caráter mais fragmentário, ocorriam no meio do período letivo. Membros da equipe descobriam as opiniões e atitudes de outros professores em relação aos alunos e estes se acostumavam a aceitar críticas.

Quando o "teste" e as críticas terminavam, tinha início o verdadeiro treinamento, com algumas explicações introdutórias sobre as linhas principais que seguiria. Eu me abstinha de apresentar aos alunos qualquer teoria sobre atuação. Tentávamos orientá-los à medida que prosseguiam, de modo tal que entendessem o propósito de cada fase de seu trabalho, descobrindo lentamente, nas aulas práticas, o que ele significava.

O treinamento em si podia ser dividido em três partes principais – cultural, técnica, e uma central voltada à improvisação e interpretação[9]. Esta era a mais importante.

---

[8] A "peça de teste" era uma experiência aterradora para os novos alunos, tanto que os deixava com a sensação de inadequacidade. Não obstante a predileção de Saint-Denis por ela como técnica de ensino, suas três escolas restantes, a Juilliard, a National Theatre of Canada, e a L'École Supérieure d'Art Dramatique de Estrasburgo, a transformaram de várias maneiras em um exercício mais suave e gratificante.

[9] Uma característica distintiva da escola era que todas as atividades estavam integradas. Por exemplo, a parte de "cultura" no treinamento, que incluía literatura e história da arte e do teatro, seria ensinada no contexto da interpretação, da voz e do movimento.

Cada parte era abordada a partir de um ponto de vista dramático. Atitudes acadêmicas eram evitadas. Por trás de todo conhecimento erudito ou considerações intelectuais, deveriam haver os requisitos da necessidade dramática.

No desenvolvimento desse conceito, tentamos assegurar que, na medida do possível, cada novo desenvolvimento técnico ou cultural apresentado por nós aos alunos tivesse justificativa dramática. Por exemplo, o estudo da *Commedia dell'Arte* justificava-se quando era necessário dar suporte ao trabalho prático na improvisação de personagens cômicas. A acrobacia entrava no programa quando os alunos sentiam que precisavam de maior liberdade física, melhor *timing* ou controle mais rápido do seu corpo. Para assegurar que cada parte do treinamento fosse inspirada pela necessidade dramática e que os professores não fossem tentados a organizar seus departamentos em reinos independentes, em primeiro lugar, certas aulas e ensaios eram partilhados com professores de disciplinas distintas – de voz e movimento, por exemplo –, e, em segundo, todo trabalho da escola era dividido em três temas principais, cada um deles com um diretor responsável. Todo professor trabalhava sob uma dessas três divisões. Desse modo, era relativamente fácil para o diretor da escola estar em contato próximo com os três diretores abaixo dele e assim assegurar a ligação prática entre eles.

As três divisões eram as seguintes:

- **MOVIMENTO** (o diretor dessa divisão mantinha contato particularmente estreito com o trabalho na Improvisação). Isso incluía exercícios físicos de relaxamento, agilidade corporal, controle e fortalecimento geral; expressão física, exercícios aplicados a um propósito ou um estado de espírito conducente à expressão dramática: dança, inicialmente danças folclóricas de diversos países, desenvolvendo-se para danças de distintos períodos e estilos; esgrima e acrobacia para relaxamento equilibrado, levando à percepção ágil e ao controle rápido de *timing*.
- **LINGUAGEM** (o diretor dessa divisão mantinha contato particularmente estreito com o trabalho na Cultura e Interpretação). Isso incluía a voz e seu tom, sua afinação, respiração e canto, dicção e correção de sotaques, coro falado e canto

coral; leitura e estudo de excelentes obras literárias, leitura de exemplos de poesia e prosa não dramáticas nos mais diversos estilos; e o modo de proferir, a elocução, dos grandes estilos dramáticos.
- **IMPROVISAÇÃO E INTERPRETAÇÃO** (estreitamente relacionadas a Linguagem e Movimento). Incluía improvisação silenciosa e falada (a ser explicada adiante); seminários e oficinas sobre os três estilos principais – tragédia clássica, comédia clássica e realismo, em todos os seus aspectos; leitura de peças de todos os estilos; técnica de ensaios – a experiência de trabalhar, nas sucessivas fases de ensaios, com vários diretores; ensaios rápidos de cenas curtas para desenvolver diversos aspectos da técnica de palco; palestras para proporcionar um plano de fundo imaginativo ao trabalho prático em textos de época, história da obra dramática universal, história das artes e dos costumes e sua relação com os grandes períodos dramáticos; estudo dos maiores romances universais (por exemplo, Defoe, Dickens, Balzac, Dostoiévski, Tolstói); estudo do estilo do período com relação aos cursos técnicos – exibição de documentos, uso de figurinos, manuseio de objetos da época (por exemplo, espadas, leques, caixas de rapé), movimento e dança relacionados aos costumes do período (por exemplo, mesuras, reverências etc); e música do período.

As aulas de Estilo ofereciam um ponto de estudo central e uma oportunidade de trabalho comum em toda a escola.

A maquiagem, o estudo das maiores pinturas universais e visitas a museus faziam parte do currículo.

O estudo de temas culturais ocorria principalmente durante o primeiro ano.

Após esse ano, diversas técnicas físicas eram gradualmente reduzidas.

O estudo da linguagem e das técnicas vocais, por outro lado, era desenvolvido continuamente e em especial durante o último ano.

Chego agora ao material mais interessante, porém mais difícil.

Eu disse que durante o primeiro ano e até o final do primeiro período letivo no segundo ano, enfatizávamos a improvisação. Logo depois do "teste", os alunos eram mantidos afastados, por um determinado tempo, do trabalho com textos dramáticos, isto é, peças. Eles interpretavam bastante, mas por meio da improvisação. O objetivo era oferecer-lhes a possibilidade de eles próprios descobrirem, dentro de si mesmos, em que consiste a interpretação. Ao mesmo tempo, nós os colocávamos em contato com textos não dramáticos dos mais variados estilos. Seguíamos esse plano a fim de que os alunos não tivessem a oportunidade de "macaquear" o texto de uma peça até que soubessem algo sobre sua natureza e o que sentiam ao atuar. Enquanto isso, logo começavam a aprender como ensaiar, como ler um papel em voz alta e como se comportar quando é feita a marcação de cena por blocagem de uma peça sobre o palco. Isso era tudo para o primeiro ano.

No segundo ano, os estudantes já deveriam ter adquirido experiência básica em interpretação. Os ensaios poderiam agora se estender para o aprendizado das falas e a primeira passagem rápida da peça.

No início do segundo ano, a concentração dos estudantes deveria ampliar-se de modo a incluir seu público. Eles mostravam os resultados do seu trabalho em improvisação para uma pequena plateia e, um pouco mais tarde, faziam uma apresentação inteiramente composta por poesia, música, canto e dança. No final desse ano, ofereciam a um público limitado seu primeiro espetáculo na interpretação de estilo.

O que queremos dizer com "improvisação" e por que lhe atribuímos tanta importância básica? Porque acreditamos que nesse campo exposto e aberto de ação, o jovem aluno, obrigado a se concentrar e inventar ao máximo, pode experimentar o próprio fato de interpretar e ser levado quase natural e inconscientemente à transposição física e mental exigida pelo estilo. Nesse ramo de trabalho, ele atua por um ano em completo silêncio, sem qualquer impedimento ou auxílio de um texto escrito.

As dificuldades surgirão quando, no devido tempo, chegar o momento de conectar essa improvisação silenciosa à interpretação do texto, utilizar uma para dar vida à outra. Acreditamos que um ator imaginativo jamais se esquecerá da satisfação que sentiu ao improvisar, se tiver passado integralmente por tal experiência. Com uma pequena ajuda, ele será capaz de levar o benefício dessa experiência criativa à interpretação de um texto escrito.

Acreditamos também que, nessa fase inicial do seu trabalho, todas as observações feitas acerca da interpretação pelos grandes mestres do passado, incluindo as de Stanislávski, desde que com cuidadosa diferenciação, podem ser colocadas em prática.

Para começar, nas aulas de Improvisação o aluno veste seu figurino de ensaio[10]. Ele está tão nu quanto é possível. Precisa dominar a sua inibição. Podemos ver o seu corpo trabalhando, com todas as suas qualidades e defeitos. Ele não dispõe de um cenário. Nada deve estar sobre o palco salvo algumas banquetas, se ele as quiser.

À medida que o trabalho progride, ele passará pelo beabá rudimentar, composto por uma representação de ações tomadas de sua vida diária – como acordar, comer uma refeição, retornar para casa, vestir-se e despir-se –, até chegar a estados de espírito que são complicados por circunstâncias externas. Em breve começará a experimentar a necessidade de observação e concentração, e perceberá a importância da memória emotiva. Ficará ciente do uso do espaço, do ritmo e da continuidade da ação. Ao mesmo tempo, os exercícios que deve executar, por mais simples que sejam, jamais podem ser "naturalistas": o aluno deve descobrir para e por si mesmo como representar no palco tais ações naturalistas que na vida real implicariam a manipulação de objetos.

Assim, progressivamente, ele continuará a representar pessoas de diferentes ofícios, vistas em seu trabalho nas atividades profissionais características e, em seguida, passará a transformação em tipos circenses, animais e até mesmo em entidades do mundo dos sonhos. O passo seguinte será o de inventar uma cena inteira, com todos os detalhes das circunstâncias necessários para a sua realização completa.

Em todo o seu trabalho até o momento, o aluno permaneceu ele mesmo. Não houve nenhuma tentativa de caracterização, nenhuma preocupação com a psicologia.

---

10 A roupa de ensaio, idêntica para homens e mulheres, parecia ser um um traje de banho antiquado. Era ao mesmo tempo reveladora e assexuada.

A improvisação silenciosa culminava com o uso de máscaras, que cobriam o rosto todo, de tamanho humano normal, simples e harmoniosas, representando as quatro idades do homem: o adolescente, o adulto, a maturidade e, por fim, a velhice. Ao fazer com que os alunos usassem máscaras, não visávamos resultados estéticos, nem tampouco era nossa intenção reviver a arte da mímica. Tínhamos a máscara como um instrumento temporário que oferecíamos à curiosidade do jovem ator, na esperança de que pudesse ajudá-lo em sua concentração, reforçar seus sentimentos interiores, diminuir sua inibição, e levá-lo a desenvolver seus poderes de expressão externa. Uma máscara é um objeto concreto. Quando a colocamos no rosto, recebemos dela um impulso vigoroso, ao qual devemos obedecer. Mas a máscara é também um objeto inanimado, que a personalidade do ator trará à vida. À medida que os sentimentos se acumulam por trás da máscara, o rosto do ator relaxa. Seu corpo, que fica mais expressivo pela própria imobilidade da máscara, será levado à ação pela força dos sentimentos internos. A partir do momento em que o ator tiver adquirido a técnica elementar de que necessita para utilizar a máscara, perceberá gradualmente que máscaras não gostam de agitação, que só podem ser animadas por ações controladas, fortes e extremamente simples, que dependem da riqueza da vida interior dentro do corpo calmo e equilibrado do ator.

A máscara absorve a personalidade do ator, a partir da qual se alimenta. Aquece seus sentimentos e esfria sua cabeça. Ela permite ao ator pôr à prova, da forma mais virulenta, a química da atuação: no exato momento em que os sentimentos do ator estão no auge, atrás da máscara, a necessidade urgente de controlar suas ações físicas o compele ao desprendimento e à lucidez. A sujeição à lição da máscara permite ao ator de talento descobrir um estilo amplo, inspirado e objetivo de atuar. É uma boa introdução à interpretação clássica. É uma boa escola preparatória para a tragédia e o drama em seus grandes estilos. Cenas que utilizavam até três atores eram extraídas de momentos dramáticos extraordinários nas tragédias clássicas ou dramas clássicos. A improvisação silenciosa não pode ir além disso.

Os figurinos eram desenvolvidos pelos atores, com o auxílio dos alunos dos cursos técnicos, não de um ponto de vista decorativo, mas para cumprir um certo propósito dramático vigoroso, o de prolongar ou intensificar seus movimentos. Da mesma maneira, era introduzido um cenário rudimentar – *rostra* (plataforma), escadas, telas, e peças essenciais de mobiliário. A música simples também começava a ser utilizada.

Essa fase do trabalho coincidia com debates entusiasmados sobre os teatros grego, chinês e japonês e as tragédias dos séculos XVII e XVIII.

Antes do final do primeiro ano, os alunos eram submetidos à experiência com a improvisação coral. As cenas eram baseadas em temas fortes como a guerra, o êxodo, a travessia do Mar Vermelho, inundações, catástrofes de minas, e assim por diante, no intuito de permitir ao grupo de vinte alunos interagir em cenas de multidão. A improvisação coral fazia uso do som: o tipo de som significativo, mas inarticulado, pelo qual o estado de espírito de uma multidão se revela, auxiliado, se necessário, por ruídos e música.

A improvisação cômica era inserida no início do segundo ano. Baseava-se na invenção de personagens cômicas que deveriam existir individualmente antes que pudessem se encontrar em cenas curtas. O aluno tinha agora a oportunidade de falar, desde que a força de sua interpretação o conduzisse às palavras, porém evitando a conversa fiada ou tolices impostas e contrafeitas. Descobrimos que a fala brotava muitas vezes de forma verdadeira e genuína das caracterizações cômicas. Permitia-se que os alunos usassem meias máscaras, narizes, enchimento, disfarces de todos os tipos, cenários simples e adereços que estimulassem a interpretação.

Conversas sobre a *Commedia dell'Arte* e os comediantes do *music-hall* serviam de suporte a esse trabalho.

Isso conduzia ao *timing* de gags, de elementos de acrobacia, de todos os recursos e técnicas de um comediante, juntamente com o canto e a execução de instrumentos musicais de fácil manuseio, tais como violão, flauta, concertina etc.

Chegamos ao final do primeiro período letivo do segundo ano.

A partir daí e até a conclusão do treinamento, tudo se concentrava na interpretação. Vocês devem ter notado que uma boa parte do trabalho prático de interpretação continuara desde o início do curso, mas sob forma de preparação. Os alunos haviam estudado todo tipo de textos, passado pelos estágios de ensaios de peças escolhidas dos três estilos mencionados, mudando de texto a cada cinco semanas. Seu corpo começara a ser coordenado e muitos dos alunos, no decurso de suas improvisações, tinham descoberto alguns dos segredos internos da interpretação.

Eles tinham agora de aprender a combinar tais descobertas com a fala de textos difíceis. Eles tinham que obter o controle de sua respiração e do timbre de sua voz, que fazer experiências sobre como lidar com o diálogo de forma tal que não fosse mais um obstáculo à sua descoberta da realidade e da verdade em sua interpretação. Descobrimos que alguns dos alunos possuíam um dom especial para as palavras, e sua interpretação floresceria sob a influência de textos escritos; todos eles, porém, necessitavam melhorar o seu senso de *timing* e a qualidade musical de sua elocução. Não é suficiente que o ator seja ouvido: a sua voz tem que traduzir a forma do texto e seu ritmo em som significativo e produzir as modulações sutis exigidas pelo significado e sentimento.

Parece que insisto demais sobre a forma e a técnica. A verdade é que, para contrabalançar a quantidade de experiência imaginativa adquirida pelos atores em seus diferentes tipos de improvisação, chegara a hora de eles dominarem forma e estilo antes que pudessem recuperar a sua liberdade criativa. Até então, a interpretação criativa permaneceria um paraíso inatingível.

Era então que o verdadeiro talento e temperamento artístico começavam a evidenciar-se. Onde esses atributos faltavam, encontrávamos emoções desordenadas, inventividade estranha e exibicionismo técnico.

Buscávamos o significado e a realidade que só podem ser expressos através de uma técnica vocal potente baseada em uma apreciação muito refinada da natureza e da forma de um texto em todos os seus aspectos.

O treinamento de interpretação atingia o seu clímax, e podia-se mostrar ao jovem ator como extrair o significado de uma peça como um todo: o significado das diferentes seções da peça, de seu próprio papel em relação aos outros. O jovem ator deve entender e ter em conta as opiniões do diretor da peça, pois é de tais pontos de vista e do tipo de relacionamento estabelecido entre o ator e seu diretor que dependerá a unidade da apresentação. Era então que o jovem ator, ao recordar suas experiências na improvisação, tinha que incursionar pela última fase de ensaios e, finalmente, trazer sua personagem à vida, mental e fisicamente.

O campo agora estava aberto. Somente o trabalho complementar deveria ser realizado. Todos podiam agora ter a consciência de que cada peça não é abordada da mesma maneira. O ator deve sempre começar a partir do texto, mas no estilo realista o significado encontra-se frequentemente abaixo da superfície; o excesso de trabalho prematuro de um texto de Tchékhov, por exemplo, pode ser extremamente prejudicial. O contrário é verdadeiro nas peças de grande estilo, como as de Shakespeare, onde a forma do verso e as próprias palavras levam o ator à realidade das personagens.

Todo tipo de exercícios podia agora ser praticado sem perigo. Por exemplo: exercícios de velocidade em prol da velocidade em si, a famosa construção de clímaces, maneiras rápidas para ensaiar peças simples, e assim por diante.

Vocês devem perceber, no entanto, que o verdadeiro trabalho no tocante aos problemas complexos da interpretação começava no segundo período letivo do segundo ano. Entendem agora por que três anos são absolutamente necessários? Fica compreensível o motivo pelo qual os russos estabeleceram quatro anos de formação?

Vocês também percebem por que uma escola de interpretação precisa recrutar pessoas jovens, adolescentes? Temos por objetivo o desenvolvimento profissional completo desse artista único: um artista que é o seu próprio instrumento; um artista que, além da engenhosidade necessária e mesmo da perspicácia – imprescindíveis para a prática de qualquer arte –, possua no início de sua carreira certa atitude ingênua e aberta, natural das crianças e que tende a desaparecer após a adolescência.

É óbvio que seria excelente adicionar a esse curso básico um curso avançado, composto de jovens atores talentosos que talvez já tenham sido treinados em outro lugar ou que talvez já sejam membros da profissão teatral.

Uma escola desse tipo não pode existir isolada. Pelo contrário, deve estar relacionada a um teatro ativo, cujos atores possam achar proveitoso, de tempos em tempos, retornar à escola para aprimorar ou desenvolver um aspecto ou outro de seu talento. Em seguida, no quarto ano, a escola deve ter a oportunidade de desenvolver sua própria companhia, a fim de mostrar devidamente ao público o que há de original em seu trabalho. A apreciação popular e as críticas da imprensa podem igualmente ajudar a exterminar nas raízes a pretensiosidade sempre capaz de aparecer em jovens atores que sentem ter recebido tratamento "especial".

Em uma escola podem-se fazer experiências impossíveis em outros lugares. Por esse motivo, uma escola boa e ousada pode ser de grande valia para o teatro. A Old Vic School deixou para trás grupos de pessoas que continuaram a trabalhar juntas. Na Inglaterra, bem como na Comunidade Britânica e em alguns países estrangeiros, tais grupos estão realizando um trabalho inspirado e bem-sucedido. Este ano, em Estrasburgo, uma companhia criada por ex-alunos está percorrendo o país com peças de Molière e de Thorton Wilder. Eles têm recebido críticas bastante favoráveis pela convicção e habilidade de suas interpretações.

Chego ao fim dessas palestras sobre "teatro clássico" e "realismo moderno". Espero que elas tenham ajudado a criar um entendimento da interligação de ambos. Estou ciente de estar falando com vocês em um país que produz grande quantidade de dramaturgos, diretores e cenógrafos de um talento que repercute em todo o mundo.

O realismo americano no teatro atrai interesse e desfruta de sucesso por muitas razões. A vitalidade americana é provocativa: dramatistas demonstram em suas peças alguns dos problemas que perturbam a sociedade americana, e não hesitam em expor, em seus aspectos mais íntimos, as emoções exasperadas que agem no indivíduo.

Tais revelações chocam e despertam o velho mundo, ao mesmo tempo que são bem-vindas por sua audácia. Entretanto, nem sempre convencem porque frequentemente são demasiado pessoais. Elas falham, em última instância, em fornecer uma imagem verdadeira e significativa de todas as facetas do homem americano.

O fato é que uma ansiedade semelhante é expressa pelos próprios dramatistas americanos. Em 1958, Arthur Miller, em uma palestra na New Dramatists, disse:

> Acredito que, nos Estados Unidos, chegamos ao final de um período, porque nos repetimos ano após ano [...] Há uma peça após outra em que uma pessoa jovem, geralmente do sexo masculino, via de regra sensível, é impulsionada tanto à revolta autodestrutiva quanto à impotência pela insensibilidade de seus pais, sobretudo do pai [...] O que está errado não é o tema, mas sua incapacidade de expandir-se, a fim de explorar as causas principais [...] A visão potencial dessas peças não é realizada, e sua dimensão potencial estética e perfeição não são alcançadas. E, talvez, ainda mais importante, nessa visão reduzida está implícito um enfraquecimento da coragem, um definhamento do poder de agarrar o mundo inteiro sobre o palco e sacudi-lo até as suas bases, como é a tarefa histórica do teatro [...] Recusamo-nos a refletir em nosso palco um nível de consciência objetiva, pelo menos tão grande quanto a que existe, comumente, em nossa vida fora dele.

Porém, "um nível de consciência objetiva" é o que se encontra no teatro clássico. E é Arthur Miller novamente quem disse, "não peço nada de novo, mas algo tão antigo quanto o teatro grego".

Gostaria de ter a esperança de que, no campo da formação para o palco, estas palestras possam contribuir para o movimento pelo qual o teatro americano, decidido a criar e construir uma tradição dramática, esteja consciente da importância da busca por um estilo.

FIG. 5. (no alto) *Michel Saint-Denis na BBC, onde transmitia seu programa noturno* Les Français parlent aux Français, *durante a Segunda Guerra Mundial.*

FIG. 6. (embaixo) *Glen Byam Shaw, Michel Saint-Denis e George Devine na Old Vic School, no fim da década de 1940.*

FIG. 7. (no alto) *Michel Saint-Denis dirige um ensaio da produção de* La Sauvage, *de Jean Anouilh em 1954, no Centre de l'Est.*

FIG. 8. (embaixo) *No Centre de l'Est, cena da produção de* Tessa, *de Jean Giraudoux. Direção de Michel Saint-Denis em 1954.*

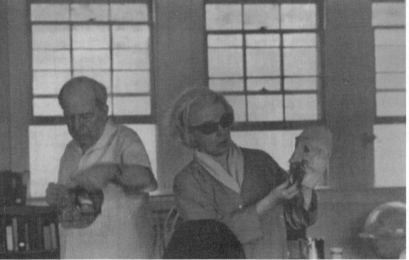

FIG. 9. (no alto) *Royal Shakespeare Company. Ensaio de 1961 da produção de* O Jardim das Cerejeiras, *de Tchékhov. Michel Saint-Denis (ao centro) faz observações aos membros do elenco; Judi Dench (Anya) sentada à direita.*

FIG. 10. (embaixo) *Michel Saint-Denis e Suria Magito Saint-Denis em um curso intensivo da Juilliard em 1968.*

FIG. 11. Alunos do quarto ano *da Juilliard, David Schramm e David Ogden Stiers, na Juilliard Drama Division, produção de* Scapin, *de Molière, 1971-1972.*

PARTE III

Diretrizes Para a Interpretação: Excertos de "Treinamento Para o Teatro"

Esta última seção foi extraída do livro póstumo de Michel Saint-Denis, Treinamento Para o Teatro. *De acordo com sua esposa, Suria Magito Saint-Denis, Michel trabalhou no livro nos últimos anos de sua vida, mas nunca conseguiu terminá-lo. Após sua morte, impelida por seu compromisso com o trabalho do marido e com o apoio dos editores de Saint-Denis na Theatre Arts Books, madame Saint-Denis assumiu a tarefa de organizar e editar o que pode ter sido um árduo – talvez árduo demais – projeto. Saint-Denis deixou um esboço, capítulos, e discussões gravadas. Por um lado, Suria Saint-Denis parecia ser a pessoa ideal para terminar o livro; ninguém conhecia melhor o trabalho de Saint-Denis. Por outro lado, ela foi prejudicada por três fatores: sua inexperiência como escritora, limitações de linguagem, e seu desejo não só de preservar, mas de controlar o legado de Saint-Denis. A língua nativa de Suria Saint-Denis era o russo, embora tenha passado a maior parte de sua vida convivendo e trabalhando em francês e inglês. Era fluente em ambos os idiomas, mas não possuía o domínio de um falante nativo em nenhum deles. Embora Saint-Denis falasse muito bem o inglês, ele sempre escrevia seus artigos em francês, mesmo se fosse para uma publicação inglesa. Às vezes, traduzia seus próprios artigos, em outras, tradutores profissionais faziam esse trabalho. Como Suria Saint-Denis atesta: "os obstáculos para traduzir este material pareciam muitas vezes intransponíveis"*[1].

Seu caráter protetivo vem à tona na introdução à primeira edição, na qual ela insinua que Saint-Denis "não tinha doutrinas ou métodos preestabelecidos" quando começou a ensinar no London Theatre Studio[2]*. Conforme o próprio Saint-Denis declara, ele estava profundamente envolvido na escola de teatro de Jacques Copeau no Vieux-Colombier. E, como este livro demonstra, através do trabalho com os Copiaus, ele se desenvolveu não só como ator e diretor, mas também como professor. Na qualidade de diretor artístico da Compagnie des Quinze, ele conduziu um programa de aprendizado. Saint-Denis desenvolveu e modificou sua pedagogia durante sua longa carreira, porém o ponto de partida foi Copeau. A admiração de Suria Saint-Denis por seu marido a levou a apresentá-lo como* sui generis.

A conclusão de Treinamento Para o Teatro *levanta várias questões. Por que Saint-Denis não conseguiu terminá-lo ao longo de dez anos? Quão diferente seria o livro se tivesse conseguido concluí-lo? Quão bem ele representa suas ideias?*

Durante os anos que se seguiram às palestras de Saint-Denis de 1958, sua carreira foi revigorada consideravelmente, obrigando-o a realizar muitas viagens. Essa atividade simultânea, trabalhar e viajar, certamente o impediu de encontrar tempo suficiente e oportunidade para lidar com seus escritos. Como vimos, Saint-Denis não era estranho à escritura. Ele havia composto peças para os Copiaus, material para seu programa de rádio Les Français parlent aux Français *durante a Segunda Guerra Mundial, e numerosos artigos sobre teatro, além do seu primeiro livro.* Teatro: A Redescoberta do Estilo *tem um enfoque restrito e trata de um tema que ele havia abordado em sala de aula ao longo de sua carreira. Se* Treinamento Para o Teatro *era para ser, como parece às vezes, uma autobiografia, então teria um escopo mais amplo: ser o sumário de sua vida profissional. (Nesse caso, o título teria uma ressonância mais profunda, com sua vida retratada é enfocada de modo ainda mais íntimo em sua preparação*

---

1 Michel Saint-Denis, *Training for the Theatre: Premises and Promises*, ed. Suria Saint-Denis, New York: Theatre Arts Books, 1982, p. 11.
2 Ibidem, p. 12.

contínua para o teatro e a que transmitia para os outros). Saint-Denis pode ter encontrado maior dificuldade do que previra para desenvolver um trabalho dessa complexidade, particularmente porque sua saúde, não obstante os períodos de remissão, continuava se deteriorando até que, em 1969, a enfermidade o obrigou a se aposentar. E a sua discrição natural pode muito bem ter interferido na discussão de assuntos pessoais.

No decorrer de minhas pesquisas sobre Saint-Denis, muitos de seus colegas comentaram que Treinamento Para o Teatro era uma obra atípica. Eles não reconheceram plenamente nela o mesmo homem. É provável que sua estrutura contribuiu para tal impressão. Ela é, em parte, autobiográfica, e, em parte, um guia de treinamento. O aspecto autobiográfico é escasso; propicia vislumbres de uma vida repleta de experiências incomuns, porém deixa o leitor insatisfeito, esperando saber mais.

Em contrapartida, o segmento pedagógico de Treinamento Para o Teatro *segue, de modo claro e lógico, o mesmo padrão de* Teatro: A Redescoberta do Estilo, *expandindo os trabalhos para completar o curso que ele delineara no livro anterior. Incluí quatro dos seus capítulos sobre a preparação do ator –* "Guia de Princípios: A Progressão do Treinamento", "Técnicas do Ator: Expressão Física e Vocal", "O Plano de Fundo Imaginativo" *e* "Interpretação Silenciosa – Improvisação" *– quase em sua totalidade. Excluí algumas linhas porque, em geral, elas remetem à sua autobiografia extirpada. Depois de refletir, eliminei* "Interpretação", *o último dos capítulos sobre a formação do ator, por sua redundância e pelo fato de direcionar-se, mais do que os outros, ao professor em vez de ao aluno.* "Interpretação" *está vinculado ao programa de ensino de quatro anos da Juilliard, cujo currículo Saint-Denis planejou mas não viveu tempo suficiente para ver sequer um aluno graduado. O capítulo discute principalmente o repertório com o qual Saint-Denis acreditava que os alunos deveriam lidar e explorar em cada fase de seu estudo, material sugerido nos capítulos anteriores. E, novamente, justifica sua prática de trabalhar em peças inteiras em vez de limitar-se a cenas.*

O capítulo termina com uma coda sobre o papel do diretor no teatro, tema abordado em Teatro: A Redescoberta do Estilo. *Em 1958, ele havia previsto a queda do poder do diretor, pois sentia que os diretores reformistas haviam acabado com toda a* desordem que estava no caminho do dramaturgo e do ator. Isso não chegou a acontecer, fato que Saint-Denis reconhece aqui. O teatro da década de 1960 encontrava-se em uma efervescência de inventividade. Saint-Denis, ainda crítico, cético, e fiel às suas ideias depois de cinquenta anos de carreira teatral, estava, no entanto, aberto a isso e saudou a evolução do teatro. Dentre suas novidades, ele viu o retorno da criação coletiva ou, na denominação inglesa, devised theatre, em variações do original – processo desenvolvido pelos Copiaus e pela Quinze em anos anteriores.

O material incluído sobre o treinamento do ator é claro e valioso para alunos, professores e diretores. Ao contrário da maioria dos livros de formação, não se trata de um manual. Ele fornece explicações para o aluno que reforçam o trabalho feito em classe e esclarece questões que os alunos poderiam se sentir desconfortáveis em abordar na sala de aula. Seus exercícios e sugestões de exercícios são inseridos no contexto mais amplo do teatro – o mundo imaginário do dramaturgo e o mundo cênico concreto do espaço teatral.

6. Princípios Orientadores: A Progressão do Treinamento

> *O treinamento não é um avanço, passo a passo, ao longo de uma linha de desenvolvimento; em vez de ser uma única linha, é como uma corda com várias fibras separadas que, de alguma maneira, se entrelaçam para formar apenas uma.*
>
> GEORGE DEVINE

Tentei delinear certa vez o que seria para mim uma escola ideal de teatro: ela ofereceria um curso de estudos tão detalhado e rigoroso quanto qualquer outra formação profissional, seja em direito, medicina, música ou arquitetura; um treinamento tão exigente que apenas o estudo integralmente dedicado a ele por vários anos, poderia formar o tipo de ator completo para o teatro de hoje.

Essa formação é diferente da maioria dos outros tipos de treinamento profissional; aqui, o instrumento de formação é o próprio ser humano – o corpo e a alma do ator –, e o trabalho é feito de dentro para fora e não de fora para dentro. O ator deve ser treinado em uma variedade de disciplinas, cada uma delas vital por si só e intimamente relacionada com as outras.

Embora uma escola que fornecesse tal formação necessitasse de certa flexibilidade, a sua *base* deveria consistir de um programa unificado de treinamento. O ensino excessivo por tentativa e erro é um desperdício de esforço para ambos, professores e alunos e, além de ser desconcertante, especialmente na primeira parte do treinamento, pode impedir o estabelecimento de uma base sólida para o jovem ator.

Portanto, um plano básico, mais ou menos sistemático, com certa flexibilidade na maneira de proceder, é absolutamente necessário.

Isso pode soar contraditório, mas espero explicar por que não é. É importante compreender que o que se segue não é um método ou sistema, mas uma *forma de trabalhar*.

O TIPO DE ATOR
QUE DESEJAMOS TREINAR

É essencial esclarecer, desde o início, qual o tipo de ator que queremos desenvolver e para que espécie de teatro queremos treiná-lo.

Hoje em dia a sociedade e o teatro passam por uma mudança tão rápida que não podemos ter certeza de nada; esse é mais um motivo para que a formação tenha uma base abrangente em todas as disciplinas, de modo que uma liberdade completa da técnica, uma liberdade de expressão e um fluxo de imaginação possam ser alcançados.

A questão, no entanto, é como iremos treinar o jovem aluno de interpretação a fim de prepará-lo para ser judicioso quando confrontado com uma multiplicidade de influências e tendências externas? Será que iremos defendê-lo contra elas ou prepará-lo para enfrentá-las?

Estamos convictos de que quaisquer experimentos que sejam tentados, por meio de novas formas de escrita, ou sobre novos palcos – circulares, octogonais ou avançados, em palcos com os mais avançados dispositivos técnicos, ou em tablados nus e expostos – em última instância, tudo depende do ser humano, do *ator*.

Temos, portanto, que formar um ator equipado com todos os meios possíveis de expressão dramática, capaz de enfrentar qualquer desafio e atender às demandas do teatro de hoje e do teatro do amanhã, em constante mudança, um ator que esteja apto a participar dessas transformações e que seja inventivo o suficiente para contribuir com elas.

O TREINAMENTO

Tenho grande suspeita de *qualquer* "método", seja ele velho ou novo, que ponha fim às perguntas ou desestimule mudança. Nós buscamos a verdade, mas ela, bem como nossas vidas, está em constante transformação.

Durante minha vida, planejei cinco escolas, cada qual destinada a estabelecer uma organização teatral completa e, em seu centro, uma companhia permanente, com um repertório profissional.

A meu ver, tal escola combateria todos os tipos de rigidez acadêmica. Ela se dedicaria à renovação de técnicas de interpretação e, gradualmente, inventaria novas formas de trabalho, treinando também seus próprios professores ao longo desse processo. Regularmente – de fato, no final de cada ano letivo – ela deveria reexaminar seu modo de trabalho.

Em cada escola esperava-se que os alunos desenvolvessem uma forma unificada de atuar, que constituiria a de sua companhia de repertório.

À medida que levamos em consideração tais objetivos e processos de trabalho, vários fatores emergem: é crucial estabelecer desde o início a ideia de atuação em conjunto, o *ensemble*, pois o que de fato cria vida sobre o palco é a consciência do ator de seus relacionamentos – espirituais, imaginativos, perceptivos, físicos – com os outros atores.

Entretanto, o treinamento do ator deve ser, em seus detalhes, adaptado a cada indivíduo. Isso é de importância vital.

A qualidade e os padrões da escola só podem ser garantidos pela continuidade do corpo docente e do ensino. Para chegar a uma forma unificada de atuar é necessário estabelecer uma formação unificada, os diferentes ramos coordenados e crescendo organicamente.

Cada grupo de alunos de interpretação que ingressa na escola deve ser gradualmente moldado em uma espécie de companhia, a qual deve ser mantida durante todos os quatro anos de treinamento, se possível.

Finalmente, em contraste com os exercícios individuais detalhados praticados em outros ramos da formação, o trabalho interpretativo deve ser sempre executado por meio do estudo de uma peça inteira, ou, pelo menos, de um ato de uma peça; é preciso evitar a prática habitual de trabalhar cenas isoladas. Ao ensaiar continuamente cenas separadas de seus contextos, o aluno corre o risco de atribuir importância demais ao seu próprio trabalho, em vez de manter o equilíbrio necessário no tocante ao relacionamento com as outras personagens da peça.

Quando utilizo a palavra ator, tenho na realidade dois tipos em mente: aquele que trabalha com um texto e aquele que não se serve dele. Quando seu trabalho é baseado em um texto, penso nele como ator/intérprete; quando ele atua sem um texto, eu o chamo de ator/improvisador. Naturalmente, nos níveis mais elevados da nossa arte, esses dois gêneros de ator tendem a se fundir; no entanto, por ora as distinções acima serão úteis.

Na maioria das companhias o ator será colocado, em grande parte, na posição de intérprete: como tal, ele se vê confrontado com um texto. Após penetrar no cerne da peça, ele deve interpretar o seu significado. Para isso é necessário, acima de tudo, submeter-se à peça, o que demanda uma atitude objetiva.

A veracidade de um determinado texto não pode ser encontrada a menos que uma reflexão objetiva da natureza deste ocorra no exato momento em que a verdade interior, subjetiva, do ator comece a surgir.

A conexão entre o subjetivo e o objetivo, a absoluta necessidade de trocas constantes entre essas duas atitudes, condiciona toda a progressão do trabalho. É por meio da experiência dessa conexão, desse intercâmbio, que o intérprete, tendo começado a partir do seu modo instintivo de trabalhar, tem a chance de exceder a si mesmo. Através disso, ele pode elevar sua imaginação ao nível dos textos mais exigentes, em vez de permanecer miseravelmente dependente de sua própria identidade subjetiva, por mais profunda que seja.

No entanto, em última instância, a fim de trazer vida ao papel, o ator terá que se deslocar de sua atitude objetiva para concentrar-se em si mesmo. É somente a partir de dentro de si, e por meio das ações físicas inspiradas em seus próprios recursos internos, ou deles extraídas, que a personagem pode ser criada, isto é, finalmente nascer. Isso requer uma atitude subjetiva. Do conflito e da conciliação dessas duas atitudes, pode-se gradualmente obter uma interpretação que será ao mesmo tempo fiel ao texto e repleta de vitalidade.

O ator que trabalha sem receber o impulso inicial de um autor, destituído do apoio de um texto e sem as restrições subsequentes de suas obrigações para com ele, não é um intérprete. Ele tem sido chamado de muitas coisas em diversos momentos e diferentes países: farsista (*farceur*), palhaço, animador de cabaré ou de vaudevile. Esse tipo de ator é o seu próprio autor, mas raramente se senta para escrever. Ele inventa o seu texto em ação, por assim dizer, de pé – ele é um improvisador. De fato, ele não possui, em geral, a ambição de conceber uma obra de arte, apenas estabelece um plano, o qual chama de cena ou quadro. Ele é diretamente criativo.

Se aceitamos essa distinção entre o ator/intérprete e o ator/improvisador, não deveríamos estimular a iniciativa e a inventividade do futuro intérprete, fazendo-o passar pelas experiências do ator/criador?

IMPROVISAÇÃO

O reconhecimento do valor dessa forma de trabalho nos leva à improvisação, em todas as suas formas, como base essencial para o treinamento do ator, independente do tipo de teatro ao qual está destinado. A improvisação é a maneira de liberar e estimular a inventividade; é o modo fundamental de trabalho que abre novos e inesperados horizontes para o aluno.

Precisamos, é claro, definir como iremos fazer uso dessa improvisação, de modo que ela possa ser conducente à interpretação de todos os estilos, sem exceção, independente de sua origem e período. Queremos dar à interpretação uma *realidade* que é significativa para o nosso próprio tempo. Percebo que aqui nos confrontamos com um problema bastante complexo: não confundir *realidade* com *realismo*. Mas como, e por quais meios, ajudaremos jovens atores – diariamente submersos no realismo dos filmes e da televisão, isso para não mencionar o do teatro – a compreender, a desenvolver um sentimento específico por, e a dotar com igual realidade, uma personagem do teatro grego antigo, do Século de Ouro espanhol, ou de Shakespeare? Nosso treinamento deve, em certa medida, incutir em nossos alunos uma paixão por aquilo que se denomina verdade. Todavia, como podemos demover a concepção errônea de que existe um conflito entre essa exigência contemporânea pela verdade e aquelas obras-primas líricas, heroicas e eloquentes do passado, as quais revelam os modos de sentir e de viver dos tempos clássicos?

Para dar vida a um estilo do passado é preciso que o intérprete encontre um equilíbrio entre a verdade subjetiva contemporânea e as qualidades objetivas que o texto lhe oferece. A verdade interior do ator deve unir-se com a veracidade da expressão: caso uma permaneça separada da outra, haverá falsidade e logro. Trata-se de um desafio duplo: como levar a necessidade do ator pela verdade progressivamente até o nível dos melhores textos clássicos, e como evitar que tal necessidade entre em conflito com o distanciamento e a falta de familiaridade com a forma desses textos?

Há, obviamente, um problema preliminar que é inevitável: a dificuldade de compreender diferentes culturas. O nosso tipo de interpretação precisa de nutrientes. Isso será encontrado, em parte, na apreciação das artes e no estudo imaginativo da história, da religião e da vida social dos períodos históricos relacionados aos grandes estilos dramáticos. O conhecimento íntimo da poesia e a prática regular de vários tipos de textos são igualmente necessários. A familiaridade com eles é de ajuda fundamental e indispensável para a interpretação, e só pode ser obtida pela prática contínua.

Para ser livre, o ator precisa sentir-se rico, sobretudo de recursos. Os meios abundantes de expressão, derivados do estudo de muitas técnicas, podem produzir em nossos atores uma flexibilidade que não entrará em contradição com a sua necessidade da verdade, mas desenvolverá o escopo de sua liberdade criativa. Queremos que essas técnicas sejam servas da imaginação, invisíveis em sua execução, porém muito solidamente estabelecidas pelo treinamento.

A interpretação muito definida, óbvia demais em intenção e demasiado pesada em sua execução, extermina a verdade e o prazer. O professor/diretor não deve forçar nada sobre o aluno/ator. Porém, deve induzi-lo a utilizar meios de expressão diversificados e manter sua imaginação sempre bem orientada e aberta. Nessas condições, a liberdade pode prosperar. Para chegar à *la vie scénique*, à vida total da peça sobre o palco, a realização dessa liberdade é de primeira importância.

Há certos elementos que tornam essa liberdade possível:

- o desenvolvimento, no âmago da escola e da companhia, de um ambiente humano e artístico que, por sua atração invisível sobre todos, gera naturalmente um clima no qual a qualidade da formação profissional, a adesão aos princípios orientadores e a multiplicidade de trocas críticas e teóricas, difundirão um senso de responsabilidade individual que acabará por se fundir com o senso de *ensemble* da escola. Creio que esse ambiente, esse clima, se for autêntico e generoso, pode impressionar alunos e atores de modo mais profundo que o estudo das técnicas as mais avançadas;
- o encorajamento de todos os artistas que trabalham numa escola dessa natureza, para promover seus próprios pontos de vista e, ao mesmo tempo, direcionar seus esforços a um objetivo comum – a realização de um trabalho vital em um espírito contemporâneo;
- a provisão de um palco aberto, sem "quarta parede" e, portanto, sem um proscênio. Tal estrutura apresenta uma grande área de atuação, servida por muitas entradas diferentes. Esse tipo de área torna o público ciente das três dimensões do espaço e convida o ator a interpretar fisicamente; essa proximidade com a plateia permite que o ator atue com verdade, sem ter de forçar a voz ou ampliar seus gestos.

Esses, então, são os princípios orientadores sobre os quais o treinamento se fundamenta. Nos capítulos seguintes, cada disciplina é examinada em detalhes. A ênfase, do começo ao fim, está em auxiliar cada aluno a descobrir o potencial de seu instrumento – seu corpo e sua voz – e liberar sua imaginação.

Parece-me vital treinar, simultaneamente, desde o início, a mente, a técnica e o espírito do ator para servir à imaginação.

Também é importante incentivar primeiro o instinto dramático do ator e, por seu intermédio, desenvolver a inventividade e a espontaneidade. Isso deve preceder o trabalho de interpretação que é, naturalmente, o ponto culminante de todo o nosso esforço.

Uma inter-relação constante das três disciplinas – movimento, voz e dicção – deve ser estabelecida logo no início do treinamento. O aluno descobrirá como cada um serve ao outro e como a integração de todos esses elementos configura um forte impacto geral.

Se o aluno não for totalmente livre no tocante ao corpo e à voz, ou seja, se não estiver relaxado da forma correta, logo descobrirá que isso terá um efeito adverso sobre sua fala e o controle de sua respiração, bem como perturbará o ritmo e a escansão do texto.

No primeiro ano, grande ênfase deve ser dada aos aspectos não verbais do treinamento da voz e dicção. Quando o aluno aprender, de várias maneiras, a se concentrar na expressão sem utilizar um texto, será capaz de começar a atuar com ele.

Sempre digo ao aluno que tenta expressar algo cedo demais, sem ter ainda os meios para fazê-lo claramente: "não coloque um casaco e depois tente se vestir debaixo dele".

Certa vez, me fizeram a seguinte pergunta durante uma palestra: "qual é o aspecto mais importante do seu treinamento?" Não existe um aspecto *mais* importante. Há, sim, um equilíbrio entre a técnica sobre a qual o ator baseia sua atividade e aquilo que geralmente denominam "inspiração do ator".

Os alunos sentem, com frequência, que a técnica estorva a espontaneidade, mata a criatividade. Mas se a técnica foi aprendida e assimilada, ela se torna uma segunda natureza. Não se tem consciência dela, mas ela está lá – o Terceiro Olho, o onipresente controle inconsciente do ator.

A PROGRAMAÇÃO DO TREINAMENTO[1]

O treinamento consiste de doze períodos letivos, três períodos ao ano, e tem a duração de quatro anos. A cada ano do treinamento foi atribuído um nome que define nosso principal objetivo para aquele ano.

---

1 Este programa de treinamento, embora baseado em modelos anteriores, foi elaborado especialmente para a Juilliard, a qual possui um programa de teatro de quatro anos, pois é uma instituição que confere titulação acadêmica. A bilíngue National Theatre School of Canada, inaugurada oito anos antes que a Juilliard, tem um programa de três anos em sua seção inglesa e um de quatro anos em sua seção francesa.

I. O Ano da Descoberta

Neste primeiro ano o aluno descobre quais talentos – físicos, vocais e criativos – a natureza lhe concedeu. Ele descobre o que deve fazer para desenvolvê-los e adquirir técnica e habilidades. Ele começa a ganhar consciência das potencialidades e possibilidades.

II. O Ano da Transformação

No seu segundo ano, o aluno começa a aprender como fazer uso de tais possibilidades, à medida que adquire algum conhecimento de expressão física, vocal e criativa. Quando desenvolve essas habilidades, ele é transformado e aprende a transformar – isto é, aprende como não ser sempre ele mesmo.

Este segundo ano sempre foi tido como difícil. Em parte, devido ao fato de que, ao começar a ter consciência da "técnica", o aluno sente que ela perturba o fluxo de seus poderes imaginativos. Mas isso também se deve ao fato de que exigimos do aluno o seu envolvimento imaginativo completo. Isso é absolutamente vital para o tipo de formação que propomos.

III. O Ano da Interpretação

Neste ano, o aluno, tendo descoberto o equipamento natural à sua disposição, ampliando-o em certa medida, adquire uma certa confiança de que ele pode agora se dedicar à interpretação de peças em diversos estilos – clássico e moderno – e começa a ser capaz de se projetar e se comunicar com uma plateia.

IV. O Ano da Apresentação

A principal atividade no quarto ano é ensaiar e apresentar diversas peças em palcos tão variados quanto possível, diante de inúmeros tipos de público.

O décimo segundo período letivo – no final do quarto ano de formação do aluno – deve ser coroado de um repertório com temporada de duas semanas, na qual o aluno pode ser visto por públicos e agentes. Três peças devem ser apresentadas – uma tragédia, uma comédia e uma peça realista – além de uma experimental, especialmente concebida para o grupo. Esta última pode ser tanto um espetáculo musical ou um entretenimento com máscaras, acrobacias, lutas, canto e dança, o que mostraria a versatilidade do aluno.

7. As Técnicas do Ator: Expressão Física e Vocal

*Adequai a ação à palavra,
e a palavra à ação*

SHAKESPEARE, *Hamlet*

ALGUMAS CONSIDERAÇÕES GERAIS

Em livros sobre o treinamento para o teatro, os temas são frequentemente tratados apenas do ponto de vista técnico. Queremos evitar isso, pois formação é muito mais do que técnica.

Essas poucas notas que precedem a descrição do nosso processo de treinamento corporal e vocal podem ser vistas como uma estrutura sobre a qual um curso de estudos pode ser planejado. Elas indicam também o espírito e o "clima" em que o trabalho deve ser feito.

No capítulo 6, expliquei a dificuldade de equilibrar o trabalho entre a técnica pura e a imaginação, não permitindo que a técnica assuma o primeiro lugar. Tal lugar no treinamento deve ser cedido ao trabalho do desenvolvimento da imaginação do ator, do seu espírito criativo.

Em geral, em cada parte do treinamento os exercícios devem ter uma justificativa dramática, de modo que a técnica pura seja, desde cedo, relacionada à imaginação. O aluno, então, começará gradualmente a aplicar sozinho esse conceito, sem a ajuda do professor. Eis alguns exemplos de exercícios físicos simples com justificativas dramáticas.

Tão logo o aluno aprende a andar corretamente, ele é solicitado a:

- caminhar na direção de uma pessoa que ele vê na rua e quer cumprimentar;
- caminhar numa rua onde se depara com alguém que deseja evitar;
- caminhar numa rua a esmo.

Para os exercícios com justificativas dramáticas, o professor pode inventar exercícios em que, por exemplo, o aluno fala com diferentes tipos de pessoas:

- uma pessoa alta;
- uma pessoa pequena;
- alguém que ele ama;
- alguém que ele odeia;
- uma criança ou um adulto;
- um superior ou um empregado.

Isto influenciará o tom de voz do aluno, o ritmo de sua elocução e muitas outras coisas.

PARTE I: O CORPO

> *A ação é a essência do teatro,*
> *e ação é movimento.*
>
> JACQUES COPEAU

O movimento, mais do que a fala, é um meio de expressão elementar, instintivo e direto; ele amplia a sensação dramática, esclarece a intenção do texto e oferece uma imagem precisa dele.

Na interpretação, o movimento torna-se a expressão física das palavras e dá forma concreta ao significado do texto; ele é a expressão exterior da continuidade interna de um papel.

Na vida, nos movimentamos por diversas razões:

- como resultado de necessidade física;
- por instigação de uma ideia súbita;
- em consequência de um estado emocional em processo de mudança.

É complicado "impor instruções" sobre a forma de treinar o corpo do ator e aumentar seu âmbito de expressão física. Existem muitos livros excelentes que tratam do treinamento do corpo e não me declaro um especialista na abordagem *técnica* dessa questão, mas *sei* o que é necessário para o ator. Pelo fato de ter sido eu mesmo um ator e com quarenta anos de experiência no treinamento de atores, creio estar em posição de determinar certas orientações básicas acerca desse assunto.

Pode ser útil lembrar que o corpo possui três funções mecânicas básicas:

- alongamento
- flexão
- rotação

Entre essas três funções, existem infinitas possibilidades de interação e intercâmbio, que levam à riqueza da expressividade física.

O aluno deve receber instruções de como isolar grupos musculares distintos e trabalhá-los de acordo com a sua vontade, de modo independente, sem envolver o resto do corpo.

Para atingir nosso objetivo de relaxamento, flexibilidade e força, o aluno passa por exercícios simples de:

- cabeça
- pescoço
- ombros
- braços
- antebraço
- pulsos
- mãos
- dedos
- tronco
- coluna vertebral
- centro do corpo
- quadris
- coxas
- parte inferior da perna (do joelho para baixo)
- tornozelo
- pés
- dedos dos pés

Movimento Dramático

Quando o aluno aprendeu a isolar as várias partes do seu corpo, tornando-se consciente, e tendo experimentado, cada uma delas, obtendo um certo tipo de "técnica", lhe é mostrado como cada parte do seu corpo pode expressar algo por si só:

- os ombros podem ser encolhidos para expressar distintos estados de espírito: rebeldia, indiferença, pesar;
- a cabeça gira em resposta a um chamado vindo de trás (o aluno deve tentar mover a cabeça sem envolver os ombros ou a parte superior do corpo);
- as pernas podem dar pontapés em alguém ou em alguma coisa, com violência ou suavidade;
- o pé pode empurrar algo, afastando-o ou aproximando-o;
- as mãos, só com o movimento do pulso, podem expressar um estado de espírito;

- os quadris podem empurrar uma pessoa para longe ou mesmo uma peça de mobília.

Esses são apenas alguns exemplos óbvios. Sua finalidade é fazer com que o aluno perceba que ele tem que passar por toda a gama de exercícios físicos para um único propósito: fazer com que *todas* as partes do seu corpo se expressem.

O aluno iniciante, ainda incapaz de mobilizar seus melhores recursos internos para a expressão física, externa, no começo de sua interpretação provavelmente fará maior uso apenas dos gestos cotidianos mais óbvios e mecânicos, tais como:

- colocar as mãos nos quadris, os cotovelos para fora, para expressar ameaça;
- expressar prazer com uma forte tomada de fôlego e abrindo a boca;
- dar um passo para trás para expressar medo ou horror;
- expressar surpresa ao dilatar os olhos e abrir a boca;
- expressar medo, erguendo os braços à frente do rosto.

O aluno deve estar ciente, porém, de muitas outras possibilidades para expressar horror, prazer, surpresa ou medo.

Depois de um tempo gasto com os exercícios de partes isoladas, o aluno começa a recompor o corpo inteiro novamente.

Passamos, então, para uma variedade de exercícios que mostram ao aluno como caminhar, correr e saltar enquanto ator; como estar em pé, relaxado ou tenso; e, é claro, como flexionar ou fortalecer os músculos abdominais. Trabalhamos também o alongamento, o relaxamento, o tensionamento de todos os grupos musculares e o desbloqueio de todas as tensões musculares.

Tudo isso fará com que o aluno fique consciente da interação entre as diferentes partes do seu corpo e a fonte da qual brota o impulso-ação dessa ação recíproca.

O aluno deve também aprender que, não importa o que faça, por menor que seja o gesto, um tipo de corrente, *vida*, deve passar por *todo* o corpo. Ele descobrirá aos poucos que o corpo inteiro faz parte desse gesto, mesmo que não se movimente com ele.

O motor que dá origem ao movimento deve estar no centro do corpo, a partir do qual todo movimento passa para as extremidades, criando um fluxo contínuo. Para permitir que essa corrente flua mesmo que a pessoa não se mova, muito controle é necessário. Se o movimento é feito mecanicamente, não deixará nada atrás de si; não terá mais efeito sobre a expressividade do ator do que a água que corre por uma torneira.

Todos os exercícios devem visar a produção de um estado de bem-estar físico equilibrado, um estado de relaxamento pronto para a ação, que conduza a um controle ágil do *timing*.

Esse bem-estar físico é importante para o crescimento imaginativo do ator, e essencial para o desenvolvimento dos seus meios de expressão.

Por isso, na Juilliard School, adicionamos a Técnica Alexander para o nosso treinamento do corpo. Essa técnica, criada por F. Mattias Alexander e descrita em seu livro *The Use of Self* (O Uso de Si Mesmo), consiste de um método pelo qual o aluno pode se livrar dos maus hábitos posturais e adquirir consciência do ponto de encontro entre seu corpo e sua mente. Ao mesmo tempo, a Técnica corrige o alinhamento do corpo e a coordenação em geral.

O envolvimento imaginativo do aluno em todo o trabalho precedente é vital. Mas, descobrimos com frequência que um aluno, ao começar a ter ciência da "técnica", sente que ela perturba o fluxo de seus poderes imaginativos. Somente depois de alcançar um domínio considerável de todos os seus meios expressivos ele será capaz de aceitar a técnica e usá-la como uma ferramenta de auxílio à sua imaginação.

É bom, de tempos em tempos, finalizar essas aulas com cinco ou dez minutos dedicados à dança completamente improvisada, à música ou a determinado instrumento de percussão, para que os alunos liberem tensões, relaxem e se divirtam.

Essa sensação de bem-estar físico e de permanecer com o corpo sob controle, produzida pelo nosso treino de movimento, acrobacia, sapateado, esgrima e luta, auxilia no desenvolvimento do vigor do sistema nervoso do aluno e diminui o seu medo de alturas e quedas.

Houve atores que superaram brilhantemente esse medo quase universal de alturas e quedas: Laurence Olivier, em sua produção de *Hamlet* no St. James Theatre, em Londres, pulou de uma plataforma de cerca de 3,5 m de altura, executou um salto mortal no ar e caiu no chão na frente da plataforma na qual imediatamente iniciou um duelo.

Alan Badel[1] certa vez interpretou um soldado na produção de *Macbeth* de John Gielgud. No calor da batalha de Dunsinane, ele correu sobre uma grande plataforma acima do palco, parou na beirada, virou-se a fim de atirar, apenas para ser atingido e cair da plataforma de costas, sobre o palco.

Tais façanhas não são insignificantes; elas exigem muita preparação, prática, coragem e força de vontade.

A realidade na vida não é a realidade cênica. No entanto, a observação da vida é um dos nossos melhores professores. É importante voltar a atenção às diferenças entre o mundo real e o mundo cênico, especialmente no que diz respeito ao

- espaço
- tempo
- ritmo

Exercícios devem ser inventados para ressaltar esses pontos de diferença, de modo a desenvolver no aluno um senso de espaço, tempo e ritmo cênico.

Relaxamento

Todos os exercícios devem ser executados em estado de concentração relaxada. A capacidade de relaxar, física e mentalmente, é uma das conquistas essenciais para o ator. O tipo adequado de relaxamento é uma forma de concentração; é uma condição de estar *disponível*, pronto para entrar em ação a qualquer momento. É também um estado de receptividade e preparação para a comunicação imediata.

---

1 Alan Badel (1923-1982), ator britânico bastante conhecido por seus papéis no teatro clássico. Sua interpretação distinguia-se pela beleza de sua voz e por seu estilo exuberante. Teve igualmente uma carreira de sucesso no cinema e na televisão.

O Senso do Espaço Cênico

Nos dias de hoje, em que uma nova arquitetura de teatro se desenvolve e há grande variedade de palcos e auditórios, é essencial que o ator tenha um senso de espaço, uma memória de espaço e a habilidade de adaptar-se a palcos de diferentes formas e tamanhos.

Não é a mesma coisa atuar no palco convencional com proscênio – no qual os atores atuam sempre dentro da mesma área, de frente ao público, mas separado dele por uma barreira da ribalta e o fosso da orquestra – e atuar com a plateia em volta do palco, vendo a peça a partir de vários ângulos e em momentos distintos: a posição do palco mudou, mas ainda há separação entre público e ator. Isso apresenta problemas para o diretor, que deve não só possuir ele mesmo um grande senso de espaço, mas também dos momentos da peça, os quais devem ser *vistos* e entendidos por todo o público. Ele terá, portanto, que posicionar e mover seus atores de maneira sutil. Os problemas para o ator são ainda mais difíceis: se, por exemplo, um ator em um momento chave da peça tiver que virar de costas para uma parte do público a fim de falar com outro ator que está de frente para essa mesma parte da plateia, ele deve ser capaz de variar suas posições suavemente, vez ou outra, e também saber como atuar com as costas. Isso não significa movimentos intricados e alternância de peso de uma perna a outra; significa, mais exatamente, que o ator deve sentir quando precisa mudar de posição para não encobrir outro ator que pode, por exemplo, mudar sua posição ensaiada em um momento de paixão ou de raiva.

Há um famoso teatro em Mannheim, Alemanha, Das Kleine Haus, do Teatro Nacional, construído após a Segunda Guerra Mundial, no qual junto a cada parede lateral encontramos uma passarela que desce em direção ao palco central. A ação pode ocorrer em tais passarelas e simultaneamente no palco principal. Certa vez, tive a oportunidade de assistir a uma peça ali, na qual dois exércitos inimigos desciam as passarelas e convergiam para o palco central e principal, onde um grupo de pessoas os esperava, congelado de horror. Depois que as tropas se encontraram e entraram em confronto, algumas das personagens, ao tentar escapar pelas passarelas, misturavam-se com os exércitos que se aproximavam, em uma grande, mas bem planejada, confusão, e a plateia, em assentos giratórios, podia acompanhar os atores a partir de qualquer ângulo que desejasse. Isso era extremamente excitante.

A encenação de tal peça, sem acidentes, demanda atores bem treinados, posto que a maioria das pessoas não possui um senso natural do espaço: para provar isso, basta observar as pessoas em uma área comercial lotada, esbarrando umas nas outras constantemente.

O espaço, um senso de espaço, é algo que o ator deve desenvolver em si mesmo – e não apenas em termos da sua distância em relação a outro ator, a uma saída ou a uma peça de mobília.

O ator deve igualmente ter um senso do espaço que ele não *vê*. Se, em uma tragédia, o ator precisa recuar lenta e silenciosamente em direção a um banco atrás dele e não senti-lo próximo antes de executar tal ação, irá se espatifar no chão. A tragédia acabará por se transformar em comédia.

O espaço é também algo que o ator deve ser capaz de criar: ele deve ter a aptidão de transmitir, mesmo em um palco apertado, a sensação de que está em um vasto oceano ou deserto. Não digo intencionalmente dar uma ilusão de espaço, pois para o ator tal espaço *deve ser real*. Não se trata de aprender truques técnicos, mas o senso do espaço pode, em certa medida, ser desenvolvido por meio de exercícios.

Existe também o que gosto de denominar a *força* do espaço: em relação a um texto específico, alguns lugares do palco são mais adequados para se falar ou causar maior impacto sobre o público do que outros. Não há nenhuma regra rígida com relação a isso – não é que a frente do palco cause mais impacto do que o fundo, ou a direita mais que a esquerda. Há uma sutileza nisso que não pode ser facilmente descrita; deve ser experimentada.

Rudolf Laban, o eminente teórico da dança, inventou exercícios na década de 1920 para acostumar seus pupilos a que se movessem em torno de um "ponto de interesse", fazendo seus movimentos ao redor de, em direção a ou para longe de um forte ponto de radiação. Isto é, tinham que disciplinar o seu senso de espaço com precisão. Adotamos esses exercícios valiosos para os nossos alunos de interpretação, com considerável sucesso.

A direção no espaço é outro fator a ser explorado. Por exemplo, pode-se pensar que uma declaração positiva em um texto pareça mais vigorosa quando proferida com um movimento para frente ou na boca de cena. Entretanto, pode-se descobrir – com surpresa – que, às vezes, as mesmas palavras proferidas dando passos para trás causam maior impacto.

As distâncias e o *timing* delas são outros pontos a se considerar. O espaço, muitas vezes, tem de ser encurtado no palco e exercícios devem ser concebidos para esse fim, tais como: correr bem rápido sobre o palco, como se estivesse sendo perseguido por alguém, parar de repente e olhar para trás, e então começar a correr novamente em outra direção. Não é fácil aprender a controlar a contração repentina dos músculos, necessária para uma parada súbita.

Outra questão a ser explorada é como o espaço e o tempo são necessários para fazer uma saída em relação apropriada ao texto, ou determinar quão próximo se deve ficar de um ator que deve ser abordado durante uma frase curta. A saída em uma explosão de fúria pode ser completamente arruinada por falta de texto, sendo que o movimento e o texto deveriam terminar concomitantemente com o ator retirando-se do palco.

Em cada momento, o ator precisa sentir que, independente do que faça ou diga, isso é comunicação, e esta deve ser de mão dupla. Na relação convencional do teatro entre palco e plateia se estabelece, ao mesmo tempo, uma comunhão e uma separação distinta. Tal separação, contudo, é apenas física – quanto mais receptivo for o ator para um toma lá dá cá com seu público, mais facilmente ele será capaz de romper a barreira física.

Em Suma

Pode ser útil aqui retomar alguns pontos já mencionados neste capítulo: as aulas de Movimento no primeiro ano estabelecem a base para todos os demais ramos do treinamento. O movimento não é praticado como movimento *per se* – de início, é exercitado para liberar o corpo que, por sua vez, serve à expressão dramática e à imaginação em todas as outras disciplinas.

No segundo ano, devem ser ministradas as aulas de Movimento mais imaginativas e, no terceiro, uma configuração mais sutil deve ser dada aos gestos e movimento do aluno-ator.

A fim de criar um hábito, o movimento deve ser praticado regularmente durante todo o período de quatro anos.

PARTE II: A VOZ

> *A fala dele são punhais,*
> *e cada palavra apunhala.*
>
> SHAKESPEARE,
> *Muito Barulho por Nada*

Uma Técnica Falada Com Base no Canto

O nosso treinamento da voz do ator baseia-se no canto, a fim de obter uma qualidade vocal forte, clara, rítmica e musical. Não falamos aqui de beleza ou musicalidade em interesse próprio; a nossa preocupação é despertar no ator uma sensibilidade musical e poética capaz de ser traduzida para o palco pela qualidade rítmica da voz e por tons modulados condicionados pelo texto. Tudo isso deve partir de dentro e encontrar a sua plena expressão exterior por meio da voz.

Por mais bem treinada que seja a pronúncia do ator, é o tom, a variedade de tom de voz na fala, que causa o maior impacto emocional e artístico em uma plateia. Os artistas de rádio são bem conscientes disso.

Ao viajar extensivamente pela Europa Ocidental e Oriental, verificamos que nos países que possuíam tradições folclóricas duradouras e profundamente enraizadas, as vozes, na fala e no canto, tinham mais variedade de tom e expressão e eram muito mais ricas em suas possibilidades de uso no teatro do que as vozes nos chamados países industrializados.

Queremos que o ator tenha à sua disposição os recursos vocais que lhe permitirão trabalhar em todo tipo de peças, qualquer que seja sua forma ou estilo. É necessário, portanto, que ele tenha um grande alcance de tons de voz, voz potente e um sistema de respiração que possa ser comandado; ele deve ter grande flexibilidade e controle completo de suas habilidades vocais.

Parece-me que isso pode ser melhor obtido através do estudo do canto.

Tivemos a sorte de ter na Old Vic Theatre School o renomado professor e instrutor de canto Jani Strasser, da Glyndebourne Opera[2]. Ele desenvolveu uma técnica para atores, com base no canto, que visava a produção de um som que fosse significativo e expressivo. Referia-se ao canto como uma elaboração da fala, e sua técnica de ensino foi baseada nesse princípio. Jani Strasser tinha um grande senso de teatro e de interpretação, e uma maneira de ensinar sem "ensinar". Ele ensinava aos alunos um controle da respiração que parecia fácil. Todos os seus alunos podiam cantar – mesmo os desafinados. Strasser fazia com que cantassem palavras sem sentido e às vezes em línguas estrangeiras, por eles desconhecidas, que aos poucos os auxiliava a expandir a articulação e a clareza de sua elocução, bem como melhorar a colocação de sua voz.

A classe começaria a cantar em uníssono, com acompanhamento de piano, uma frase ou um verso: mais tarde, as palavras eram repetidas sem a melodia. E, em seguida, novamente com a melodia, e assim por diante. Gradualmente, os alunos começavam a falar com ressonância e uma variedade de tons; seu alcance aumentava e o controle da respiração, tão essencial

---

2 A Glyndebourne Opera é o prestigioso festival de verão britânico de ópera que existe desde 1934.

para a articulação adequada, tornava-se mais seguro. Em suma, a qualidade musical tornou-se quase instintiva.

A maioria dos exercícios de Strasser era executada com movimentos corporais, os quais, ele acreditava, contribuíam para a libertação da voz. Ele fazia com que os alunos balançassem os braços enquanto cantavam ou falavam. Ou então que fizessem flexões, ou deitassem no chão de costas, levantando e abaixando as pernas durante a prática dos exercícios respiratórios. Às vezes, saltitavam em volta da sala ou corriam rapidamente em círculo. O professor de dicção trabalhava em estreita harmonia com ele e ambos trocavam exercícios entre si.

Vejo continuamente como é enriquecedor para os atores serem ensinados a cantar não só em inglês, mas também em outras línguas; eles se beneficiam muito de serem capazes de usar os sons especiais únicos de cada idioma. Isso confere uma flexibilidade especial aos lábios, à língua e a outros órgãos da fala.

Além de Jani Strasser tivemos, como chefe do Departamento de Dicção e Linguagem, Marion Watson. Ela era responsável por supervisionar a relação entre voz, fala e o ensino da linguagem, e selecionava todos os textos para o trabalho na escola, evitando cuidadosamente o uso das grandes obras-primas no trabalho técnico do primeiro e do segundo anos. Uma lista de textos adequados era distribuída por todo o seu departamento no início de cada ano letivo. Ela ministrava igualmente as aulas de Leituras Não Dramáticas, Leitura de Peças e Poesia, e dirigia peças.

É justamente por meio de tal pessoa que o diretor de uma escola pode se manter informado acerca do progresso real nos diversos departamentos e ter a certeza de que a inter-relação de disciplinas é mantida.

O treinamento da voz é a mais difícil e demorada de todas as disciplinas de teatro. A formação vocal deve continuar ao longo de todo o período de quatro anos de treinamento, pois, sem esse treinamento prolongado, na maioria dos casos, é completamente impossível alcançar qualquer controle real. Convém ressaltar que as faculdades vocais do ator necessitam ser exercitadas continuamente, não só durante o trabalho do aluno na escola, mas por toda a sua carreira profissional. Na verdade, ele nunca deve parar de trabalhar sua voz: esta muda com a idade, quer se trate de uma voz masculina ou feminina. Dentre os comentários mais esclarecedores a esse respeito, destaca-se o que Stanislávski disse aos setenta anos, à época em que estava prestes a desempenhar um papel que era novo para ele: "Finalmente entendo como usar a minha voz!"

Usualmente, os alunos (e mesmo os atores praticantes) não têm ideia de onde colocar a sua voz. O professor deve descobrir isso junto com eles.

É importante, portanto, que o aluno tenha, no primeiro período letivo, apenas um professor de voz. A razão disso é que ele não deve ser exposto a teorias conflitantes no início de sua formação; isto acontece facilmente quando vários professores ensinam ao aluno a mesma disciplina de diferentes maneiras e ao mesmo tempo.

Há, por exemplo, várias teorias sobre a respiração, que podem ser muito confusas: existe a respiração peitoral, em que a ressonância vem do tórax, e a respiração abdominal, que parece ser a maneira mais natural de as crianças respirarem. O ator deve aprender a utilizar ambas as formas e aplicá-las conforme necessário. Ele precisa ser capaz de mudar com facilidade a respiração de peitoral para abdominal, dependendo da posição do seu corpo: isto é, se estiver deitado de bruços, de costas, de lado, com os joelhos dobrados sobre o peito, ou deitado como se estivesse morto no chão, de frente para a plateia. Na verdade, ao reunir um novo corpo docente, é proveitoso organizar reuniões para discutir qual tipo de respiração deve ser ensinado no começo, e também a forma de unificar o ensino da linguagem. É preciso que professores de movimento e de dança estejam presentes nessas reuniões.

Até que o trabalho de base seja estabelecido e o aluno saiba mais sobre o que precisa fazer, deve-se permitir a ele encontrar sua voz de modo mais descontraído, se bem que concentrado.

Com o auxílio do professor, ele irá descobrir e liberar gradualmente o potencial de seus próprios recursos vocais. A voz do aluno tem que ser considerada uma voz individual, bem diferente de qualquer outra, e ele deve ser estimulado a mantê-la assim. É imprescindível que a ênfase no primeiro período letivo recaia sobre essa prática; qualquer padronização de som deve ser evitada.

Desde o início, o corpo docente deve estabelecer uma ligação constante entre as aulas de corpo e as de voz, procedendo desse modo por todas as sucessivas fases de desenvolvimento do aluno.

Não sou um técnico vocal ou um professor de dicção, mas trabalhei muitos anos com Jacques Copeau em seu laboratório/escola. Ali, ele nos fez experimentar a voz e a elocução de várias maneiras. Isso teve um efeito duradouro sobre mim e me conduziu a mais experimentos em minha própria companhia e também nas várias escolas que fundei. Por meio de tais experimentos, percebi a necessidade de libertar o treinamento da fala de sua longa servitude à elocução.

Tendo apresentado as minhas qualificações de não especialista, gostaria de dizer algumas palavras a respeito de certos aspectos do treinamento da fala que me ocorreram durante uma longa vida de *escuta*:

A *dicção* é, para mim, o ramo do treinamento que ajuda o aluno a chegar à precisão no uso das palavras; ensina-lhe a reconhecer os diferentes sons nas palavras e a pureza de tais sons; por meio do estudo da dicção, sotaques podem ser corrigidos e o aluno torna-se consciente da importância da articulação.

Existe, contudo, o perigo de entender mal o verdadeiro significado da dicção: o aluno pode vir a pronunciar as palavras com cuidado demais, pode começar a "declamar" de forma elocutória, dando igual duração de tempo a cada sílaba e, assim, matar toda a vida e o ritmo do texto.

O estudo da dicção deve ser iniciado logo no início do treinamento. A dicção clara e a habilidade de criar pureza de som devem ser as servas da interpretação.

O *ritmo* é a pulsação do texto. Ele tem efeito sobre o colorido da fala e seu significado. O poder do ritmo pode ser bastante extraordinário no impacto convincente que pode causar na plateia.

São necessários exercícios específicos de ritmo, tais como:

- exercícios rítmicos com o corpo, para tornar o aluno consciente dos ritmos físicos;
- exercícios rítmicos apenas com sons (sem palavras);

- exercício rítmicos que combinam movimento e som;
- exercícios rítmicos apenas com palavras; em seguida, com frases que levam aos poucos a elocuções completas cuidadosamente escolhidas ou à poesia, que tem ritmos marcados e mudanças acentuadas de ritmos;
- alguns exercícios rítmicos podem ser baseados em palavras e mudanças de humor, primeiro expressadas fisicamente e, em seguida, com passagens curtas de textos adequados a tais estados de espírito e, por fim, na combinação de ambos.

Como veremos, tais exercícios pertencem a diferentes segmentos da formação: alguns às aulas de movimento, outros às de improvisação, outros ainda às de dicção. Resolvi listá-los todos aqui por três razões distintas. *Em primeiro lugar*, os chefes dos diferentes departamentos devem trabalhar em estreita colaboração, a fim de conceber o tipo certo de exercícios e também para evitar a sobreposição dos exercícios que inventam. *Em segundo lugar*, devem igualmente criar exercícios combinados, como acima mencionado. *Em terceiro lugar*, e esta é a razão mais importante de todas, deve haver um período de tempo curto e intenso dedicado ao ritmo em todos os departamentos, sem esquecer as aulas de Leituras Não Dramáticas, onde textos especialmente selecionados, com mudanças de ritmo acentuadas, poderiam ser lidos nesse momento.

Isso se tornaria um verdadeiro "ataque" violento que percorreria toda a escola, deixando bem claro ao aluno, da forma mais víviva, a importância vital do ritmo.

Seria melhor se esse "ataque" rítmico acontecesse em algum momento no final do primeiro período letivo ou no início do segundo. É uma maneira útil de quebrar a rotina das aulas e trazer um alento de ar fresco. É igualmente eficaz para atrair a atenção do aluno para temas específicos.

Tais "ataques" não devem ser organizados pelo acréscimo de aulas extras na programação, tampouco significam necessariamente uma reprogramação: simplesmente substituímos algumas aulas com essa atividade especial.

Tal forma de planejamento do trabalho obriga os docentes a manterem colaboração mais estreita entre si e, como resultado, também eles se renovam.

Os exercícios de *modulação* devem ser do mesmo modo praticados em detalhe ao treinar a voz e o ouvido. Para que o ator tenha poder emocional, ele deve encontrar um tom e uma intensidade apropriados ao texto, os quais não estejam deliberadamente sobrepostos a ele. Portanto, é muito importante a prática de trechos curtos de textos que deixam isso bastante claro. Grande atenção deve ser dada ao estabelecimento da relação entre pensamento, sentimento e velocidade. Ao aprender a modular a voz, o aluno, seguindo um determinado sentimento indicado no texto, brinca com a voz, a fim de traduzir esse sentimento melodiosamente, mas de forma direta, para o tipo adequado de som.

Alguns exercícios que podem ser utilizados para desenvolver a sensibilidade do ouvido a mudanças de tom:

- escolha um estado de espírito ou sentimento e, sem o auxílio do texto, encontre o tom certo para apresentá-los. Isso deve ser executado sem palavras, mas com sons e exclamações;
- depois, fazendo uso de palavras, selecione frases que exijam mudanças de tom e de andamento e as relacione às mudanças no sentimento por meio da modulação do tom, da sua intensidade etc.;
- é igualmente útil trabalhar diversas frases consecutivas, nas quais é necessária uma mudança de tom de frase para frase e, consequentemente, o sentimento da próxima frase deve ser preparado com um pouco de antecedência.

Para realizar o objetivo desses exercícios, é melhor inventar frases em vez de usar textos existentes. Isso é feito para não "fatigar" um texto que, eventualmente, o aluno poderá ser solicitado a interpretar.

Tais exercícios devem ser feitos, no início, sem qualquer tentativa de expressão física, de modo que a atenção do aluno possa ser inteiramente focada na sua interpretação vocal. Isso é muito importante, caso contrário, a interpretação física irá predominar e a concentração na interpretação vocal desaparecerá.

Nessa série de exercícios, como em muitos outros que descrevi, cada som projetado pelo aluno deve ter suas raízes imaginativas.

Imaginação Vocal

Do mesmo modo que utilizamos a improvisação no treinamento do ator para desenvolver a imaginação *física* necessária para a interpretação física, devemos igualmente desenvolver nele a imaginação *vocal*, necessária para que consiga chegar à "interpretação" vocal. Da fusão desses dois elementos, surgirá o ator completo de hoje.

Na parte inicial do treinamento, a disciplina de interpretação física – na Improvisação – e a disciplina de interpretação vocal – nas aulas de voz e dicção – são ministradas em separado, porém paralelamente. Aos poucos, elas se unem e se tornam uma só.

Não posso enfatizar o suficiente a importância do desenvolvimento da imaginação vocal. Ele deve ser realizado por meio de exercícios que visam a reações vocais espontâneas, porém *não verbais*, a sentimentos, estados de espírito e provocações. Esses são concebidos como antídotos aos exercícios de técnica pura. Os alunos muitas vezes ficam um pouco inibidos quando estão muito conscientes da técnica. Tais exercícios ajudam a romper as inibições sem negligenciar a técnica pura. Deve haver um fluxo e intercâmbio contínuos entre técnica vocal e imaginação vocal.

Não creio que seja exagerado dizer que a fala se tornou cada vez mais mecânica. Muitas pessoas, particularmente os jovens visualmente educados de hoje, falam sem de fato relacionar pensamento e sentimento a palavras e ao seu significado real.

A fala também se tornou apartada dos sentidos, do corpo, mas os sentidos e o corpo não podem ser separados assim e uma consciência dessa afinidade deve ser desenvolvida antes que sejam feitas quaisquer exigências do aluno no tocante ao uso de palavras. A consciência, a percepção do funcionamento dos sentidos, ficou embotada e, portanto, não produz a química que conduz à vitalidade da fala e à comunicação.

Como na Improvisação, onde descartamos textos para descobrir a interpretação física, deve-se prescindir das palavras para descobrir a interpretação vocal.

Se no início dispensamos as palavras, é apenas para deixar claro que elas são o resultado de um estado interior, de um estado físico interior, relacionado aos sentidos, que condicionam a palavra falada.

Por conseguinte, a finalidade dos primeiros exercícios é tornar a voz do aluno expressiva sem o uso das palavras.

Isso pode ser feito usando apenas sons para interpretar vários humores, sentimentos ou estados de espírito. Tais sons podem, por exemplo, incluir zumbidos, ou estalos dados com a língua. Os italianos usam sons de estalos para expressar pesar, reprovação, raiva etc. Em francês temos a expressão *oh-là-là* que, proferida em diferentes tons, pode expressar diversas coisas.

Outros exercícios sonoros podem ser baseados em ruídos dos elementos da natureza: chuva, vento, tempestades, o mar, ondas, água batendo contra a lateral do barco, sussurro do vento no meio do milharal. Ou podem ser usados sons de pássaros e ruídos de outros animais de qualquer espécie.

Esse aspecto não verbal do treinamento vocal do aluno de interpretação iniciante é, para mim, uma necessidade absoluta.

Deve-se então começar a usar palavras de uma ou duas sílabas, tais como "sim", "não" ou "nunca", e inventar exercícios que utilizem estas palavras em uma grande variedade de tons; isso pode ser feito a partir de uma série de perguntas e respostas, que serão "sim" ou "não", ditas em tons diferentes, de acordo com o humor ou sentimento. Na peça *La Voix Humaine* (A Voz Humana), escrita por Cocteau, ouvimos a única atriz dizendo "sim" e "não" muitas vezes e deve ficar claro, a partir do tom que ela utiliza, o que ela sente em relação à pessoa que fala com ela ao telefone, cuja voz não ouvimos. (Os alunos tirariam grande proveito ao ouvir a gravação que Liv Ullman fez desta peça.)[3]

A partir desse ponto, pode-se prosseguir aplicando exercícios com palavras mais longas e, mais tarde, com frases.

Deve-se igualmente repetir trechos mais longos, utilizando tons diferentes e mudanças de ritmo e passo, a fim de que o aluno perceba como o significado pode ser distorcido ou completamente alterado por tais variações.

---

3   Liv Ullman (1938-), atriz norueguesa de teatro e cinema, que ganhou notoriedade pelos filmes que fez nas décadas de 1960 e 1970 sob a direção do cineasta sueco Ingmar Bergman. Ela apareceu no palco em uma versão inglesa (mais tarde gravada) da peça *A Voz Humana*, de Jean Cocteau. Trata-se de um monólogo de uma hora, cuja personagem é uma mulher que conversa ao telefone com seu amante infiel.

Durante o período inicial deve haver exercícios respiratórios relacionados aos sons particulares, em seguida palavras isoladas e, por fim, frases inteiras.

Outro exercício muito bom é escolher frases de poemas, peças de teatro, prosa, canções folclóricas, música pop, que serão praticadas em diferentes estados de espírito. Ou deixar que o aluno faça o seguinte exercício: comece formando na mente uma frase e, então, sussurre-a, fale-a e, finalmente, cante-a; depois, volte novamente a falar, a sussurrar e a pensar. Passar pouco a pouco da fala ao canto e deste de volta à fala poderia ser uma complementação desse exercício. Concomitantemente, o processo de respiração deve ser observado com bastante cuidado.

Há mais um aspecto do treinamento que gostaria de discutir: trata-se da comunicação de mão dupla entre o ator e a plateia, o falante e o ouvinte. Essa comunicação só pode acontecer se o ator transmitir claramente o significado do que diz e o tipo de emoção que sente; ele deve ser ouvido e "lido" pelos ouvintes – não só o público, mas também os outros atores. O falante deve saber projetar sua voz. E não se trata de volume; é possível que um sussurro seja ouvido, mesmo em um grande teatro. Entretanto, não importa quão bem treinado seja o falante, os ouvintes devem ser capazes de ouvir com discernimento.

Isso nos leva a dois aspectos:

- é preciso aprender a ouvir o silêncio. Isso aplica-se tanto ao falante como ao ouvinte. Hoje em dia, quando o barulho de fundo infelizmente faz parte de nossa vida, embotando a audição perceptiva e a apreciação dos pontos mais delicados do *que* ouvimos, é vital que o aluno se conscientize da importância do silêncio, bem como do som;
- é preciso aprender como *projetar* o som claramente e como medir distâncias de som.

Essa questão de projeção da voz é uma tarefa difícil. Um exercício que muitas vezes comprova sua utilidade é colocar um gongo num pedestal e falar voltado para ele de modo que comece a vibrar. Pode-se fazer experiências com diversas qualidades de tom, a partir de diferentes distâncias, e ouvir as variações de som produzidas.

Em uma variação desse exercício, falante fica próximo de uma parede e fala para ela; depois, repete o exercício em distâncias progressivamente maiores. Apesar de alterar a distância, a voz deve "bater" na parede todas as vezes com a mesma força. Por incrível que pareça, o falante perceberá se conseguiu ou não realizar isso.

Um bom ator deve saber variar o volume e projetar a voz. Ele verá quão proveitoso é se puder julgar por si mesmo a projeção vocal necessária para teatros de vários tamanhos e formatos.

A direção na qual o ator fala é outro fator a levar em conta: poucos alunos-atores ajustam o volume de sua voz quando se voltam ao fundo do palco ou falam com alguém fora do palco.

O aluno também deve saber como ajustar a voz para indicar se está falando do lado de fora ou de dentro da casa. Nos palcos atuais, onde em geral não há cenário para definir o espaço cênico, muito é sugerido pelo corpo do ator no espaço e pelo tom de sua voz.

Existe toda uma área no treinamento que chamamos de Ginástica Voco-Elocutiva (*Vocal Speech Gymnastics*), na qual o aluno tem que lidar com obstáculos, tais como falar enquanto ri ou come uma maçã; falar em contraponto aos efeitos de palco, ou a uma tempestade ou mesmo em meio a ruídos de uma batalha; falar durante uma dança vivaz ou no momento em que corre para fora do palco.

O aluno que passou pelo processo de treinamento descrito acima usará as palavras e a linguagem de maneira nova, livre; ele será capaz de alcançar o ouvido de seu receptor, sua mente e seus sentidos.

Tais exercícios continuam durante o primeiro e o segundo períodos letivos, com o objetivo de ampliar o processo libertador que colocamos em prática antes, no ensino da voz-fala-linguagem.

Esse trabalho era paralelo a um novo modo de iniciar o treinamento do ator, que introduzimos por volta da metade do primeiro período letivo.

A PRÁTICA DE TEXTOS

Na carreira profissional, será frequentemente apresentado aos atores um determinado texto ou peça que, por si só, não é excitante; compete a eles fazer com que esse texto, ou essa peça, seja estimulante o suficiente para capturar a atenção do público.

Leituras Não Dramáticas

O propósito de começar com algumas Leituras Não Dramáticas é desenvolver no aluno a capacidade de dar vida a textos não dramáticos e habilitá-lo a descobrir o prazer ao ler em voz alta para outros. Textos de todo tipo podem ser utilizados: revistas atuais; relatórios de processos judiciais ou de acidentes; trechos curtos da *Bíblia*; versinhos infantis; ou mesmo receitas de livros de culinária. Esses textos não devem ser demasiado pitorescos ou interessantes; no entanto, cabe ao aluno torná-los interessantes. O *quê* ele lê não é tão importante quanto como ele lê. Para fazer isso de forma convincente, ele precisa aprender a reconhecer a natureza do texto e a intenção do escritor.

No início, não é necessário exigir muito do aluno; suas deficiências técnicas em dicção, fraseado e inflexão devem ser ignoradas, de modo que ele ganhe uma sensação de liberdade ao encontrar prazer na linguagem e, acima de tudo, desfrute da leitura para outros. A ênfase principal está na expressão e na comunicação.

Esse trabalho deve ser informal e uma sensação de relaxamento precisa ser estabelecida entre o professor e o aluno.

De início, o aluno pode escolher ler sentado, em pé ou andando, mas nunca em postura relaxada. A única maneira de ele conseguir fazer com que a leitura ganhe vida é deixar que das palavras flua uma corrente por todo o seu ser; isso, consequentemente, será transmitido ao ouvinte. O aluno não é solicitado a atuar de qualquer maneira – a ênfase é dada à fala. Ele não deve se preocupar com deficiências técnicas, mas, sem dúvida, ficará ciente delas, porque nas aulas de voz e dicção será chamada atenção para tais deficiências. Aqui, é preciso que a atenção fique concentrada na liberação da sua fala.

O trabalho relacionado à Prática de Textos é geralmente difícil para o aluno iniciante, porque ele está ansioso para seguir em frente e *atuar*. Levará algum tempo para que entenda por que deve fazer tais leituras, mas não é muito conveniente explicar-lhe o motivo: deixe que ele passe por essa experiência algumas vezes antes mesmo de tentar falar com ele a respeito.

Pode ser útil ao professor variar a abordagem dessas aulas. De vez em quando o aluno deve ser solicitado a improvisar ações quando o texto se presta a isso ou a relatar um acontecimento com suas próprias palavras e, em seguida, reencená-lo em silêncio, ou mesmo inventar uma história própria. Dessa forma, ele relacionará o falar ao "fazer".

O aluno poderá ser convidado a ler a reportagem de um crime de forma objetiva, sem envolvimento. Depois, pedir-lhe, ou a outro aluno, para ler a reportagem de novo, mas como se estivesse realmente vendo o crime acontecer. Ao comparar essas leituras contrastantes, será possível ao professor ajudar a classe a avaliar o impacto de diferentes formas de leitura.

É, obviamente, importante escolher o tipo certo de texto para obter tais variações.

Uma vez que tenhamos êxito em implantar no aluno uma forma descontraída de leitura, liberando sua elocução e ajudando-o a encontrar alegria na degustação das palavras, podemos começar, gradualmente, a chamar sua atenção à projeção da voz, à respiração e, em particular, ao fraseado.

Podemos agora começar a tornar o aluno consciente da necessidade do controle da respiração e dos problemas envolvidos em expressar frases curtas, bem como parágrafos mais longos. É preciso salientar que a respiração muitas vezes indica uma mudança de sentimento; com tais mudanças, a respiração se avoluma ou diminui ou é modificada de outras formas. Tal procedimento leva o aluno, quase que automaticamente, a compreender a relação entre significado e inflexão, tom, passo e ritmo. Grande cuidado deve ser tomado para não intelectualizar essa fase do trabalho, isto é, não devemos fazer com que o aluno pense ou analise, mas que perceba, sinta, experimente.

Tudo isso não deve ser feito com espírito de correção – o aluno ainda tem que ser encorajado a sentir-se livre e não ser inibido; ele precisa, sim, ser orientado pelo professor para descobrir por si mesmo seus próprios defeitos e entender o que, especificamente, tem necessidade de trabalhar.

Passamos agora aos textos mais difíceis, textos com algum valor literário. Embora sejam de complexidade crescente e de qualidade superior, eles ainda são de natureza não teatral, uma vez mais para não expor o aluno à tentação de atuar antes que esteja pronto. Entrementes, ele terá adquirido algum saber acerca de seu próprio instrumento – seu corpo, sua voz, sua respiração – e, acima de tudo, das possibilidades da linguagem. Quase se pode dizer que ele adquiriu a capacidade de "jogar" com sua voz.

O aluno está agora apto para que façamos mais exigências dele. Tendo criado nele a sensação de prazer, de alegria em seu trabalho com uma grande variedade de textos, não incorremos agora no risco de limitar sua espontaneidade ao trazermos assuntos técnicos à sua atenção. No entanto, a ênfase nesse momento ainda é dada ao significado e à cor das palavras. Nosso objetivo é mostrar ao aluno como sentir as palavras de maneira mais sensual, como fazer uso instivo, e não intelectual, da linguagem.

Nesse momento, ele está seguro o suficiente para comentarmos o seu trabalho e criticarmos sua habilidade de transmitir o sabor de um texto; podemos começar a apontar, até no que concerne aos textos mais simples, a relação entre forma e significado. Assim, sem que o aluno esteja necessariamente ciente disso, ele dá os primeiros passos para compreender a noção de estilo. Ele irá gradualmente começar a apreciar a linguagem, descobrir a sua textura e distinguir entre os diferentes estilos de escritura.

O trabalho da Prática de Textos continua durante o segundo período letivo. Os textos escolhidos para essa fase devem ser do tipo mais avançado e selecionados com a devida consideração ao seu estilo.

Devemos tentar oferecer ao aluno uma noção das diferentes formas em que as palavras podem ser usadas e torná-lo ciente de como a linguagem se modifica em diferentes períodos. Ele também deve ser ajudado a entender e distinguir, de forma ampla e geral, as várias características de uma obra escrita: ela é cômica, trágica, satírica ou irônica, é narrativa, intimista, formal, casual, didática ou declamatória?

Obras de estilo contrastante devem ser lidas em voz alta na mesma sessão, a fim de que suas formas sejam comparadas. Por exemplo, uma descrição do início do século XVII acerca do descongelamento do rio Tâmisa em *The Diary of John Evelyn* (O Diário de Evelyn, 1684) é colocada, lado a lado, com a abordagem de Virginia Woolf sobre o mesmo assunto em *Orlando*, no século XX.

Várias aulas devem ser focadas em discursos, como o da rainha Isabel I, proferido para as frotas em Tilbury; o de Churchill em junho de 1940: "Lutaremos nas praias"; o de Lincoln em Gettysburg; o segundo discurso de posse de Roosevelt; a declaração de Hitler em apoio ao *Anchluss*; ou a abdicação de Eduardo VIII[4]. Cartas pessoais de vários períodos do passado também têm o seu lugar nesse trabalho.

Para complementar esses exercícios sobre os textos e expandir o plano de fundo imaginativo do ator, é essencial incentivar o aluno a fazer leituras por si mesmo. Ele deve receber uma lista de obras-primas dos grandes romancistas do mundo, escolhidas por seu caráter dramático. Discussões gerais serão realizadas acerca de tais leituras – não apenas para garantir que a leitura seja cumprida, mas porque pode ser de extrema valia discutir com os alunos algumas das personagens acerca das quais estejam lendo no momento. A familiaridade com as personagens das obras de Dostoiévski, Tolstói, Balzac, Stendhal, Dickens, Edgar Allan Poe e Henry James, ou até mesmo as trazidas à vida por escritores contemporâneos, tais como Graham Greene e Albert Camus, certamente acrescenta um âmbito imaginativo à experiência do aluno que pode,

---

4 Todos esses discursos foram proferidos por chefes de Estado ou de governo em momentos de crise nacional (a maioria deles era incisiva, a fim de encorajar os ouvintes). Em 1588, Isabel I discursou para suas tropas em Tilbury, que se preparavam para combater a invasão espanhola. Churchill usou o rádio para conclamar seus compatriotas após a derrota britânica em Dunquerque. O discurso de Lincoln em Gettysburg, feito durante a Guerra Civil, foi uma mensagem de cura. Roosevelt fez o seu segundo discurso de posse, em 1937, quando os Estados Unidos ainda sofriam os efeitos da Grande Depressão. A declaração de Hitler em apoio ao *Anchluss* refere-se a um discurso virulento por ele proferido no período que antecedeu a Segunda Guerra Mundial. Em um discurso no rádio, em 1936, Eduardo VIII renunciou ao trono da Inglaterra, explicando que o fazia para se casar com a mulher que amava, uma divorciada.

surpreendentemente, ser mais valioso em seu trabalho criativo do que sua memória de pessoas encontradas na vida particular.

É também proveitoso pedir ao aluno que escolha obras por conta própria; desse modo, podemos aprender muito sobre a imaginação do aluno e seu progresso.

Outro propósito dessas leituras é oferecer ao aluno uma introdução geral à ampla gama de estilos que existe na prosa e na poesia, na escrita teatral e não teatral. Todas fazem parte de seu legado nacional e internacional.

À medida que o estilo dos textos em prosa se torna mais definido, o aluno gradualmente se tornará mais consciente da natureza e importância da forma e da necessidade de respeitá-la. Nessa fase, os textos têm que ser escolhidos para enfatizar esse ponto. O aluno deve ser capaz de compreender e lidar com a relação entre forma e sentido no momento em que as Leituras Não Dramáticas forem substituídas pelo trabalho em Poesia.

É preciso assinalar também ao aluno que, embora tenha certa liberdade no que concerne às Leituras Não Dramáticas, quando encontrar forma nos textos, sejam eles poéticos ou de qualquer outra espécie, ele deverá submeter-se à forma, e não terá a mesma liberdade. Assim, quanto mais os alunos aprendem nesse trabalho inicial, o qual denominamos Prática de Textos – mais aprendem sobre os usos da voz, do tom, da modulação e do ritmo, antes que se deparem novamente com o "obstáculo" da forma –, maior liberdade sentirão mais tarde em sua interpretação.

Esse uso de textos não dramáticos facilita ao aluno o desenvolvimento da fluência e, se abordado de modo correto, ele jamais irá esquecer essa experiência livre e será capaz de continuar a estabelecer certa familiaridade com uma grande variedade de textos.

A Leitura de Três Peças

Na segunda parte do segundo período letivo, os estudantes entram em contato com três diferentes categorias de peças: uma comédia clássica, uma tragédia clássica e uma peça realista. Tais peças são lidas em rápida sequência, sendo dedicadas de duas a duas semanas e meia a cada uma. O objetivo é familiarizar os alunos com as diferenças entre tais categorias, ainda sem estudar ou analisar seus detalhes.

Poesia

No terceiro período letivo chegamos à fala em voz alta do poema. Em francês, chamamos esse ramo da formação de *"l'expression parlée"*; é difícil encontrar um equivalente em inglês. Nele nos empenhamos para encontrar uma maneira de interpretar sem *"fazer"*. Nos ensaios de peças, nosso principal interesse está no "fazer", mas nestes exercícios especializados de textos poéticos, estamos mais preocupados, em primeiro lugar, em obter uma expressão completa do significado apenas por meio do uso da voz; em encontrar uma forma de interpretação baseada, quase exclusivamente, no uso da *voz* – no tom, no fraseado, no andamento e no ritmo.

A partir do momento em que o aluno, em sua leitura, encontra pela primeira vez verso formal ou prosa de qualidade poética, todo esforço deve ser empreendido para despertar dentro dele um sentimento pela poesia. Esse trabalho inicial do verso prepara o terreno para todos os alunos em sua investigação posterior de peças de grandes estilos e é, portanto, um dos momentos cruciais do treinamento. É aqui que o aluno descobre se é ou não receptivo à poesia. Mais tarde, quando entrar em contato com uma peça de grande estilo poético, seja clássica ou moderna, é somente por intermédio de sua *própria* apreciação da riqueza, da qualidade e da grandeza do poeta que o aluno poderá chegar perto de uma interpretação que fará justiça para com a poesia do texto.

O aluno deve aprender que, embora o significado seja expresso através da forma, esta também conduz ao significado; nem sempre o último pode ser apreendido somente pela razão. É importante que o aluno esteja ciente da essência da poesia e dos seus diferentes elementos. Ele deve ser capaz de perceber que as palavras podem ser utilizadas por sua cor e sonoridade, que elas moldam um verso do poema e o seu ritmo; precisa ainda reconhecer a atividade imaginativa na metáfora, a força dramática da imagem poética. Na verdade, muitos poemas e grandes peças clássicas só podem ser abordados e apreciados desse modo.

Nessas sessões, todas as formas principais de poesia são usadas: odes, sonetos, epopeias, narrativas, vários tipos de baladas e letras de música. As diferenças entre essas formas devem estar inteiramente claras. Começando com as formas mais curtas dos versos, o aluno deve se familiarizar com a métrica, o ritmo, o acento tônico e a textura de sua linguagem. Em primeiro lugar, nos concentramos no verso de fontes não dramáticas, se bem que isso seja quase uma contradição em termos, pois a linguagem elevada da poesia é, em sentido muito real, sempre verdadeiramente dramática.

Considerável atenção deve ser dada à escolha do material utilizado, o qual tem de, pouco a pouco, ficar mais desafiante. Os textos indicados para o aluno devem ser escolhidos tendo em mente as suas necessidades específicas e com o conhecimento de suas condições e dificuldades específicas do momento. Ele precisa aprender a memorizar um poema e a saber como configurar sua elocução, encontrar o estado de espírito e o sentimento subjacentes no texto. Não se lhe é mostrado como usar gestos, mas ele tem liberdade de usá-los, se assim o quiser. Ele deve, no entanto, ser desencorajado de tentar "atuar", de modo que toda a sua atenção possa ser dada à fala em si.

Além do estilo das peças escolhidas, o professor também discutirá os poetas individualmente e os tempos em que viveram e escreveram. O aluno poderá, então, se relacionar com o plano de fundo de uma determinada peça e com diferenças de estilo em diferentes períodos. Ele também será incentivado a fazer pesquisas referentes a outros aspectos em várias épocas: conhecer a música, as danças e as roupas que eram usadas. Para isso, é muito útil usar a saia transformável inventada pelas designers da Motley para a Old Vic Theatre School e agora utilizada em grande parte do mundo, sobretudo em escolas e departamentos de teatro nas faculdades e universidades.

Essa ferramenta versátil permite transformações de todos os tipos e é igualmente adaptável a homens e mulheres. Pode se tornar uma túnica grega ou uma toga romana. Pode ser transformada em roupas do período medieval ou dos séculos XVII,

XVIII e XIX; pode ser utilizada para formar anquinhas, ou ser usada como capa masculina[5].

Ao trabalhar com isso, o aluno descobrirá como as roupas podem transmitir ao ator a sensação de um determinado período, como elas influenciam a maneira com que anda, fica em pé, se movimenta e se senta e, claro, como, em última instância, afetam a maneira como ele fala.

No que diz respeito à poesia, é preciso ensinar ao aluno que ela não deve ser tratada como uma espécie de artifício cultural, como alguns pináculos preciosos e inatingíveis, mas como parte da vida. A poesia tem de ser falada, não declamada ou cantada. Costumo dizer aos meus alunos que a poesia pode ser uma melhor maneira de representar a realidade do que a fotografia.

Gostaria aqui, de modo a enfatizar tais pontos, de citar uma passagem de *Poetry and Drama* (Poesia e Drama), de T.S. Eliot. Ele é um mestre da poesia realista; sua poesia é um instrumento de realismo, do qual se serve para penetrar e realçar a realidade:

> O que temos de fazer é trazer a poesia ao mundo em que o público vive e ao qual ele retorna quando deixa o teatro; não o transportar para um mundo imaginário totalmente distinto do seu, um mundo irreal em que a poesia é tolerada. O que eu espero do público é que ele se encontre, no momento de conscientização que é ouvir poesia, dizendo a si próprio: "eu também poderia falar em forma de poesia!" Desse modo, não seríamos transportados para um mundo artificial. Pelo contrário, o nosso próprio mundo diário, lúgubre e sórdido, poderia se tornar iluminado e transfigurado.

O aluno deve ser incentivado a ler poesia sozinho, em especial, a ler poesia em voz alta, para outros. Se ele o fizer *sem* dramatizar, caso se submeta ao caráter da poesia, ela poderá levá-lo à compreensão da pureza de estilo e de sua objetividade – desde que, é claro, ele se esforce para reconhecer o estilo em cada poema, em cada parte dele.

É preciso entender que a poesia deve ser falada, e falar poesia de forma vívida *não* significa dramatizá-la.

No início do segundo ano elaboramos uma espécie de período preparatório, no qual o aluno se familiariza com a

---

[5] Na Old Vic School também havia calças para uso no treinamento, que eram desabotoadas e transformadas em calças de vários períodos.

poesia em todas as suas formas. Posteriormente, esse trabalho se desloca em direção ao âmbito do verso branco dramático, e no período letivo da primavera, chegamos finalmente ao ponto culminante dessa fase da formação: a leitura ou proferição em voz alta de cenas de textos dramáticos, especialmente os de Shakespeare.

A ênfase é dada ao texto e à descoberta da realidade intrínseca de um estilo escrito. Nos ensaios de uma peça, estamos principalmente interessados na atuação e interpretação, ao passo que nessa etapa avançada de prática do texto estamos preocupados com as falas e sua comunicação, bem como no modo de atuação que denominamos anteriormente atuação vocal. Por meio dessa especialização, o aluno gradualmente chegará à interpretação, uma interpretação que deriva do texto.

Durante esse trabalho, será mostrado ao aluno como utilizar um texto e como, ao respeitar a forma, ele poderá alcançar significado e verdade. Ele também verá que a forma possui valor em si mesma. Se alguém tenta infundir num texto clássico de grande estilo uma realidade moderna, que não é idêntica aos valores formais do original, pode acabar não só perdendo o estilo da forma, mas também corre o risco de não conseguir transmitir o verdadeiro significado.

Isso é particularmente importante em nosso tempo quando, devido a várias influências, existe a tendência de transformar excelente poesia em prosa, e quando – por preocupação excessiva com a verdade – a forma, o estilo e os valores poéticos são com frequência destruídos. Esse é um problema básico que temos de enfrentar e que é extremamente difícil de resolver.

L'expression parlée oferece ao aluno a oportunidade única de pausar e trabalhar a fundo. Ao concentrar-se apenas no texto, sem distrações das disciplinas técnicas, ele terá tempo de concentrar-se nessa questão significativa do estilo: a relação entre forma e significado.

Esse é o único momento em nosso trabalho de interpretação no qual lidamos com segmentos de textos mais curtos. Em todas as outras áreas de interpretação, evitamos deliberadamente trabalhar com cenas isoladas.

Nas aulas de Poesia, contudo, *fazemos* uso de cenas e falas e provemos tempo suficiente para uma análise profunda dos textos. Seria impossível investigar uma peça inteira de forma profunda durante o período normal de ensaio na escola.

O material para esse trabalho deve ser cuidadosamente selecionado a partir de diversas fontes e avançar progressivamente a textos de crescente complexidade. Devem ser utilizadas as falas das grandes tragédias e comédias, bem como de obras-primas específicas de certo tipo poético situadas, por assim dizer, entre a poesia e o teatro. Penso aqui em Milton – *Comus* ou *O Paraíso Perdido*, livro I – ou passagens descritivas da *Bíblia*, ou mesmo qualquer fonte que possa inspirar o ator.

As aulas de Poesia devem ser realizadas pelo menos duas vezes por semana e durar cerca de uma hora e meia, ou, dependendo do número de alunos participantes, duas horas.

Cada aluno deve ter pelo menos um quarto de hora por semana para estar a sós com seu professor. Nesse momento receberá sua tarefa e ambos examinarão juntos o significado, a forma, o estilo e o ritmo do texto escolhido. O aluno, então, trabalha por conta própria o texto e o apresenta no próximo encontro. Enquanto isso, os outros alunos continuam a trabalhar sozinhos em suas tarefas particulares até chegar a sua vez de apresentá-las ao professor para avaliação crítica. Esse trabalho de preparação, de auxílio e crítica, é repetido quantas vezes o professor considerar necessário.

Logo no início, há sessões sobre versos brancos, principalmente os de Shakespeare; a ênfase é dada na descoberta do estado de espírito e do sentimento subjacentes no texto, do modo em que afetam seu fraseado e forma.

Falas com qualidade lírica, como as de Titânia e Oberon em *Sonho de Uma Noite de Verão*, as de Perdita em *Conto de Inverno*, e das Deusas[6] em *A Tempestade*, são frequentemente úteis. Toda a atenção do aluno é dedicada à elocução. Ele deve ser desestimulado a tentar atuar. Mais tarde, quando começar a sentir-se livre e confiante em sua elocução, ele começará a atuar espontaneamente.

---

6   As "deusas" em *A Tempestade* são geralmente chamadas de "espíritos".

A Comédia e a Farsa

> Ninguém deve tentar representar comédia, a menos que tenha um circo acontecendo dentro de si mesmo.
>
> LUBITSCH[7]

Como parte da *expression parlée*, introduzimos o estudo da comédia e da farsa. Esse momento vital na formação do aluno terá lugar depois de ele cursar a disciplina denominada Improvisação de Personagem, que começa no quinto período letivo e que iremos descrever adiante.

O trabalho da comédia e da farsa precisa de vitalidade e exuberância especiais, grande ousadia inventiva e considerável técnica física e vocal.

A comédia deve ser estudada porque, com sua subestrutura – a farsa –, deriva diretamente das próprias origens do teatro e continua ao longo de todos os principais períodos: o grego, com Aristófanes e as peças satíricas; o romano, com Plauto; a *Commedia dell'Arte*; o elisabetano, com Shakespeare e seus palhaços Gobbo, Autólico, Malvólio[8]; o Século de Ouro espanhol, com Cervantes e Lope de Vega[9]. E há os farsistas (*farceurs*) dos cabarés e dos filmes, muitos dos quais inventaram e escreveram seu próprio material – Chaplin, Little Titch, Sid Field, Fernandel, Bert Lahr, Grock[10] –, todas personagens rica e genuinamente humanas.

---

7   Ernest Lubitsch (1892-1947), cineasta alemão de sucesso, emigrou para os Estados Unidos em 1922. Ali, construiu sua reputação dirigindo comédias sofisticadas. Ele fez a transição do filme mudo para o sonoro com facilidade.
8   Gobbo aparece em *O Mercador de Veneza*, Autólico, em *Conto de Inverno*, e Malvólio, em *Noite de Reis*.
9   Cervantes e Lope de Vega foram escritores do Século de Ouro espanhol, período que durou do final do século XVI até o final do XVII. Os dramas espanhóis dessa época apresentavam uma personagem clownesca denominada *gracioso*, que geralmente acompanhava o herói como seu serviçal.
10 Little Titch (Harry Relph) (1867-1928), assim chamado por causa de sua baixa estatura, foi um astro de *music-hall* britânico, aclamado internacionalmente. Em seu ato, ele interpretava diversas personagens cômicas incluindo uma *señora* espanhola, uma bailarina, e um cobrador de impostos. Sua marca registrada era o "Big Boot Dance", que ele executava com sapatos de mais de sessenta centímetros de altura, quase metade de sua própria estatura. Fernandel (1903-1971) começou sua carreira no *music-hall* e na opereta e depois se tornou o principal comediante do cinema francês. Bert Lahr (1895-1967) foi um ator cômico americano de âmbito considerável. No palco, apareceu em burlescos, vaudeviles, comédias musicais e peças teatrais. Participou igualmente de numerosos filmes. Embora seja provavelmente mais lembrado por seu papel como o ▶

A comédia e a farsa, com suas qualidades satíricas, sempre exerceram forte influência sobre a sociedade que criticavam com severidade. Durante o século XVII, surgiu a comédia de costumes que, pouco a pouco, adquiriu um estilo mais refinado e sutil. Ela continuou a se desenvolver até o final do século XVIII, quando ficou quase atolada nos temas burgueses e na linguagem do século XIX. Além dessa comédia burguesa, a farsa e a comédia da verdade (*true comedy*) continuaram a perseguir uma à outra ao longo do período realista; nós as encontramos repetidamente em nosso próprio tempo.

Há uma grande variedade de linguagem utilizada na comédia e na farsa que oscila entre a prosa e o verso. Com os gregos, a linguagem pode ser vulgar, satírica, obscena, lírica ou poética; com os romanos, torna-se psicológica, começa a criar tipos; com Shakespeare e os elisabetanos, fica enriquecida com uma grande variedade de imagens poéticas.

No tocante ao ritmo, o aluno de comédia e farsa precisa desenvolver um *prazer* explícito por elas; há com frequência curtos e rápidos trechos de respostas engenhosas, seguidos um do outro, sem pausas, onde a *verdade* da personagem e da situação lampejam como um relâmpago sobre o palco. Não há tempo para hesitar; se alguém o fizer, matará a interpretação. Não há oportunidade para refletir; isso é, de fato, uma escola de precisão infalível. Se alguém diminui a velocidade da fala, o próprio sentido do texto desaparece. Imaginem um trecho de *allegro* de Mozart reproduzido em movimento lento por um músico que, tentando se concentrar em "sentir" cada nota, acaba por destruir o ritmo.

Portanto, vê-se que a técnica vocal necessária para a comédia e a farsa é bastante exigente. A voz deve ter leveza e rapidez, mas também força e amplitude. É imprescindível que o ator possua amplo alcance vocal à sua disposição e seja capaz de passar por toda uma gama de tons – pois a monotonia mata a comédia.

> ▷ Leão Covarde, em *O Mágico de Oz*, ele considerava o Estragon, de *Esperando Godot*, de Samuel Beckett, o seu papel mais marcante. Grock (1880-1959) era o nome artístico de Charles Adrian Wettach, um palhaço suíço, que ganhou reputação internacional como o "rei dos palhaços". Sua personagem amalgamava as qualidades do palhaço branco, que está no topo da hierarquia de palhaços, com as do palhaço augusto, que é o alvo das piadas e travessuras dos outros.

O ator também deve saber usar o riso – uma grande variedade de riso – e ter à mão uma técnica para produzir o tipo adequado em um dado momento. Aqui, novamente, exercícios planejados com cuidado têm de ser oferecidos, a fim de ensinar vários tipos de riso.

A essa altura, o aluno terá adquirido certa facilidade vocal e agilidade da língua, do fraseado e da articulação, para que se possa esperar mais dele. Agora, os alunos trabalham em pares, uma vez que os textos dessa fase são selecionados para demonstrar a construção e o estilo das falas e cenas de considerável complexidade. Eles terão que aprender a dar forma a uma passagem, utilizando vários ritmos, mudanças de tom e pausas significativas, bem como a enfatizar palavras e frases específicas.

Na verdade, todo esse processo se torna uma introdução à comédia da Restauração e é, creio eu, muito importante haver essa introdução já no sexto período letivo. Quando o aluno finalmente atuar em uma peça da Restauração – durante o nono período letivo, no terceiro ano –, o texto e a interpretação não apresentarão muitas dificuldades.

Aqui, uma vez mais, é proveitoso passar por uma série de exercícios especiais para complementar o trabalho da comédia. É importante encontrar frases e sentenças curtas de peças apropriadas ao objetivo de cada exercício. Deve-se igualmente atentar à leveza da articulação e à apresentação e, principalmente, à flexibilidade da língua.

Para esse tipo de ginástica vocal seria de grande auxílio que o aluno trabalhasse, com seu professor de canto, recitativos de óperas italianas e passagens semelhantes da obra de Kurt Weill ou de Gian Carlo Menotti[11], por exemplo. Além disso, podem ser usados dramas musicais, que incluem alguma forma de *Sprechstimme*[12]. Estes relacionam-se diretamente às exigências de textos de comédias muito estruturados.

Durante o trabalho de Prática de Textos, há uma disciplina chamada Improvisação de Personagem com e sem máscaras,

---

11 Gian Carlo Menotti (1911-2007) foi essencialmente um compositor de ópera e libretista, cujo estilo lírico agradava ao gosto popular.
12 Palavra alemã que se refere a um estilo vocal que não é fala realista nem tampouco canto, mas uma mescla de ambas.

ministrada em paralelo à Poesia e durante a qual, entre outras habilidades, o aluno aprende todo tipo de gags físicas e elocutivas, que são particularmente benéficas para prepará-lo em seu primeiro projeto de ensaio na comédia e na farsa.

Tudo isso tem que ser trabalhado com muita atenção à projeção da voz e à apresentação tanto da palavra como do movimento.

A Tragédia

A disciplina de Poesia continua no sexto e sétimo períodos letivos, quando a ênfase principal é no estudo da tragédia: aqui escolhemos trechos extensos das falas dos grandes textos clássicos dos gregos; de Shakespeare; dos jacobinos; das tragédias espanholas; de Milton; e, mais próximo de nosso tempo, de T.S. Eliot.

Existem poucas tragédias modernas de estatura equivalente às acima mencionadas. A tragédia parece ter sido substituída pelo que agora é chamado de "drama". Outra linha na evolução da tragédia segue em direção à ópera – o elo entre ambas é a voz, a música e a exaltação lírica.

Nesse meio tempo, o aluno já terá uma iniciação em estilo, tornando-se consciente das diversas abordagens de distintos estilos; seu ouvido ficará em sintonia com diferenças em sua musicalidade, sua alma. É por isso que ele deve saber como modular, como seguir o sentimento em um determinado texto, e ser capaz de brincar com sua voz para que possa expressar de maneira direta a forma do texto. Ele também começará a reconhecer se a qualidade de uma voz tem afinidade com o papel a ser interpretado. O poder emocional da voz deve aderir completamente ao texto e não se sobrepor a ele.

Nesse trabalho, o aluno sentirá a necessidade de expandir o seu âmbito emocional e a sua flexibilidade. Ele deve, então, ser levado ao limite, a fim de adquirir a habilidade necessária para sustentar o tom da elocução. Nesse ínterim, ele também terá um senso mais claramente definido de estilo, a fim de poder usar essa amplitude emocional expandida para comunicá-la e projetá-la de maneira mais vívida aos outros.

Os alunos podem trabalhar sozinhos ou em grupos de dois ou três. A organização das aulas permanece essencialmente a mesma que nas fases anteriores, porém exercícios preparatórios complementares são necessários e assumem nova importância. Como estamos lidando com a emoção intensificada da tragédia, normalmente expressa em forma muito condensada de poesia, esses exercícios especiais são absolutamente essenciais para conferir ao aluno o suporte imaginativo básico necessário para manter e comunicar tais emoções. Aqui nos ocupamos dos componentes da tragédia, os temas principais de coragem, honra, vingança, ódio, destruição e arrependimento amargo. Eles devem ser entendidos e expressados sem autopiedade, tanto em suas manifestações corais quanto individuais.

Exercícios complementares podem ser usados no trabalho de trechos de tragédias gregas, tais como *Édipo Rei*, *Medeia*, *Electra*, *As Troianas*, de solilóquios como os de Tomás Becket, que constam na peça *O Assassínio na Catedral*, de T.S. Eliot.

Exercícios no tocante à tragédia são muito difíceis e exigem atitude desinibida; não forçamos os alunos a experimentar tais emoções intensas. Se ele não consegue lidar com elas naquele momento, deixamos o exercício e o retomamos mais tarde. O leitor já terá percebido que não acredito em impor nada ao aluno, mas acredito que seja possível criar um clima no qual ele, gradualmente, poderá chegar ao resultado desejado.

No início do terceiro ano, termina o estudo separado de Poesia – aquele estudo especial da elocução e de sua comunicação –, dando lugar ao estudo intensificado de textos dramáticos e a ensaios de peças.

Num momento ulterior, o aluno sentirá a necessidade de trabalhar mais essa área, e a Poesia – *l'expression parlée* – será retomada.

Talvez seja útil contemplar aqui o exemplo de uma tragédia francesa: *Bérénice*, de Racine. Com seu excelente texto em verso, foi encenada pela primeira vez em 1670, em Paris. Uma das peças mais estáticas de Racine, quase não possui nenhuma ação visível. Ainda assim, a ação existe: a peça tem uma ação emocional interior que deve ser transmitida pela forma em que o ator fala, pelo tom de sua voz e pela parcimônia de movimentos e gestos. Numa peça desse tipo, qualquer coisa que se vê tem enorme importância. Um rosto imóvel que expressa subitamente uma emoção com o olhar; dois passos curtos dados em direção um ao outro pelos amantes que se despedem; uma mão estendida para dizer adeus – tudo isso causa um impacto extremamente emocionante por meio de sua parcimônia. O resto tem a ver com a voz, suas modulações, seus ritmos. Essa forte ação interior, através de impulsos dados pelo texto em certos momentos-chave, se funde com o corpo físico.

Menciono isso aqui para mostrar que a voz, por si só, pode comunicar sentimentos profundos sem que ator tenha que recorrer a movimentos ou a gestos enfatizados, que por vezes mais atrapalham do que ajudam. A técnica vocal do ator e o uso de sua linguagem devem ser instrumentos de conhecimento, formas de penetrar no significado do texto antes que quaisquer palavras sejam pronunciadas no palco.

É por isso que recomendo com insistência aos alunos que não aprendam seus textos como papagaios, repetindo as palavras com exatidão quando vêm aos primeiros ensaios, e não façam suas escolhas sobre a personagem meramente pensando nela. Em vez disso, devem deixar que as palavras do texto venham a eles de forma gradual, até que sejam preenchidos por elas. Deve-se dar tempo para que o significado das palavras penetre em seu ser.

No que diz respeito ao movimento e aos gestos: mera agitação não é atuação. Um ator que move seu rosto o tempo todo não prende a nossa atenção; mas, quando um rosto estava imóvel e, *então*, se move, a menor das expressões terá grande poder.

O artista criativo cultiva, por meio de exercícios adequados, sua imaginação e suas faculdades de observação. Coloca seu corpo e mente em estado de relaxamento total, alimenta os sentimentos necessários ao papel com todas as contribuições que sua memória por afinidade pode realizar, e aprende a evocar e acolher os gestos físicos que irão despertar e sustentar a vida interna do papel.

Este capítulo contém a base fundamental de todo o nosso trabalho futuro; ele será de valia para o professor, de tempos em tempos, durante os quatro anos de formação.

Walter Kerr, ao escrever sobre o desempenho de John Gielgud em *The Ages of Man* (As Idades do Homem), disse:

> Por que ficamos tão surpresos com o fato de que uma linguagem divorciada de todos os seus companheiros teatrais costumeiros nos comova, e por que ficamos repentinamente dispostos a nos submeter a tal experiência à parte? Parece que o que estamos fazendo é reexaminar as ferramentas básicas independentemente uma da outra e da "peça" em si. Marcel Marceau crava os pés no palco e, em seguida, começa a descobrir o que é possível fazer para que eles realizem alguma ação, como se a própria noção de movimento necessitasse de nova investigação [...] Duas linhas complementares (Gielgud e Marceau) estão sendo estendidas até seus limites finais; quando suas dimensões externas forem alcançadas, talvez possam ser fundidas no interesse de uma peça maior, ou ainda melhor [...] Estamos curiosos com relação a um alcance vindouro e a uma intensidade de visão que podemos estar deixando passar.

8. O Plano de Fundo Imaginativo

*Como alguém pode olhar para o passado
Se não com os olhos do presente?*

O objetivo dessa parte do treinamento é dar ao aluno-ator os meios e as formas de compreender e assimilar o clima social e cultural de cada peça, do passado ou do presente, as quais será solicitado a interpretar. Nossa meta é alimentar a imaginação do estudante, conferindo-lhe um senso da realidade de tempos remotos e ajudá-lo a ver como diferentes períodos teatrais se relacionam entre si, histórica e esteticamente. Os fatos devem estimular a imaginação do aluno para a ação prática, mas tais fatos necessitam estar sempre diretamente relacionados ao restante do seu trabalho na escola.

Para introduzir os alunos ao Plano de Fundo Imaginativo, apresentamos uma série de palestras que cobrem os pontos mais importantes da história do teatro, dos figurinos e maneiras, da música, da dança e das artes decorativas, do modo em que se relacionam com o ator. Um breve porém ilustrativo relato da evolução dos espaços de atuação, desde os primórdios até a atualidade, está igualmente incluído. O ideal seria que essas palestras fossem ministradas por pessoas de teatro; uma atmosfera acadêmica deve ser evitada a todo custo.

Sempre que possível, tais palestras devem ser ilustradas com exemplos pictóricos de arquitetura, mobiliário e figurinos, e com pinturas que ilustram os costumes e o modo de vida de uma dada época.

No entanto, o mais importante é que essas introduções curtas sobre a cultura do passado e do presente proporcionem ocasiões para o aluno praticar formas de comportamento, manipular figurinos e adereços pessoais, aprender alguns elementos das danças e ouvir a música da época.

Esse trabalho ocorre simultaneamente com o de Prática de Textos, o qual acabamos de discutir no capítulo anterior. Uma prática contínua dessa espécie ajudará a diminuir a inquietação, o sentimento que os atores têm frequentemente ao lidar com textos de épocas remotas, de que o que fazem é "artificial". Depois de ler e reler os textos em voz alta para os outros, chegará o momento em que o ator se sentirá à vontade com eles.

Desse modo, o aluno é conduzido de maneira inconspícua ao desenvolvimento de uma noção de estilo por meio da aquisição de fatos e da sua aplicação em diversos tipos de exercícios práticos.

Em meu livro anterior, *Teatro: A Redescoberta do Estilo*, sugeri que definíssemos estilo como a "forma perceptível que é assumida pela realidade ao nos revelar sua natureza verdadeira e interior. Existe algo de secreto acerca do estilo. Essa forma perceptível ou exterior esconde um segredo em que temos de penetrar, se quisermos perceber a realidade essencial que nele subjaz".

Não é fácil obter estilo. Não se pode adquiri-lo ao trajar uma roupa e esperar que, magicamente, se esteja dotado da capacidade de interpretar uma peça em um estilo particular. Sem que o ator tenha praticado – fisicamente – o estilo, aquelas roupas pareceriam como se estivessem penduradas em um cabide. O senso de estilo deve advir de uma imaginação informada. O estilo é o verdadeiro produto de um modo de viver e, portanto, não pode ser simulado.

Um dos nossos princípios orientadores é levar o aluno a uma atitude imaginativa e criativa em todos os aspectos de seu trabalho, daí a ênfase sobre a imaginação no título deste capítulo. Mas a imaginação não é suficiente: deve haver uma técnica para a sua aplicação, para a expressão *física* e *vocal* daquilo que a imaginação conhece. É esse conhecimento físico e vocal que faz a recriação do estilo possível. Imaginação sem habilidade técnica é uma forma de impudência.

Entretanto, à imaginação e à técnica devemos acrescentar a interpretação, pois uma coisa é compreender os estilos do passado e outra é atribuir-lhes uma interpretação que tenha significado hoje. Se nos voltamos ao passado, é principalmente para encontrar nele não só o conhecimento, mas também uma fonte de invenção para o presente. Como alguém pode olhar para o passado se não com os olhos do presente?

Isso me faz recordar imediatamente de um incidente ocorrido em Estocolmo, no International Theatre Institute (UNESCO), durante o Simpósio sobre a Formação Profissional do Ator: perto do fim do debate na mesa redonda, na plateia de duas mil pessoas, um homem levantou-se de repente e gritou: "Para o inferno com a palavra 'estilo'!". Suria Saint-Denis, que era copresidente da conferência, respondeu:

Dizer "para o inferno" com essa palavra, é o caminho mais fácil. Não se deve ter medo das palavras. Defrontamo-nos com alunos que farão perguntas, porque encontrarão tais palavras nos livros. Não podemos simplesmente ignorá-los. É preciso aceitar isso e dar respostas. Ao simplesmente eliminarmos tais palavras, colocaremos os alunos em uma situação difícil e desconcertante. No entanto, se alguém diz a um aluno quando indagado sobre o que é o estilo: "Estilo é vida", então ele esquecerá acerca do "estilo" e entenderá que, por exemplo, no tempo de Tchékhov, ou até mesmo no de Shakespeare, as pessoas viviam e sentiam como as pessoas de hoje. Somos, afinal de contas, seres humanos: vivemos, amamos, sentimos – qualquer coisa que quiserem –, e ocorria o mesmo àqueles que viveram antes de nós. Porém, temos de descobrir como eles viveram, pensaram e amaram, a fim de entendê-los e lhes conferir vida diante da plateia.

Sinto que seria apropriado deixar claro, mais uma vez: não quero dizer que somente as peças clássicas possuem estilo – qualquer peça válida tem o seu próprio estilo –, seja de Sófocles, Tchékhov, Pinter ou Beckett. O aluno-ator de hoje deve estudar não apenas as sociedades do passado, mas também a sociedade na qual ele vive.

As primeiras palestras devem ser ministradas na segunda parte do primeiro período letivo. O seu tema deve ser a História do Palco – o desenvolvimento dos espaços de atuação.

O objetivo principal é chamar a atenção do aluno para os diferentes tipos de espaços de atuação e como tais diferenças podem afetá-lo em sua interpretação.

Nos capítulos anteriores eu disse que o nosso objetivo é formar um ator equipado com todos os meios possíveis de expressão dramática, que seja capaz de atender às exigências do teatro de hoje e do amanhã, em constante mudança. E eu disse que quaisquer experimentos que possam ser feitos com novas formas de escrita, novos palcos, desenvolvendo dispositivos técnicos, tudo depende, em última instância, do ser humano, do ator.

Por conseguinte, parece importante que tais palestras enfoquem o significado e o impacto do corpo do ator sobre o espaço – o corpo como o centro da forma arquitetônica pela qual é rodeado, isto é, o palco.

Já em 1957, eu disse em um programa da BBC que o espaço ideal é aquele no qual o palco é avançado em direção a um auditório compacto – um auditório em que os diferentes níveis de assentos são construídos em um espaço relativamente pequeno, de modo que as fileiras mais distantes do palco ainda fiquem relativamente próximas da frente.

Esse palco deve ser adaptável a vários formatos, de modo que possa servir a uma grande variedade de estilos e trazer a ação cênica em estreito contato com a plateia, permitindo que a apresentação do executante – seus gestos, suas expressões faciais e sua voz – possa ser vista e ouvida por todos, sem que o ator tenha que forçá-los.

Assim, os dois mundos – o do ator e o da plateia – podem, sem qualquer impedimento, se interpenetrar.

Essa arquitetura oferece todo tipo de possibilidades no tocante às relações entre palco e plateia; por exemplo, o ator pode avançar a partir daquela zona misteriosa, muito atrás ali no fundo do palco, e gradualmente aumentar em tamanho, à medida que se aproxima da plateia, até que se encontre no meio dela – trazendo com ele as evidências circunstanciais do drama, que apresenta à plateia com a discrição e a parcimônia que a proximidade permite e impõe (como, aliás, acontecia no tempo dos gregos e elisabetanos).

Mas essa topografia teatral – que chegou a nós do mundo mágico da ópera, onde a qualidade do encantamento de um conto de fadas é um elemento importante, e daquele mundo de ilusão do realismo naturalista, onde nós, maravilhados, somos capazes de participar dos segredos de outras pessoas em um âmbito de total intimidade – essa topografia – poderia ser o panorama do teatro do futuro?

Isso talvez descreva melhor o que quero dizer com a criação de um espaço onde a imaginação do poeta e a interpretação do ator possam estar em harmonia: uma se desenvolvendo do silêncio ao som, a outra passando de um espaço vazio para o espaço que ganha vida a partir do movimento.

Quão fácil é não estar consciente do espaço até que um corpo em movimento o crie! Um espaço vazio pode servir de grande estímulo para o movimento e tornar-se quase tangível para o ator. Pois quando o ator é capaz de criar seus próprios ambientes e tornar visível o in-visível ele dá um passo vital no desenvolvimento de sua imaginação criativa.

Durante o tempo em que tais palestras sobre o desenvolvimento histórico dos espaços de atuação são ministradas, o trabalho relacionado com o espaço deve ser feito em algumas outras atividades do treinamento:

- nas aulas de Movimento, a fim de desenvolver um senso de precisão e direção no espaço, começamos às vezes com exercícios de giros simples – um quarto de giro, meio giro e giro completo;
- na Improvisação, quando as primeiras cenas simples são concebidas, os exercícios devem ser feitos com a colocação precisa da mobília imaginária no contexto de uma sala imaginária; movimentos na sala e na direção e ao redor da mobília devem ser praticados. Locais para entradas e saídas devem ser estabelecidos em relação à configuração da sala;
- nas aulas de Leituras Não Dramáticas, textos descritivos de lugares específicos devem ser selecionados.

Desse modo, o aluno conscientizar-se-á do espaço e desenvolverá uma percepção dele em todos os seus aspectos e, portanto, literalmente ampliará o horizonte do espaço imediato que circunda o seu corpo, estendendo o raio de seu centro no qual pode criar e controlar o espaço.

Iremos agora examinar em detalhes o que as palestras da primeira série devem abranger.

I. A HISTÓRIA DOS ESPAÇOS DE ATUAÇÃO

Para começar, poderia ser bom oferecer uma breve introdução acerca das primeiras formas de "drama" e seus espaços de atuação como, por exemplo, a egípcia: seus sacerdotes acreditavam que a melhor iniciação à religião era através dos dramas, interpretados pelos sacerdores/atores em espaços abertos ou nos templos. Após a descrição das festas cerimoniais egípcias, os alunos seriam levados ao teatro dos gregos e à evolução do drama grego, tão intimamente relacionado a seus espaços cênicos: Epidauro, Delfos, o teatro de Dioniso em Atenas, os teatros em Taormina e Siracusa na Sicília, entre outros[1].

A palestra seguinte deve centrar-se nos palcos romanos e etruscos e, posteriormente, no período medieval e nas peças de mistério e milagres encenadas em praças públicas, diante das grandes catedrais, bem como nos *pageant wagons* itinerantes*.

Em seguida, vêm o Primeiro Renascimento e o Renascimento Tardio, particularmente o período elisabetano na Inglaterra – uma das épocas mais gloriosas da história dramática. O mais famoso teatro elisabetano, o Globe, com seu formato circular, não permitia cenário –, sendo, portanto, o espaço perfeito para a interpretação solo.

Na Itália, o Teatro Olímpico[2], em Vicenza, e o Teatro Farnese[3],

---

1   Os teatros gregos eram todos ao ar livre. Dos listados aqui, apenas o teatro de Dioniso em Atenas existia no século v a.C., quando os grandes dramaturgos gregos, Ésquilo, Sófocles, Eurípides e Aristófanes, escreveram. Ele foi reconstruído em pedra no século iv a.C. Os outros teatros mencionados foram construídos no iv ou no iii séculos a.C. O teatro de Epidauro, utilizado ainda nos dias de hoje, é famoso por sua acústica extraordinária. A Sicília foi colonizada pelos helenos, o que explica por que Taormina e Siracusa tiveram teatros gregos.
*   Representação teatral da Idade Média, de fundo histórico, de cena única, montada em carroções. (N. da E.)
2   O Teatro Olímpico, construído na década de 1580, é o mais antigo teatro renascentista que remanesceu. Seu arquiteto, Andréa Palladio, planejava replicar um teatro clássico dentro de um edifício existente. No entanto, seis meses depois de finalizado o projeto, ele morreu, deixando-o para ser concluído por outros arquitetos. O resultado foi uma combinação de projeto teatral antigo e renascentista. Enquanto o teatro possuía a fachada dos tempos clássicos, de acordo com o interesse renascentista na perspectiva, cinco portais com corredores foram incluídos, cada qual representando uma cena de rua. O Teatro Olímpico foi considerado patrimônio mundial pela UNESCO.
3   O Teatro Farnese, construído em 1618-1619, é o mais antigo teatro existente com um arco de proscênio.

em Parma, estão entre os mais belos edifícios teatrais dos séculos XVI e XVII que remanesceram.

Não devemos esquecer a extraordinária influência da família Bibiena e seus projetos de perpectiva[4]. Durante esse período, há uma abordagem experimental do palco-moldura do final do século XVIII e do século XIX.

Deve-se salientar que o palco-moldura alterou profundamente a maneira de representar: a orientação do corpo do ator, fechada em três lados, tornou-se mais frontal.

Uma breve descrição dos vários desenvolvimentos do palco-moldura – ou seja, o palco com proscênio – deve ser oferecida. Isso irá, claramente, incluir um estudo do cenário e dos dispositivos cênicos. Devemos continuar a traçar esse desenvolvimento ao longo do século XX, quando o espaço de atuação se libertou da tirania do arco de proscênio.

Antes do final dessa série de palestras sobre a História dos Espaços de Atuação, o aluno deverá também conhecer os teatros do Oriente: da Índia, de Java, Bali e, especialmente, dos espaços de atuação do teatro chinês e japonês[5].

Devemos lembrar que o nosso treinamento é para artistas. Não são importantes os aspectos acadêmicos, mas as maneiras

---

[4] Os Bibienas eram uma família italiana de arquitetos e projetistas de teatro do século XVIII, com carreira internacional. Entre suas realizações: construíram teatros nas principais cidades europeias; projetaram cenários espetaculares, sobretudo para a ópera, e desenvolveram a perspectiva *per angolo*, a qual é geralmente creditada a Ferdinando Bibiena. A perspectiva *per angolo* substitui o único ponto de fuga, na parte de trás do palco, por dois ou mais pontos de fuga nas laterais. Múltiplas perspectivas podiam ser mostradas, conferindo uma sensação de vastidão, previamente inatingível.

[5] A ópera chinesa, a principal forma tradicional, é interpretada sobre um palco aberto com telhado coberto, visível à plateia em três lados. Os atores atuam praticamente em uma plataforma nua, na qual apenas adereços e mobiliário simples e simbólicos são utilizados. O aristocrático e austero nô japonês, muito admirado por Saint-Denis, também faz uso de um telhado sobre o palco aberto, que nesse caso é sustentado por quatro colunas. Uma ponte à esquerda do palco é usada para a entrada das personagens principais. Uma porta baixa, no fundo do palco, serve às outras personagens. Equipamentos cênicos são quase inexistentes. A plataforma para o kabuki, uma forma de teatro japonês mais nova que o nô e tradicionalmente apreciada por espectadores mais abaixo na escala social, evoluiu ao longo do tempo. No século XX, havia se transformado em um instrumento complexo, com um arco de proscênio, um palco giratório, alçapões e uma cortina. Como o teatro nô, o palco do kabuki é equipado com uma ponte – a *hanamichi* –, mas aqui ela atravessa a plateia. Cenários decorativos são empregados.

pelas quais esses temas estimulam continuamente a imaginação do aluno e relacionam-se com o teatro.

Se entrei em detalhes acerca do assunto exposto, o fiz para atrair a atenção sobre quão importante o ser humano – o ator – é em relação ao seu ambiente, como é influenciado por ele, mas também como o ator pode, por sua vez, influenciá-lo.

II. A HISTÓRIA DO DRAMA

Essas palestras devem começar no segundo período letivo do primeiro ano e contemplar o drama:

- nos períodos grego, romano e medieval;
- na Inglaterra elisabetana e jacobina;
- no Primeiro Renascimento e no Renascimento Tardio;
- na *Commedia dell'Arte*;
- no século da Restauração e no século XVIII;
- no final do século XIX e início do XX;
- no teatro chinês e japonês;
- no final do século XX.

III. OS FIGURINOS, COSTUMES, MODOS E AS ARTES DOS PRINCIPAIS PERÍODOS TEATRAIS

O objetivo é trazer uma determinada época à vida por meio do estudo de exemplos concretos, ilustrações e materiais audiovisuais, que apresentam o estilo de vida geral daquele período, conforme revelado em suas pinturas, esculturas, arquitetura, música e estilos de roupa. Seus conceitos sociais e políticos também devem ser examinados

Não devemos nos esquecer de introduzir nessa série a sociedade de hoje e a do passado recente. Tenho ficado frequentemente impressionado com o fato de que os alunos, por vezes, parecem saber mais sobre o final do século XIX, por exemplo, do que sobre a vida de vinte anos atrás.

Tudo isso pode ser feito de forma significativa apenas pelo magnetismo pessoal de um palestrante que tenha a capacidade de evocar a vitalidade verdadeira de uma era para os alunos-atores.

Parece importante mencionar aqui que este trabalho não precisa ser feito em ordem cronológica, mas em relação à sequência dos projetos das peças ensaiadas.

IV. DOCUMENTAÇÃO PICTÓRICA

Esta fase do trabalho deve começar com uma conversa informal com o diretor da peça, sendo acompanhada por uma apresentação de documentos pictóricos relacionados ao período específico da peça a ser ensaiada.

Tal apresentação deve consistir em fotografias de arquitetura, reproduções de pinturas, gravuras de moda e design de figurinos, trajes e adereços reais – bengalas, leques, sapatos, lenços – e acessórios como taças e armas, bem como peças típicas de mobília. Às vezes é útil incluir alguns itens do período precedente imediato, itens que condicionam e configuram os movimentos do ator, de modo que o aluno tenha ideia da evolução contínua da moda e dos móveis; por exemplo, a mudança na moda dos sapatos masculinos do início do século XVII até a última parte do mesmo século.

A seleção dos materiais a serem exibidos deve ser orientada pelo seguinte princípio: nosso objetivo é apresentar ao aluno, da maneira a mais acurada possível, o estado de espírito e o modo de vida essenciais de uma dada época.

Disso conclui-se que desejamos:

- mostrar o verdadeiro estilo – a cristalização ou essência de um determinado período – de tal maneira que os objetos expostos façam com que o período ganhe vida na imaginação do aluno. Como as exposições podem tornar-se difusas e, portanto, desconcertantes, deve-se evitar que lhe sejam mostrados itens demais;
- estimular a imaginação criativa do aluno. Para fazer isso, insistimos que os objetos apresentados sejam tirados da vida cotidiana e não do teatro;
- apresentar uma visão global de como o homem se relacionava com seu semelhante, conforme expresso na vida da época. Inevitavelmente, os objetos físicos apresentados aos

estudantes relacionar-se-ão com outras áreas a se considerar, tais como o clima político e social em que existiam.

Mais uma vez, todo o possível deve ser feito para diminuir no aluno-ator seus sentimentos de temor e apreensão no que diz respeito ao estilo.

O professor deve cuidadosamente apresentar aos alunos a melhor maneira de abordar o material pictórico, ao assinalar o que procurar e como encontrar. Por exemplo, no caso de um vestido, sugere-se ao aluno olhar primeiro para a silhueta geral das roupas, para a forma como o penteado era feito em mulheres e homens, o tipo de chapéus que usavam, os adereços que portavam. Em seguida, chamar a atenção para o formato da mobília, particularmente das cadeiras. Então, relacionar as roupas do período ao modo como as pessoas se sentavam nas cadeiras, como se levantavam, caminhavam, e moviam seus braços e mãos. Por fim, examinar os rostos das pessoas nas ilustrações: o que as características faciais nos dizem sobre pessoas de diferentes níveis sociais – a aristocracia, a burguesia, lacaios, serviçais e camponeses – e discutir de que forma tais pessoas diferem ou se assemelham às de hoje.

É sensato progredir lentamente, posto que tudo impingir de uma só vez tende a não ser absorvido de forma adequada. Dê tempo ao aluno para observar com precisão. Mais tarde, nas aulas de exercícios práticos, quando ele próprio realmente vestir um traje, praticar a maneira de sentar-se, de ficar em pé, andar, gesticular e dançar, a imagem desses materiais documentais surgirá aos poucos na sua mente.

Complementando isso, o aluno deve ouvir a música da época, visitar museus e galerias. Ele deve ser incentivado a ler livros acerca do período sem que, mais uma vez, tenhamos a necessidade de "inundá-lo" com eles. O mesmo princípio orientador aplica-se aqui como na seleção de romances lidos no primeiro ano: a seleção tem de ser feita com base no seu valor de material imaginativo para o *ator*. Isso também diz respeito às visitas a museus: estudar cuidadosamente um quadro de um mestre dará ao ator mais discernimento e inspiração do que olhar de relance, em sucessão rápida, muitos quadros.

Artistas como Rafael, Filippo Lippi, Bellini, Pissarro, Uccello, ou Giorgione são fontes particularmente ricas[6].

Esse tipo de pesquisa, com o tempo, torna-se quase uma segunda natureza para o aluno; é algo cujo valor ele perceberá quando der frutos nos ensaios.

Alguns Exercícios Práticos

Para ver como a introdução ao estilo pode estar relacionada com os projetos de diferentes peças, sugiro lidar com um estilo específico. Se foi determinado que no terceiro ano uma comédia da Restauração será realizada no terceiro período letivo, por três ou quatro semanas antes dos ensaios, toda a sequência de palestras, pesquisas dos alunos, exercícios físicos em costumes, danças e assim por diante, será focada no período da Restauração. Se o primeiro período letivo do terceiro ano é dedicado ao ensaio de uma peça realista contemporânea, e o segundo a uma tragédia grega, então, na prática, por volta da metade do período de ensaio da peça realista terá sido iniciado o trabalho preparatório sobre os gregos. Do mesmo modo, no meio dos ensaios da tragédia grega, começará o trabalho preparatório e as pesquisas a respeito do período da Restauração no tocante a questões práticas de estilo.

Será observado que uma parte da prática do estilo se sobrepõe aos ensaios da peça, isto é, acontece simultaneamente nas primeiras duas semanas de ensaios sobre uma peça específica em outro estilo; uma vez que a peça atual esteja bem ensaiada, começa a prática de um estilo inteiramente novo, destinada a preparar o aluno para o projeto de ensaio subsequente.

Tão logo a capacidade imaginativa e os meios expressivos do aluno sejam ampliados e fortalecidos, ele será capaz de manter a gama de virtuosismo físico e entusiasmo requeridos, por exemplo, por uma peça da Restauração.

Como lidamos com a Restauração, gostaria de dar alguns exemplos de exercícios baseados nesse período feitos com os alunos em minhas escolas.

---

[6] À exceção do impressionista francês Camille Pissarro, os artistas são pintores italianos renascentistas.

Uma das características do movimento das pessoas no período da Restauração eram as *curvas*. Para praticar esse tipo de movimento curvo, colocamos várias cadeiras em fila com espaço suficiente entre elas para permitir que as mulheres, que trajam as saias duplas de ensaio, caminhem rapidamente para dentro e para fora, em um padrão serpentino, sem desarrumar as cadeiras. Enquanto executam esse exercício, as alunas devem sentir o balanço e o peso da saia conforme andam. Então, os homens devem fazer o mesmo, serpenteando entre as cadeiras com movimentos rápidos e elegantes, os braços – revestidos de imaginárias mangas elaboradas do período – ligeiramente erguidos, com os cotovelos para fora.

Por volta de 1680, o modo como as mulheres moviam suas cabeças e as mantinham eretas era influenciado pelo *fontange*, uma espécie de toucado composto de várias camadas verticais de renda, usado por cima de um penteado elaborado com longos cachos ondulantes.

O aluno deve entender que não tentamos *imitar* movimentos e costumes de modo puramente histórico, mas procuramos encontrar as *razões* pelas quais as pessoas se comportavam de determinada maneira. Concentramo-nos nessas razões e deixamos que o nosso corpo encontre naturalmente o equilíbrio e a postura apropriados. Uma vez mais, trata-se de uma questão de apoio imaginativo: se o aluno compreende que era costume o homem exibir suas roupas, que isso afetava a posição dos braços em relação à cintura, então a necessidade de executar gestos arredondados e de inclinar a cabeça ficará clara para ele e os movimentos surgirão de modo fácil e gracioso.

O que era dado como certo, habitual, na Restauração ou em qualquer período, tem que ser tornado consciente aos atores contemporâneos. Eles devem passar por um processo de pesquisa imaginativa para descobrir as razões sociais e culturais de tais hábitos, determinar o seu significado e, por fim, experimentar o prazer dessa atividade física.

À medida que essas aulas de estilo prosseguem, os alunos devem aprender danças da Restauração: a gavota, o *bourrée*, a courante e o minueto. O exercício de serpentina é uma boa preparação para o trabalho de dança, pois através dele os alunos começarão a ter noção do ritmo e do andamento, conforme expressado na leveza de movimento. Nas aulas de dança também lidamos com mesuras, reverências e outras formas de saudação.

Utilizamos o período da Restauração como exemplo, mas os fundamentos do comportamento físico são comuns a todas as épocas: as pessoas se sentam, ficam em pé, andam, correm, cumprimentam umas as outras; ambos, cortesãos e camponeses, dançam e cantam.

Aliás, logo que os alunos começarem a usar as roupas de um determinado período e tiverem praticado os movimentos básicos, o material pictórico não lhes será mais mostrado, posto que isso os conduziria da recriação à imitação.

O trabalho do Plano de Fundo Imaginativo reúne todas as outras partes do treinamento, ajuda o ator a assimilá-las e o leva diretamente aos projetos de ensaio das peças, isto é, ao trabalho de interpretação.

Muitos de nossos exercícios preparatórios fazem uso da habilidade crescente do aluno para improvisar com ou sem palavras. A improvisação desempenha um papel crucial em nosso trabalho do estilo. Se há uma maneira realista de improvisar, como a desenvolvida por Stanislávski, então deve haver outra para a comédia e ainda uma terceira para a preparação de peças clássicas de grande estilo poético.

Para concluir: primeiro descobrimos o estilo de um período por meio da vida física real da época, das palavras que eram usadas e, em seguida, das emoções envolvidas.

Se o estilo é a face da peça, é também a sua alma.

9. Interpretação Silenciosa: Improvisação

Há gestos que possuem uma linguagem, mãos que possuem uma boca e dedos que possuem uma voz.

POETA ROMANO DESCONHECIDO*

Existe uma ideia comumente aceita de que a fala é o início, que é, na verdade, o todo da interpretação, a única maneira de transmitir significado, emoção e caráter. Assumir tal postura seria ignorar completamente a riqueza da expressão física do corpo, e o fato de que ela pode, diversas vezes, transmitir muito mais do que uma elocução. O movimento – o gesto – é meio direto e elementar de expressão; as nossas reações imediatas são quase sempre físicas.

A parte mais fundamental e mais importante de nosso treinamento é a Improvisação.

O que queremos dizer com "Improvisação" e por que atribuímos a ela tanta importância? Acreditamos que por meio dela o aluno descobre por si mesmo a verdadeira essência, a substância real, da interpretação. É aqui que ele encontrará a relação entre a realidade de sua própria vida interior, intelectual e emocional, e a sua expressão física, o meio pelo qual ele pode transmitir essa realidade aos outros. Ele deve, por assim dizer, descobrir *a si mesmo* primeiro e, assim, trazer à tona o

---

* Maurice Sand, em *Masques et bouffons* (1860), atribui esses versos ao quase desconhecido de fato, Nono de Panópolis, helenista egípcio do século v a.C., na sua *Dinisíaca*, poema épico que só perde em extensão para os de Homero (N. da E.).

que estava coberto – pela educação e por outros fatores – e *ousar* mostrá-lo. Isso significa entregar-se *totalmente*.

É durante a Improvisação que o aluno deve, passo a passo, conscientizar-se do que eu gosto de chamar de sua própria "química interior", aquela oscilação entre o subjetivo e o objetivo.

É também aqui que ele pode passar pela experiência do próprio fato de interpretar: isso lhe permitirá conectar seu trabalho de improvisação com o trabalho posterior de interpretação de um texto, usando um para vitalizar o outro. Se, na qualidade de aluno, ele tiver *ampla* experiência nisso, o ator imaginativo jamais se esquecerá da satisfação obtida ao encontrar em si mesmo a essência e os recursos da interpretação. Sua atuação irá se beneficiar profundamente dessa experiência criativa.

Ele irá gradualmente aprender a despertar seu subconsciente de tal forma que possa perder-se, com segurança, na personagem que está criando, sem nunca perder o controle que a concentração e a observação lhe ensinaram. Esse controle, no entanto, só é obtido durante a última parte de seu treinamento, pois requer anos de experiência.

Nós não praticamos a improvisação no seu interesse próprio; ela não está lá para corromper o texto, mas para inventar uma maneira de "desenrolhá-lo".

O aluno terá que aprender como preparar e repetir a cena improvisada do mesmo modo que repete o texto de uma peça quando a interpreta, apresentando-a com espontaneidade total.

O aluno deve igualmente sentir a necessidade de trazer ao texto a mesma atitude criativa que aprendeu no seu trabalho de Improvisação.

A improvisação contribui de modo vital à interpretação: é preciso entender que a improvisação é um canal pelo qual a imaginação flui a fim de alcançar vida na interpretação. A passagem de uma para a outra é muitas vezes uma tarefa difícil que demanda tempo para aprender e aplicar.

O trabalho é árduo na Improvisação porque tudo depende da coragem, iniciativa e inventividade do jovem ator. Em contraste à pesquisa lenta e com tempo determinado, à análise intelectual excessivamente pormenorizada – a audácia, a euforia interior e, às vezes, mesmo o excesso, podem colocar a imaginação dramática do aluno em um tipo de oscilação que irá movê-lo para uma zona mais propícia à interpretação dos grandes estilos. O jovem ator deve ser ajudado a descobrir, por conta própria, o mundo da improvisação e ser encorajado a amá-lo e dominá-lo.

O desenvolvimento das faculdades de expressão física do aluno é de imensa importância. Aprender como pensar, como falar, com o corpo e todo o ser, como inventar um alfabeto de linguagem física e comunicar tal linguagem aos outros, é a parte verdadeiramente criativa da arte do ator.

As companhias da *Commedia dell'Arte* consistiam de atores altamente treinados que eram capazes de falar com cada parte de seu corpo, numa grande variedade de gestos. Uma famosa companhia italiana contemporânea, o Piccolo Teatro de Milão[1], desenvolveu essa tradição à perfeição. Lembro-me de ter visto um de seus atores falando literalmente com os pés, ao responder uma pergunta à qual não estava disposto a dar uma resposta verbal! Outro ator, em um crescente estado de fúria e confusão total, começou a gaguejar e resmungar até que finalmente deu um grande salto no ar, no auge de sua raiva e exasperação impotentes.

Entretanto, não é suficiente *usar* o gesto, este deve ser habitado por um pensamento; gestos não revestidos de pensamentos são vazios e destituídos de significado.

É somente a partir de dentro de si mesmo, e apenas por meio de uma inspirada ação *física*, extraída de recursos internos, que a personagem finalmente irá nascer.

O trabalho de Improvisação é o momento decisivo no treinamento; é a etapa mais importante no desenvolvimento da imaginação criativa, das aptidões mentais e físicas do ator.

---

[1] O Piccolo Teatro foi fundado em 1947 por Giorgio Strehler (1921-1997) e Paolo Grassi (1919-1981) com o objetivo de renovar o teatro italiano, cujas práticas haviam se estagnado no século XIX. Strehler, que se tornou o primeiro diretor moderno da Itália, foi influenciado pelo estilo de produção de Jacques Copeau, com sua ênfase no movimento. O repertório eclético do Piccolo Teatro era composto das melhores peças italianas, dramas clássicos e ocidentais modernos e de novos trabalhos ocasionais. Sua produção mais célebre foi Il Servitore di Dui Padroni (Arlequim, o Servidor de Dois Amos), de Goldoni, na qual Strehler e seus atores exploraram as convenções da *Commedia dell'Arte*.

ALGUMAS CONSIDERAÇÕES GERAIS

A improvisação libera a inventividade do ator e o incita a alcançar um grau de excelência em seu trabalho interpretativo que só um artista criativo pode alcançar.

Desde o início deste século os métodos de treinamento de atores foram submetidos a constantes mudanças até a improvisação ocupar, no presente momento, uma posição central. A ela atribui-se a responsabilidade pelas mudanças mais dinâmicas do ensino de voz e movimento. No início deste século, o ensino tendia a restringir o ator ao colocar ênfase demais em uma rotina, formadora de hábito, de dicção, elocução, declamação, de estudos *literários* de textos, e da "Arte do Gesto e da Postura". Mas, ao romper a subserviência do ator à palavra escrita, a improvisação encontrou a maneira de libertar tais disciplinas técnicas, a fim de instigar uma forma mais inventiva de "trazer vida" à peça.

Hoje em dia, além dessas disciplinas técnicas, as quais podem ser enriquecidas se mantidas de maneira flexível, além do tratamento do texto, que é a área de interpretação, o aluno-ator vê diante de si um campo amplo e não cultivado, aparentemente sem limites e, por conseguinte, um pouco ameaçador. Esse é o domínio da improvisação; sua fertilidade depende totalmente da iniciativa, seletividade e disciplina de cada ator.

INTERPRETAÇÃO É AÇÃO

Por meio da prática de ações variadas, selecionadas inicialmente da vida e depois transpostas progressivamente ao mundo da inventividade do teatro, o aluno descobre a existência de uma vida interior, cuja expressão física produz a *interpretação*. Por meio de exercícios práticos, o aluno descobre dentro de si as fontes de energia criativa que, quando devidamente equilibradas, ajudarão a tornar a sua interpretação autêntica, imediata, controlada e livre.

Indubitavelmente, o teatro em sua essência não se limita ao texto escrito. É, portanto, legítimo e prático não utilizar textos em primeiro lugar, para que o iniciante possa experimentar melhor a sua própria potencialidade criativa. O leitor se lembrará de nossa discussão precedente sobre o ator/criador e o ator/intérprete: todos os atores devem começar com a atitude criativa, imaginativa do ator/criador, embora a maioria deles se torne ator/intérprete.

Queremos trazer à existência um intérprete que possa abranger todos os aspectos do drama, todas as suas distintas manifestações em cada país e em cada grande período histórico. Tomo a liberdade de insistir nesse ponto, a fim de evitar possíveis mal-entendidos e confusões: visamos a mestria de cada estilo. A forma de trabalhar com a improvisação rumo à interpretação da madame Ranevskaya, de Tchékhov, não é idêntica àquela que leva a Julieta ou a Macbeth, a Electra ou a Édipo. O que almejamos é um tipo diferente de improvisação para cada estilo diferente.

Aptidões físicas e aptidões mentais e de espírito coexistem, é claro, lado a lado. No entanto, no início do treinamento, a fim de simplificar as coisas em um âmbito que pode, com facilidade, tornar-se desconcertante, penso que seja sensato dar prioridade, temporariamente, ao desenvolvimento do físico.

Por que desenvolver primeiro o aspecto físico? Na verdade, não temos escolha. O aluno tem um instrumento à disposição que ainda não recebe nem expressa impulsos imaginativos de forma adequada. Tudo começa a partir do corpo ou passa por ele. É, portanto, essencial que ele, conscientemente, desenvolva esse aspecto em primeiro lugar. Em paralelo ao trabalho básico de movimento, o aluno usará suas primeiras aulas de Improvisação para conscientizar-se de seu corpo como meio de expressão. Além disso, começará a conhecer seu corpo como a força energizante e reguladora do espírito e das emoções. Porém, ele descobrirá também que o corpo é inerte se a corrente imaginativa não fluir dentro dele. Notará que nada de verdadeiro pode ser expresso ou realizado a menos que um estado de relaxamento seja criado, que em si depende de um estado de bem-estar físico. Finalmente, o equilíbrio e a harmonia permeiam o ser do ator – mas isso não se alcança em um dia.

As primeiras etapas do treinamento são dedicadas a tais descobertas básicas. O aluno também tenta organizar as inúmeras impressões fragmentadas que recebe, a fim de descobrir de onde os impulsos se originam, para selecionar, de uma profusão de imagens, as que são essenciais à continuidade da ação. Ao localizar o centro da expressão física, ele aprende a fazer com que o impulso expressivo alimente o corpo inteiro.

FORMAS E MEIOS DE TRABALHO

Durante todo o primeiro ano de treinamento, a ênfase principal é na Improvisação Silenciosa: duas horas por dia são dedicadas a ela, logo após uma hora de Movimento. O aluno aprende a atuar pela improvisação; essas são suas primeiras aulas de interpretação.

Esse trabalho inicial é feito individualmente, em sala de aula; em fases posteriores, pode ser praticado em grupos de duas ou, no máximo, três pessoas.

Para as aulas de Improvisação o aluno está vestido como nas aulas de Movimento: pernas, ombros, braços e pescoço os mais nus possível. Ele trabalha não só sem cenário, mas também sem móveis ou adereços, embora possa usar banquetas leves, movidas com facilidade. Deve encontrar uma maneira física para que os outros "vejam" todos os objetos inexistentes nos quais a ação de sua improvisação se baseia e, ao mesmo tempo, adquirir o controle preciso da expressão de seu corpo no vazio do espaço.

O sucesso dos esforços do aluno dependerá de sua imaginação, observação, concentração e de seu controle do espaço. Ele não pode "pregar peças" com figurinos e mobília, assim como não lhe será permitido, mais tarde, brincar com o texto. Existe um vazio implacável em toda parte, que impede o aluno de se esconder atrás de roupas, cortinas ou móveis. Ele precisa encontrar o meio físico de expressar uma determinada ação em termos perfeitamente claros e explícitos.

Ele deve possuir uma linguagem corporal e a descoberta dela está intrinsecamente relacionada ao desenvolvimento de sua técnica física: a capacidade de relaxar o corpo inteiro ou partes específicas do mesmo, a fim de manter o equilíbrio em posições incômodas, contrair os músculos repentina e voluntariamente, para reunir a energia no centro do corpo, de onde pode ser liberada. Em suma, o aluno deve estar constantemente em estado de *disponibilidade* física, para que possa entrar em ação a qualquer momento.

Esse treinamento é rigoroso e de tal importância que, se o aluno não reagir a esse trabalho, deve ser solicitado a sair da escola no final do primeiro ano.

O ALUNO EM AÇÃO COMO ELE PRÓPRIO

Pode ser útil descrever aqui os elementos básicos na progressão do trabalho de improvisação.

No início, pede-se ao aluno que apresente apenas as atividades elementares da vida cotidiana com as quais está familiarizado a partir de sua própria experiência pessoal. O aluno não inventa personagens; deve ser ele próprio. Ele apresenta a normalidade da vida, mas há margem suficiente para a inventividade. Por causa da ausência de objetos reais, o aluno é obrigado a encontrar os meios físicos de apresentar a verdadeira realidade. Mas ela deve ser fielmente apresentada. Se o ator está tomando o café da manhã, a mesa não existente deve estar a uma altura constante a partir do chão aos olhos da imaginação. É preciso reconhecer se o ator come ovos ou torradas com geleia, se o que bebe é quente ou frio. Esses se tornam exercícios de observação, invenção e controle.

O professor dá ao aluno o seu tema, mas a inventividade da ação precisa, o modo pelo qual ele mostrará a ação no espaço, a maneira pela qual ele confere realidade a ela – todos esses problemas devem ser resolvidos pelo aluno. No início, o espaço vazio da sala de ensaios torna esse trabalho muito difícil para o aluno; ele precisará de alguma ajuda e de incentivo do seu professor.

A imaginação dramática do aluno, até o momento, está em um estado relativamente rudimentar, mas entrará em jogo e modificará a representação física da ação quando circunstâncias externas específicas e, mais tarde, diversos estados de espírito, forem sugeridos ao aluno. Essa nova fase fará com que ele sinta a interdependência de uma ideia e sua expressão física, sem nenhuma referência ainda à psicologia da personagem.

Para muitos alunos, essa fase cria dificuldades de enormes proporções; coloca-os face a face com exigências aparentemente contraditórias acerca de seus sentimentos e da expressão deles. A precisão da ação física é constantemente requerida, mesmo quando o ritmo da ação é complicado por novos estados de espírito ou mudanças de emoções que vêm à tona.

Para ajudar a manter essa precisão, alguns exercícios complementares devem ser introduzidos. Eles envolvem um retorno à observação do mundo real, a utilização de memórias, e o trabalho do ritmo e do espaço cênico. Tudo isso é feito a fim de nutrir a ação física e evitar que se recorra a clichês, artificialidade, ou uso de concentração excessiva, que podem paralisar a expressão.

OCUPAÇÕES

O objetivo aqui é observar diferentes tipos físicos e apresentar as ações características de um determinado ofício ou profissão

Até agora, o aluno fez todos os seus exercícios sem tentar apresentar outra personagem a não ser ele mesmo; suas observações foram acerca de si próprio, nas situações normais da vida cotidiana. Nessa nova fase, requer-se que ele observe e mostre movimentos profissionais característicos de vários ofícios: cabeleireiros, alfaiates ou costureiras, mecânicos, garçons ou garçonetes. Ainda não é uma questão de seres humanos específicos e, ainda assim, ao trabalhar em uma determinada "profissão", ocorre uma mudança física no aluno que, de forma significativa, o reconfigura. É importante que os gestos e atitudes do ofício sejam especificamente observados e compreendidos, apresentados na improvisação sem o auxílio de objetos reais, e que sejam próprios de um homem ou de uma mulher em uma única ocupação, e em nenhuma outra. Esse exercício faz com que o aluno capte a essência do modo em que o profissional se movimenta em seu trabalho; uma maneira de movimentar-se que pode significar virtuosidade. Mas o que é apresentado deve ser absolutamente real, tanto para o ator como para a plateia.

Tão logo o aluno tenha praticado e seja capaz de apresentar os movimentos característicos do ofício, ele deve ser solicitado a fazer o mesmo de novo, adicionando alguns elementos claramente definidos:

- o *lugar* onde está;
- uma vez definido isso, ele deve adicionar um estado de espírito específico em que se encontra, procurando observar como isso afeta o seu ritmo;
- então, ele deve fazer o mesmo exercício no mesmo lugar e com o mesmo estado de espírito, mas adicionar um *incidente* que deve alterar o seu humor e, consequentemente, o seu ritmo. Ele pode tentar humores diferentes e ver como estes afetam suas ações e ritmos de distintas maneiras.

O professor deve interromper o exercício caso perceba que isso está conduzindo o aluno a uma espécie de teatralidade autoimposta, destituída de verdade.

É preciso que tais exercícios permaneçam no âmbito de uma grande simplicidade e eles têm que ser muito curtos – nunca ultrapassar um período de seis a dez minutos.

CENA

> *O objetivo aqui é aprender a construir uma cena e repeti-la muitas vezes, mantendo-a viva e espontânea.*

Passamos agora às improvisações mais complexas. Embora o tema seja estipulado pelo professor, cabe à própria inventividade do aluno descobrir a melhor maneira de compor uma cena. Ele aprende a colocar a ação no palco e a planejar a duração de cada parte; como manter viva a cena improvisada, como preservá-la e torná-la espontânea a cada vez que se repete.

Um erro muitas vezes cometido em relação à improvisação é pensar que as pessoas improvisam tudo na frente de uma plateia. Isso simplesmente não é verdade. Elas não o fazem. Os melhores comediantes, como Sid Field[2], ensaiam suas improvisações por tanto tempo como atores ensaiam uma peça, ou a cena de uma peça – até chegar o momento em que tudo esteja definido. Ao "definir" tudo, eles têm a liberdade de improvisar em detalhe

---

2 Sid Field (1904-1950), aclamado comediante britânico do *music-hall*. Em vez de contar piadas, criou uma diversidade de personagens. Saint-Denis ficou impressionado com sua capacidade de interpretação cômica.

no âmbito de sua cena. Então, são livres para renovar seu sentimento e manter a atuação constantemente espontânea.

O professor e o aluno devem começar analisando o tema escolhido, para assegurar que o material seja propício para o exercício de tal cena. Uma completa *realidade visível* tem de ser convincentemente expressa no ritmo da vida sobre o palco.

O aluno logo descobrirá o prazer de ser capaz de tornar visível o mundo invisível, por meio do movimento.

O objetivo dessa improvisação é aprender a observar a realidade, não de modo superficial, mas em profundidade, a fim de dar ao aluno o hábito, desde o princípio, de evocar a realidade através da memória que tem dela. Essa observação profunda ajudará a sua inventividade e estará prontamente disponível quando, mais tarde, ele apelar para ela em seu trabalho.

Observo a necessidade de certa quantidade de trabalho preparatório antes de começar a "ensaiar" a cena. O aluno deve se perguntar:

- como marcar a cena?
- quais são as circunstâncias precisas?
- onde elas acontecem?
- qual é o estado de espírito?
- como a ação se desenvolve?

O aluno deve, então, trabalhar separadamente cada parte distinta de sua cena. O professor vai auxiliá-lo apenas em resposta a dificuldades específicas, sem explicar demais, sem discorrer longamente acerca de teorias que possam fatigar a mente do aluno. Em suma, ele deve tomar cuidado para não perturbar a experiência imediata e inibir o prazer do aluno pelo trabalho.

Ao contrário do que foi dito sobre o comediante experiente, o aluno deve estar seguro de todas as partes de sua cena antes de juntá-las, sem defini-las demais, mantendo a flexibilidade.

Uma vez que a cena esteja bem ensaiada e apresentada tanto ao professor quanto a alguns colegas, o aluno irá repassar a cena, cortar algumas coisas e aprimorar outras; em geral, deve se certificar de que as várias partes funcionam. Ele começará a compreender o que o ensaio significa; aprenderá como repetir algo inúmeras vezes, sempre na tentativa de encontrar maneiras de renovar a si mesmo e de resgatar a sua primeira alegria da descoberta.

Fazendo isso, ele se defrontará com alguns dos principais problemas da interpretação; ao tentar resolvê-los, também aprenderá algo sobre a construção de uma peça e de cenas de uma peça.

A ABORDAGEM DO PROFESSOR

> *O ensino imaginativo não consiste em dizer a alguém o que fazer, mas em orientá-lo a experimentar. Isso continua ao longo das diferentes fases da evolução do treinamento, abrindo perspectivas cada vez mais amplas para o aluno.*

Este é um bom momento para fazer uma pausa e analisar a abordagem do professor no tocante ao treinamento. Ele deve estar preparado para ajudar o aluno a qualquer momento, mas não rapido demais. Durante essa primeira fase do trabalho de Improvisação Silenciosa, o aluno trabalha para si mesmo; ele não está, de maneira alguma, preocupado em representar. Os alunos têm de ser incentivados a assistir e criticar mutuamente seus trabalhos, mas de modo construtivo e útil. Com frequência, alunos iniciantes que assistem improvisações silenciosas deixam-se levar por sua própria imaginação e criticam o que *imaginam* ver, e não o que *realmente* estão vendo.

Como outros professores irão assistir a essas aulas de vez em quando, é natural que o aluno se imagine sob constante escrutínio. No entanto, ele deve ser lembrado que, naquele momento, está trabalhando apenas para si mesmo. Com o tempo, verá que as dificuldades as quais enfrenta, embora sejam suas próprias, na verdade são as dificuldades básicas da interpretação.

Com a progressão dos trabalhos tais dificuldades aumentam. À medida que o aluno acrescenta variações de circunstâncias e estados de espírito às suas cenas, descobrirá que a mera imitação é inadequada. Ele começará a sentir a necessidade de se concentrar dentro de si mesmo e descobrirá que seu trabalho deve ser baseado em sua *própria* experiência de vida, isto é, basear-se na memória alimentada por *todos* os seus sentidos. Ele deve desenvolver igualmente o hábito constante de observar os outros. É aqui que a codificação de Stanislávski pode ser muito útil, desde que o jargão-vocabulário que cresceu em torno de seu trabalho seja evitado e os elementos de seu sistema selecionados de acordo com as necessidades particulares de cada indivíduo.

Espera-se uma postura gentil, porém implacável, do professor, exigindo de todos observação acurada e sinceridade total em seu trabalho. Clichês e atalhos em relação a efeitos teatrais devem ser erradicados. Entretanto, a originalidade, sem extravagância, merece ser cultivada.

TRANSFORMAÇÃO

> *O ator tem apenas a si mesmo como instrumento.*
> *A partir de si próprio ele deve aprender a modificar*
> *esse eu e tornar visível a transformação.*

Um dos maiores atores de nossos tempos, Laurence Olivier, tem a facilidade espantosa e a habilidade de transformar-se de um papel a outro. Ele pode aparentar ser alto ou baixo, gordo ou magro, tornar-se velho ou jovem. Seu corpo encolhe ou alonga de acordo com o papel que tem que representar. Tudo isso ele realiza pelo mero controle físico.

E depois há Alec Guinness[3], o qual possui grandes poderes de transformação, particularmente evidentes em seus inúmeros filmes. Ele fica muitas vezes absolutamente irreconhecível.

Dizia-se que Eleonora Duse[4] tinha essa aptidão incrível de transformar-se quando atuava. Ela tornava-se o que quer que o papel interpretado dela exigisse. Era bonita, mas podia ser feia; conseguia tornar-se alta ou pequena, jovem ou velha, leve ou pesada. Possuía tal domínio de seus músculos e nervos, de todo o seu corpo, que este obedecia à menor das suas intenções. A técnica não era notada. Ela poderia ir de um lado a outro do

---

3 Alec Guinness (1914-2000), ator característico de grande versatilidade, competente tanto na comédia quanto na tragédia. Saint-Denis o dirigiu em *Noé*, em *A Bruxa de Edmonton* e na produção de1939 de *O Jardim das Cerejeiras*, a qual foi interrompida devido à eclosão da Segunda Guerra Mundial. Guinness apareceu frequentemente em filmes, bem como na televisão.
4 Eleonora Duse (1858-1924), grande atriz italiana que alcançou fama mundial por meio de suas constantes turnês. Era notável pela veracidade sutil de seu estilo de interpretar, que diferia de outras estrelas de sua época, cujos desempenhos eram, muitas vezes, extravagantes, forçados e histriônicos.

palco, flutuando, a ponto de as pessoas se perguntarem como havia chegado ali.

Para a maioria dos atores, sua própria natureza vem em primeiro lugar, mas com Duse era diferente – sua "natureza" desaparecia e ela se tornava completamente a criatura do dramatista.

Escrevo a respeito dessas três pessoas extraordinárias no intuito de assinalar por que atribuímos tanta importância a essa nova fase de nosso treinamento.

O ator que pode modificar o seu eu físico será capaz de abordar um papel por meio de imagens *físicas* e, em seguida, enriquecido por isso, ser capaz de penetrar totalmente no texto. A capacidade de transformar a si mesmo leva à criação de uma personagem com traços distintivos, em vez de apenas à apresentação de uma pessoa – o ator – em um papel específico.

De início, o aluno é solicitado a encontrar maneiras de transformar-se em uma pessoa cujo caráter, temperamento e físico estão tão longe quanto possível do seu próprio, e a passar uma impressão convincente desse tipo físico específico. A escolha do tema para essa transformação depende da natureza e do temperamento de cada aluno. Por exemplo, se ele for baixo, deve tentar fazer-se alto; se magro, tornar-se gordo; se delicado, cheio de entusiamo e energia; se nervoso, letárgico. Ele não precisa manter a transformação por mais de cinco minutos, mas deve fazê-la sem o auxílio de figurino, enchimento, adereços ou maquiagem. O aluno não deve tentar a transformação por meio do intelecto, mas apenas *torná-la visível*.

Ele então escolhe vários humores e circunstâncias externas que sejam significativas para o tipo físico escolhido e trabalha a transformação sob essas condições: uma pessoa gorda em um dia quente, uma pessoa gorda que se abaixa para amarrar os sapatos, uma pessoa gorda que sobe no ônibus.

O aluno pode experimentar duas formas opostas de realizar a transformação: algumas vezes, a partir do físico, trabalha a aparência e o comportamento que ele imagina pertencer ao seu tipo escolhido e desenvolve suas ações a partir daí; outras vezes, partindo de um sentimento interior, ele se concentra nas características dessa nova personalidade que está criando em si mesmo, até que possa traduzi-la em sua expressão exterior. Ele decidirá qual forma de trabalho lhe parece mais proveitosa, mas não deve tirar conclusões rígidas e rápidas. Não deve jamais converter *nada* à rotina.

Mais tarde, o aluno será solicitado a trabalhar com personagens específicas de peças escritas em diferentes estilos, os quais exigem versatilidade ao lidar com uma grande variedade de transformações.

Há muitos exercícios que podem auxiliar o aluno a realizar a transformação física de sua forma ao mesmo tempo que criam um estado de espírito que irá caracterizar o seu comportamento:

- a partir de si mesmo, o aluno faz um exercício de calçar as meias e os sapatos de manhã;
- então, como a personagem a ser interpretada por ele, por exemplo, sir Peter Teazle, de *The School for Scandal* (A Escola do Escândalo)[5], calçaria os sapatos se fosse representada como uma personagem gorda? Seus sapatos teriam saltos altos vermelhos e fivelas; como ela lidaria com eles? Como ela lida com o casaco, em sua forma elaborada, as mangas bordadas com punhos de renda?
- ou, como o Tio Vânia, de Tchékhov, calçaria seus sapatos, ou vestiria o seu casaco? De que maneira o faria em distintos estados de humor?
- aqui, uma vez mais, o aluno deve começar a partir de si mesmo e de seus próprios hábitos. Aos poucos, porém, o homem que usa um jeans apertado, um suéter de gola polo e pesadas botas de neve todas as manhãs, será capaz de adaptar os seus movimentos diários ao que é necessário para vestir a personagem – a qual terá que interpretar em uma peça –, com precisão e de modo convincente.

Tais exercícios podem parecer simples, mas são difíceis de executar. O objetivo é conseguir realizar uma grande variedade de transformações.

---

5   *A Escola do Escândalo*, de Richard Sheridan, foi produzida pela primeira vez em 1777. As peças espirituosas de Sheridan recordam a comédia de costumes da Restauração, do século XVII. No entanto, em uma era mais burguesa, a moralidade de suas peças foi, por necessidade, mais convencional. *A Escola do Escândalo* trata da vida, dos amores e dos pontos fracos da aristocracia. *Sir* Peter Teazle é um homem velho, desnorteado pela sua jovem esposa.

É óbvio que a transformação possui muitas outras facetas. Um corpo pode encolher ou se transformar em um enorme monstro de alguma espécie. Pode-se fazer uso de apenas uma parte do corpo, como uma perna, um braço ou a mão e os dedos, e transformá-la no que quer que a imaginação dite. Pode-se inventar uma cena na qual o aluno começa como um objeto inanimado, depois se torna um ser humano similar em forma e, finalmente, se transforma novamente em um objeto inanimado.

Certa vez um de meus alunos elaborou uma cena na qual transformava um objeto imaginário em uma série de coisas diferentes. No começo, ele se divertiu com uma corda imaginária, em uma espécie de brincadeira. Em seguida, a corda pareceu se transformar em uma serpente que tentava cercá-lo. Depois, novamente, voltava a ser a corda. O pavor que sentira ao encontrar a serpente fizera com escalasse pela corda, a fim de escapar da serpente – para descobrir que a extremidade superior da corda tinha se transformado de novo na cabeça da serpente; depois disso deslizou pela corda e recomeçou a brincar com ela.

Há infinitas possibilidades de inventividade. Um objetivo importante do treinamento é fazer com que o aluno desenvolva as habilidades imaginativas físicas pelas quais as transformações podem ser realizadas. Tais habilidades são deveras enriquecedoras e muito necessárias para a profissão.

ANIMAIS

> *D.W. Griffith aconselhou-me a observar os animais, tanto quanto as pessoas, para tentar descobrir como se comunicam entre si – sem palavras.*
>
> LILIAN GISH[6]

Essa série de exercícios permite as mais completas e impressionantes transformações, que vão muito além da modificação

---

6 D.W.Griffith (1875-1948), famoso e inventivo diretor americano de filmes mudos. Lillian Gish (1893-1993), que na maioria das vezes trabalhou sob a direção de Griffith, ficou primeiramente conhecida nos filmes mudos por sua beleza e habilidade interpretativa. Ela desenvolveu um estilo de atuar melodramático e emocionalmente verdadeiro, que era especialmente adequado para filmes mudos. Em anos posteriores, trabalhou em filmes sonoros e na televisão como atriz característica.

física do eu, e obrigam o aluno a explorar regiões desconhecidas de sua imaginação. Tais exercícios transformam o aluno em algo muito distante de si mesmo o que, muitas vezes, pode exercer influência marcante sobre o seu trabalho posterior.

Para que o exercício seja bem-sucedido e útil, a escolha do animal é crucial. De acordo com sua natureza e temperamento, o aluno, com a ajuda do professor, escolhe um animal com o qual sente alguma afinidade, não aquele que possa perturbá-lo emocionalmente.

Para iniciar esse trabalho de transformar o seu corpo, o aluno começa pela observação precisa do animal escolhido ou ativando sua memória dos animais que viu. Ele não deve reduzir essas informações ao óbvio, mas *selecionar* aqueles elementos que podem causar efeito no palco e capturar o temperamento, a essência do animal. Não é recomendável *tentar ser* o animal de forma abstrata, mas ter a sensação do animal em seu corpo e *prestar-se* a ele.

Pede-se ao aluno que escolha uma determinada ação e humor naturais do animal. A ação deve ser simples; atravessar a sala de uma ponta à outra é suficiente.

Ele deve trabalhar de modo detalhado para estabelecer a sua transformação *física*: como esse animal fica de pé? Ou como corre? Que tipo de humor pode ser atribuído a ele? Onde ele vive? O aluno passa a decidir a ação e a esboçar os movimentos com leveza. Se fizer um animal de quatro patas, por exemplo, um cavalo, ele deve sincronizar os movimentos das quatro patas enquanto caminha ou trota, procura explorar a forma em que o cavalo sustenta e move a cabeça, como, de fato, o cavalo relincha.

Não é necessário representar tais animais ficando de gatinhas; às vezes, eles são representados melhor sobre duas pernas, como certa vez eu vi uma aluna interpretar uma vaca. De pé, o torso ligeiramente curvado para frente e os braços pendurados, a aluna demonstrou a vaca, fazendo uma espécie de comentário sobre o corpo dela: o jeito em que espantava os insetos com um movimento da cabeça; o modo como mastigava ruidosamente a comida, com um olhar parado. A vaca era totalmente crível.

Exercícios de animais permitem as mais completas e surpreendentes transformações, porque os animais são tangíveis e muito distintos da natureza humana. Tudo correrá bem se a escolha do animal for correta e se a concentração do aluno, embora intensa e focada, permanecer leve.

Estamos, na verdade, estendendo o conceito de concentração de Stanislávski ao seu limite. O realismo é o resultado lógico dessa concentração. Nesse exercício, contudo, passamos muito além do realismo.

OS ANIMADORES

> *Aquele que não estiver interessado no teatro e tampouco no circo, não é cristão ou pagão – mas um tolo.*
>
> GEORGE BERNARD SHAW

Nesta nova fase o aluno se servirá de *performers* – o universo do entretenimento –, para investigar outro tipo de transformação que pode auxiliá-lo a tornar-se um artista versátil. Talvez não se trate de transformações no sentido estrito do termo, mas certamente elas estão relacionadas.

No teatro, o ator retrata uma personagem. O ator deve torná-la plausível para nós; temos que acreditar na personagem e nos identificarmos com ela. O ator não se apresenta no mesmo sentido em que o faz, por exemplo, o artista de circo, o mágico, ou o animador (*entertainer*) do *music-hall*. Os presentes exercícios conferem ao aluno-ator a oportunidade de estudar as pessoas que atuam em outro tipo de dimensão teatral.

Esse trabalho é introduzido no momento em que a imaginação do aluno começa a libertar-se, e quando ele começa a aprender algo acerca da projeção. O aluno deve partir de sua existência interior, com mais veemência do que nunca, porém ele é tirado disso pelas exigências das ações especializadas dos animadores, ações que transcendem os limites da vida normal e demandam uma espécie de virtuosismo.

Observação, concentração, imaginação, habilidade física e ritmo – todos eles são postos para trabalhar aqui, em um mundo de gravidade deveras específica, distinta do mundo real. O aluno se prepara agora para criar um mundo de ficção. "Viver seu papel" não é mais problema dele; ele se afasta da realidade e cria o seu próprio mundo, constituído mais de expressão física e inventividade do que de psicologia. Ao fazer isso, ele exercita a sua capacidade de acreditar no faz-de-conta e desenvolve a habilidade de *tornar* a sua crença verossímil.

O trabalho do aluno torna-se mais complexo. É possível que ele "viva" a sua apresentação de uma ocupação comum, mas isso não é viável no reino dos *entertainers*. Aqui, o objetivo do aluno é passar a impressão da realidade nas suas apresentações como intérprete, cuja arte exige grande virtuosismo técnico, que ele provavelmente não possui, mas que, com a ajuda da ilusão, pode sugerir de forma convincente. Acurácia de observação, concentração e sinceridade não são mais suficientes. Um elemento de fantasia, quase mágico, invade agora a realidade e isso deve dar ao aluno uma sensação de euforia. Ele é solicitado a representar a maior variedade possível de animadores.

Às vezes o seu entusiasmado por esse mundo de ilusão o pressionará a uma transformação que excederá seus limites verossímeis. Em uma situação de aprendizado, no entanto, muitas vezes é mais valioso ir além dos limites do que não ter a coragem de fazê-lo.

A progressão do trabalho deve ser a seguinte:

- o tipo específico de artista é escolhido e suas características e "ferramentas", se houver, determinadas;
- então, deve-se decidir o lugar: um circo, um teatro de variedades *music hall*, uma feira ao ar livre;
- o humor particular do artista é escolhido;
- o plano de ação e a cena, concebidos;
- a cena completa, ensaiada.

Estabelecer o caráter do animador deve ser o primeiro propósito do trabalho, uma vez que todo o resto é condicionado por ele. O aluno, então, trabalha objetivamente e com tranquilidade, as diferentes partes de sua cena, em sessões separadas, sem definir as partes prematuramente, pois, se ficar muito comprometido com o seu plano, poderá limitar o fluxo de sua inventividade. Somente quando todos os detalhes do caráter, do local, do humor e da ação forem determinados, o aluno deve montar a sua cena e começar a ensaiá-la.

A seguir, uma cena montada por um dos meus alunos:

- um artista que anda na corda bamba, em meio ao seu ato, sonha acordado e pensa ser um pássaro. Ao utilizar a maromba imaginária para lembrar as asas do pássaro, ele alça voo;
- ele prossegue nas ações específicas de voar, encontrando uma maneira de executá-las em passos leves, deslizantes. Esvoaçando de um lado para o outro, girando no ar, desfruta de sua liberdade quando, de repente, se vê de volta à corda bamba, executando sua apresentação rotineira como um equilibrista.

Isso foi como um sonho em uma fração de segundo e totalmente convincente. O observador deve, na verdade, sentir a alegria que a liberdade de voar dá ao animador liberado da rotina do ato circense que executa diariamente.

Nessa cena, o aluno precisa encontrar uma transição entre seu mundo real e seu mundo do sonho, uma maneira de sair e voltar para o ato da corda bamba. Talvez ele acorde de seu devaneio, quase perdendo o equilíbrio na corda. Ou a transição pode ser realizada pela aterrissagem do pássaro no chão. O pássaro sente algo afiado sob seus pés, como a extremidade de uma rocha. Quase perde o equilíbrio; instintivamente, levanta as asas que, quando o executante acorda de seu devaneio, se tornam mais uma vez seus braços, segurando a vara de equilíbrio; ele está de volta à realidade, tentando equilibrar-se sobre a corda bamba. É importante encontrar uma maneira plausível de fazer essa transição em uma fração de segundo, que deve ser imediatamente clara para o observador.

Devaneios prestam-se facilmente a cenas semelhantes e oferecem muitas possibilidades.

O SONHO

> *O objetivo é ir da realidade da vida à realidade do sonho, estendendo assim os limites da imaginação.*

Levamos agora os exercícios de transformação ainda mais para além da realidade cotidiana, para o mundo dos sonhos. Aqui se pode fazer uso de todas as transformações possíveis:

- andar sobre ou através da água;
- transformar-se em fogo;
- andar no ar ou através das nuvens;
- tornar-se uma estrela no firmamento;
- cometer um assassinato;
- tornar-se Alice no País das Maravilhas;
- usar a cena de sonambulismo de Lady Macbeth;
- ter a cena do banquete de *Macbeth* como ponto de partida.

Ao realizar os exercícios de sonho, o aluno deve estabelecer a diferença entre a vida da ação real e a vida da ação do sonho, cada qual com sua lógica particular. Pode-se descrever isso como uma espécie de ginástica, envolvendo dois tipos de realidades. Cabe ao aluno indicar o momento de transição, quando o sonho começa e termina, o que poderia ser feito por uma mudança no ritmo da ação ou na forma em que o corpo se move.

A cena para esse tipo de exercício não deve durar mais de oito ou dez minutos, pois é preciso evitar o risco de concentração excessiva: o sonho pode se tornar um pesadelo se for baseado em um tema muito pessoal e levado longe demais ou por muito tempo. Há um momento em que o fluxo da própria vida interior do ator será liberado pelas exigências objetivas do trabalho à mão, mas se ele se permitir um envolvimento profundo demais, poderá ser conduzido a um tipo de excesso que ele e seu professor podem ter dificuldades de controlar.

Tais exercícios de sonho são extremamente enriquecedores para o ator e deve-se permitir tempo para explorar suas possibilidades.

Estamos agora em um ponto na evolução do ensino em que os temas dos exercícios requerem amplitude considerável de inventividade, imaginação e destreza física. Eles preparam o aluno-ator àqueles estilos que não são naturalistas. No entanto, devemos evitar a noção de que só há uma maneira de prosseguir. Se isso acontecer, corremos o risco de perder o nosso objetivo, que é treinar o aluno a ser o mais criativo possível na interpretação de todos os estilos.

Nessa fase do nosso trabalho enfocamos uma forma que leva a uma liberdade ilimitada da imaginação e a uma espontaneidade poética de atuar.

IMPROVISAÇÃO EM GRUPO

> *O objetivo é ajudar os alunos a se tornarem sensíveis à presença um do outro e conscientes de suas respectivas posições no espaço, para deixá-los saber que atuam em conjunto.*

A Improvisação em Grupo começa no terceiro período letivo, ao mesmo tempo que se inicia o trabalho com as denominadas Máscaras Básicas.

Depois de toda a concentração sobre o trabalho individual nos dois períodos letivos precedentes, agora o sentimento e a ação individuais dão lugar ao sentimento e à ação de grupo. À medida que os relacionamentos entre os membros do grupo se desenvolvem e suas antenas ficam mais sensíveis, os alunos começam a aprender como atuar em *conjunto*, inicialmente em exercícios que envolvem pequenos grupos de dois a três alunos, depois em outros maiores.

Nas fases iniciais do trabalho, o aluno explora dois aspectos principais de sua existência dentro de um grupo. *Primeiro*: como resistir ao instinto de rebanho. Nessa tentativa, ele se conscientiza de que, mesmo dentro de uma multidão, existem relações separadas por meio das quais cada um mantém a sua própria individualidade. *Segundo*: como controlar seus próprios impulsos expressivos, de modo a manter o impacto do grupo, sentindo e reagindo *como uma única pessoa*.

O ator deve, simultaneamente, preservar a sua individualidade e manter a sua responsabilidade frente ao grupo como um todo. Ele contribui individualmente com o *ensemble* sem se impor. Desse modo, concretiza-se a criação de uma expressão de *grupo*, ao passo que antes, no trabalho de Improvisação Silenciosa, a ênfase era calcada quase que inteiramente na criação da expressão individual.

Embora a maior parte desse trabalho gire em torno do desenvolvimento de cenas, ricas e complexas no que concerne ao tema, alguns exercícios preliminares devem ser feitos antes que os alunos possam embarcar em improvisações de grupo *per se*. Tais exercícios preparatórios têm a ver com a utilização do espaço, a memória do espaço, e a transmissão espontânea de sentir por meio de um grupo. Por esse processo, o aluno adquire algo bastante próximo a um sexto sentido, algo bem diferente da lembrança intelectual. Quando se tornarem capazes de sentir o que acontece ao seu redor sem ter que realmente olhar, os alunos saberão com facilidade a sua própria posição no palco e como ela está relacionada aos outros atores. Assim, cessam os pequenos movimentos desnecessários, quase sempre motivados por um senso de desenvolvimento insuficiente do espaço e pela distração da ação central, e o coeso movimento de grupo é alcançado. Com o tempo, todas as mudanças de posição no palco serão feitas por alunos sem nenhuma direção de fora; o ímpeto partirá da sensibilidade estabelecida dentro do grupo.

A seguir, alguns exercícios de grupo preparatórios:

Um grupo de cinco ou seis alunos fica parado, um aluno ao lado do outro, os pés firmemente plantados no chão, os corpos relaxados se tocando levemente, e os olhos *fechados*. Quando se tornam cientes um do outro, lentamente começam a balançar de um lado para o outro, então para trás e para frente, nunca demais para poder manter o equilíbrio. Em breve desenvolverão uma sensação de se tornar "um" e, com essa consciência, o balanço ficará ajustado e suave. Eles permitem que o momento aconteça sem analisá-lo.

Esse exercício requer grande concentração: ele é lento e precisa ser praticado por algum tempo antes que ocorra a fusão dos indivíduos em um todo único.

Uma variação desse exercício é acrescentar um suave sopro ao balanço – que deve soar como o farfalhar de arbustos e árvores movidos pelo vento suave.

Esse exercício, então, pode ser desenvolvido para o que se segue: o grupo oscila delicadamente, enquanto sussurra baixinho; aos poucos, aumenta o volume do sussurrar enquanto continua a balançar. O som segue crescendo, o balanço aumenta, até que o grupo, correndo para frente, espalha-se em forma de leque e para com um grito.

Todas essas mudanças na ação devem ser feitas sem qualquer comando de fora; o ímpeto para elas e os crescendos virão de dentro, tão logo a sensação de unidade seja estabelecida.

Uma variação mais difícil desse exercício ocorre quando o grupo começa a se mover lentamente em uma ou outra direção – ainda com os olhos fechados – sentindo, de alguma forma, um "líder" e seguindo-o.

Outro exercício preparatório poderia ser algo do gênero: um grupo de pessoas está em uma balsa rasa, de fundo chato, e é levado ao longo do rio pelo barqueiro. O grupo irá, em conjunto, ter de demonstrar que todos estão de pé sobre o mesmo objeto em movimento que, suavemente, se move para cima e para baixo, à medida que a balsa avança. O barqueiro dá impulso empurrando a vara comprida da balsa contra o fundo do rio. O solavanco do movimento da balsa dará ao grupo o ritmo de sua ação combinada.

Uma elaboração do exercício acima mencionado pode ser: um pequeno barco a vapor passa pela balsa acima, e as ondas agitadas fazem com que esta balance – o impacto não é nada violento, mas é suficiente para perturbar o equilíbrio das pessoas. É importante que todos reajam às mesmas ondas e ao mesmo tempo.

Depois disso, um barco a vapor maior, que produz ondas mais fortes, pode ser usado. Esse barco, passando bastante perto, assusta um dos passageiros que, perdendo o equilíbrio, compromete o dos outros. O barco começa a balançar perigosamente. Por fim, alguns dos passageiros caem na água. Há aqueles que riem e acham isso engraçado, enquanto outros ficam temerosos.

A seguir, alguns exercícios adicionais em grupo, que têm a ver com os olhos – os olhos que veem a mesma coisa ao mesmo tempo:

- no campo, seguindo um trem em movimento, rumo ao horizonte distante;
- numa pista de pouso, observando um avião fazer acrobacias;
- em uma pista de corrida, vendo os cavalos que correm, passando sucessivas vezes;
- em uma quadra de tênis, mantendo os olhos atentos à bola em movimento.

O objetivo central de todos esses exercícios é trabalhar a ação *combinada*.

Na verdade, o aluno já terá tido alguma experiência desse tipo em suas aulas de Movimento durante o primeiro e o segundo períodos letivos. Nessas aulas, quase tudo é feito em grupo, o que estimula um sentimento comum. Mas aqueles exercícios, organizados com o principal intuito de desenvolver um senso *físico* comum da relação entre o corpo e o espaço, eram, em sua maioria, do tipo abstrato, na medida em que se baseavam apenas ocasionalmente em uma ideia dramática. Eles não exigiam o grau de ação acertada combinada dos atuais exercícios.

Em termos práticos, o trabalho de Improvisação em Grupo torna-se uma escola para a atuação coletiva, porém não se limita a interpretar ou falar em uníssono. Ele tem aplicação direta sobre as grandes tragédias, como as do teatro grego e as do Extremo Oriente, nas quais odes corais e os episódios há muito têm a sua tradição estabelecida. Como na peça *Assassínio na Catedral*, de Eliot[7], o teatro moderno reintroduziu coros individuais ou em grupo enquanto elemento dramático viável da ação cênica. Portanto, os alunos devem estar preparados para trabalhar como um coro que tem que se mover, falar, cantar e mesmo dançar junto.

O trabalho agora se amplia e as cenas devem ser concebidas a partir de um escopo mais vasto; temas como "A Travessia do Mar Vermelho", um desastre em uma mina, um naufrágio, uma greve de trabalho, ou um locaute podem ser utilizados. A ideia inicial pode provir dos alunos, mas o plano das cenas deve ser elaborado pelo professor juntamente com eles, a fim de garantir que o *grupo* continue a ser o protagonista da ação e não qualquer um dos seus membros.

Se palavras forem utilizadas, elas devem ser selecionadas a partir de um texto existente, para garantir uma determinada qualidade. No entanto, é preciso lembrar que a cena deve, predominantemente, ser imitável na natureza. Pode vir acompanhada de música e usar a linguagem improvisada que descrevemos antes. Mas essa *grummelotage* deve funcionar de forma dramática dentro da cena; tem que ser capaz de atribuir significado

---

7   T.S. Eliot (1888-1965), dramaturgo e poeta. Eliot foi um dos diversos dramaturgos do século xx que tentaram reviver o drama em verso. *Assassínio na Catedral*, que teve a sua primeira produção em 1935, trata do assassinato de São Tomás Becket, um arcebispo medieval. Embora essa breve descrição do enredo faça com que ele se torne improvável, Eliot tomou emprestado aspectos da cultura popular em seus escritos. Em uma variedade de modos, as ambições teatrais de Eliot correspondiam às de Saint-Denis.

claro e preciso a qualquer momento da ação. A *grummelotage* nasce da ação e mescla-se a ela, reforçando a cena e conferindo-lhe também expressão audível. É a música do significado.

Os temas podem surgir de várias fontes; não há limites aos quais esses tipos de cenas podem ser levados. Pensei muitas vezes que deveríamos prosseguir nesse trabalho em um nível superior e em um Estúdio Avançado, dedicado a formas especializadas de improvisação. Atores selecionados, que terminaram o programa de treinamento básico de quatro anos, acompanhados de membros especialmente talentosos na profissão (incluindo dramaturgos, diretores e cenógrafos) se tornariam o núcleo de tal *ensemble* experimental. A Improvisação em Grupo – mais do que qualquer outra forma –, abre caminho para experimentos em novos gêneros que podem abordar temas de dimensões ilimitadas. Na verdade, a Improvisação em Grupo contém todas as outras formas de inventividade teatral: improvisação silenciosa, mímica, quadros cômicos, dança, música, grupo vocal, *bruitage musical*[8], e, é claro, diálogo improvisado.

Esse tipo de colaboração teria lugar na própria fonte de inventividade, isto é, em uma situação de trabalho prático sobre o próprio palco. Tal Estúdio seria a melhor escola para dramaturgos, em sua busca por estilo, em virtude da maneira exclusiva em que as cenas para a Improvisação em Grupo são concebidas. É o modo pelo qual André Obey e eu colaboramos em *Noé* com a Compagnie des Quinze.

Idealmente, tais cenas devem ser planejadas pelo diretor e pelo dramatista. No início, a cena é apenas uma proposição solta, oferecendo aos atores o âmbito máximo de sua inventividade. A cena é dividida em cenas curtas e membros do *ensemble* são designados a trabalhar com elas em pequenos grupos. Os atores determinam a existência de suas personagens e o estado de espírito geral; elaboram, então, as ações físicas e os padrões sonoros das cenas, talvez selecionando um texto existente, acrescentando-lhe, caso apreciem, a *grummelotage*. Nessa fase, os atores estão completamente no comando; depois de observar o resultado do trabalho dos atores, o diretor e o

---

8   Efeitos sonoros musicais.

dramatista irão ajustar as sequências individuais e dar forma à cena inteira. A peça nasce *sobre o palco*, sob a orientação e o controle tanto do diretor quanto do dramatista.

O cenógrafo servirá à ação dramática ao apresentar primeiro somente os elementos essenciais que estejam intimamente relacionados com o que o ator *esteja fazendo*. Por trabalhar em estreito contato com os atores que improvisam, com o diretor e o dramatista, mais tarde ele será capaz de mudar, adaptar, ou reinventar tais elementos.

Um músico, por seus sons e música, que colabora desde o início do trabalho de improvisação, muitas vezes pode reforçar a fala do ator e moldar seu ritmo e, por meio disso, esclarecer e *revelar* o significado do que o ator está tentando inventar.

Se o cenário, os figurinos e a música podem brotar de tais improvisações, o mesmo ocorre com o texto. A experiência desse crescimento na improvisação de uma peça, instigado pelos atores, é de grande valor para o dramatista. Ele pode ver como um texto pode surgir de sua invenção, a qual está profundamente enraizada nos sentidos do ator e em seu estado interior. Caso o dramatista absorva essa experiência de improvisação da maneira correta, ele não escreverá palavras provenientes exclusivamente da mente, mas será capaz de escrever aquelas que também serão o resultado da vida e, portanto, as mais atuáveis.

Esses, então, poderiam ser os elementos do teatro contemporâneo.

É sempre interessante ver como outros artistas foram atraídos pelas potencialidades desse modo de composição: Peter Brook realizou US, uma apresentação sobre a Guerra do Vietnã, para a Royal Shakespeare Company, de Londres[9]; o Open Theatre, de Joe Chaikin, serviu-se desse processo em Nova York

---

9   US, um exemplo de criação coletiva, produzida em 1966. Peter Brook e seus atores, com pouca experiência em criação coletiva, passaram quatorze semanas elaborando e ensaiando a montagem. Os atores improvisaram por aproximadamente um mês, trazendo suas próprias ideias e materiais antes de o dramaturgo Denis Cannan chegar. Brook convidou Joseph Chaikin e Jerzy Grotowski, ambos colaboradores criativos experientes, para trabalhar com o grupo em diferentes pontos no processo de ensaio. A primeira parte da produção concluída foi criada pelos atores, o texto da segunda parte foi escrito pelo dramaturgo.

para a sua montagem de *The Serpent* (A Serpente)[10]. O trabalho de Richard Schechner nessa área culminou em seu *Dionysus in 69*, na Performing Garage, em Nova York[11]; e, é claro, há as experiências de Grotowski, baseadas na mitologia clássica e contemporânea, bem como na história, cujo resultado pude conferir pela primeira vez em Varsóvia, em 1963[12].

A importância desse trabalho especializado não pode ser subestimada.

A MÁSCARA

> *A máscara permite ao ator experimentar, na sua forma mais grandiosa, a química da interpretação.*

O uso de máscaras na formação de atores teve sua origem em um incidente que aconteceu há muitos anos, durante um

10 O Open Theatre foi fundado como uma oficina por Joseph Chaikin, em 1963. Seu objetivo principal era explorar métodos físicos e imagísticos da interpretação como um antídoto ao Método. Com o tempo, os exercícios e as improvisações dos atores evoluíram para criações coletivas. À semelhança da Compagnie des Quinze, o Open Theatre desenvolveu suas produções com um dramaturgo e um diretor. Assim, Jean-Claude van Itallie é reconhecido como o autor de *A Serpente* e Chaikin como seu diretor original.

11 Richard Schechner (1934-) fundou o Performance Group, um teatro alternativo, em 1967. Schechner era muito interessado no teatro como ritual compartilhado, que envolvia a ruptura da relação tradicional entre ator-plateia. Em *Dionysus 69* (primeira produção em 1968), uma adaptação da tragédia *As Bacantes*, de Eurípides, Schechner convida a plateia para participar da "celebração". Com uma importante exceção, a produção foi criada muito da mesma forma como Peter Brook fez em *US*. Os rituais e movimentos explorados no trabalho do ator foram incorporados a um texto escrito, mas as apresentações reais incluíam improvisações interativas com a plateia.

12 Jerzy Grotowski (1933-1999) era um diretor de vanguarda polonês e professor, cuja teoria e prática continuam a inspirar o teatro. Grotowski revisou e integrou o trabalho da primeira geração de reformadores teatrais – Stanislávski, Copeau, Artaud, Meierhold, para citar alguns – em sua própria prática. Na época, Saint-Denis viu os seus "experimentos"; Grotowski foi diretor do Teatro-Laboratório na Polônia, uma instituição dedicada mais ao processo do que à apresentação. O objetivo de Grotowski era eliminar tudo menos os elementos mais essenciais do teatro: o ator e a plateia. Ele desenvolveu um novo e rigoroso treinamento físico, vocal e psicológico para atores. Grotowski também via o teatro como ritual, mas um ritual em que o ator sacrifica a si para os congregantes. As produções da companhia – geralmente apresentadas para um número restrito de espectadores – eram desenvolvidas durante longos períodos. A improvisação dos atores era parte significativa do processo de ensaio.

ensaio no Teatro do Vieux-Colombier, quando uma jovem atriz atrasou o ensaio por não conseguir superar sua inibição e expressar os sentimentos de sua personagem por meio das ações físicas adequadas. Cansado de esperar que ela relaxasse, Jacques Copeau, o diretor, jogou um lenço sobre o seu rosto e a fez repetir a cena. Ela relaxou imediatamente e seu corpo foi capaz de exprimir o que lhe fora solicitado. Esse inspirado incidente levou-nos a explorar as possibilidades do trabalho com a máscara no treinamento de atores. Descobrimos que, ao cobrir o rosto com uma máscara, o ator muitas vezes era capaz de esquecer suas inibições e exceder os seus limites habituais. Embora aumentasse o poder de sua expressão física, ao mesmo tempo lhe ensinava a economizar os gestos. Isso o estimulava a ousar comunicar-se sem o auxílio de palavras. Essa foi, de fato, uma descoberta valiosa.

Para nós, a máscara é um instrumento temporário que oferecemos à curiosidade do aluno, na esperança de que, ao proteger literalmente a sua timidez, poderá ajudá-lo a se concentrar, diminuir inibição, fortalecer os seus sentimentos interiores e levá-lo a desenvolver as suas capacidades físicas de expressão dramática.

O trabalho com a máscara é fundamental para o treinamento justamente porque habilita o aluno a aquecer os seus sentimentos e esfriar a cabeça; ao mesmo tempo, permite experimentar, na sua forma mais grandiosa, a química da interpretação. No momento em que os sentimentos do ator por trás da máscara estão no auge, a necessidade premente de controlar as suas ações físicas o instiga ao desprendimento e à lucidez.

Não desejamos, de maneira alguma, imitar o teatro grego, japonês ou chinês, nem usar máscaras que pareçam cópias de uma tradição do passado. As máscaras básicas devem ser projetadas especificamente para esse trabalho e ter uma dimensão humana normal, com características distintas, representando as quatro idades do homem:

- adolescência
- vida adulta
- idade madura
- velhice

Elas não devem ser abstratas, mas claras e de fácil leitura à distância.

É a experiência concreta da máscara que conta mais do que qualquer outra coisa. O aluno deve passar por essa experiência de boa-fé, ficando aberto a todas as suas possibilidades. O que tentamos fazer é estimular o aluno a descobrir dentro de si as forças que lhe permitirão trazer à luz a realidade em toda a sua plenitude, isto é, a realidade luminosa do palco. Para fazer isso, as palavras não bastam.

A máscara é um objeto tangível. Ela é a presença que encontra, face a face, a da pessoa que a veste. Pela imposição de tal objeto externo sobre sua face, a pessoa se sentirá realmente possuída por uma presença externa, sem, no entanto, ser despossuída do seu próprio eu. Quando se coloca uma máscara sobre o rosto, recebe-se um forte impulso a partir dela, o qual é preciso aprender como obedecer com naturalidade. Como o rosto não é visto, toda expressão depende do corpo, mas essa expressão não pode ser liberada de forma válida e dramática sem a completa concentração e abertura às sensações criadas pela máscara. Em outras palavras, esse exercício é de grande força energizante.

Uma vez que o ator adquira a técnica elementar necessária para usar máscaras, ele perceberá que elas não gostam de agitação, que só podem ser avivadas por ações controladas, vigorosas e totalmente simples, que dependem da riqueza da vida interior do corpo calmo e equilibrado do intérprete.

O aluno não deve se forçar a fazer algo interessante ou fantástico; o que ele faz deve ser simples e claro. A máscara o obriga a eliminar tudo o que é desnecessário.

À medida que os seus sentimentos se acumulam sob a máscara, o rosto do ator relaxa. Isso, acrescido da consciência de que os seus olhos e a sua expressão facial estão igualmente escondidos, o ajudará a simplificar a sua expressão corporal ao mesmo tempo que ela é utilizada ao máximo.

Esse trabalho é, sem dúvida, uma excelente introdução às peças da dramaturgia clássica: é uma escola preparatória para os grandes estilos da tragédia e do drama.

A máscara é um objeto inanimado que não pode ter vida sem a existência do ator; ela absorve a sua personalidade e dela se alimenta. Por trás da máscara, os sentimentos interiores do ator se agrupam, como em um recipiente fechado. O uso da máscara auxilia o ator talentoso a dominar um modo de interpretação amplo, inspirado e objetivo. Esse foi, na verdade, o propósito de todos os nossos exercícios anteriores de Improvisação, mas, provavelmente, nunca antes realizados com tanta clareza e vigor.

O primeiro encontro com a máscara é crucial e, se malconduzido, pode confundir o aluno. Primeiro, deixe que ele olhe por algum tempo a máscara em suas mãos, e só depois a coloque. Algo deve acontecer no momento em que a sente no rosto. Ele não deve se olhar no espelho usando a máscara, apenas poderá observá-la enquanto estiver em suas mãos. Ele precisa preservar a *memória* da máscara em sua mente e não o reflexo no espelho, pois caso recorra à imagem-espelho, atuará com base no que *vê* e não no que *sente*.

Durante a fase inicial do trabalho, o aluno conscientizar-se-á do efeito da máscara sobre os outros. Também começará a entender a necessidade de "se emprestar" à máscara.

Na aula, os alunos devem provar diversas máscaras, em rápida sucessão, experimentando os diversos efeitos que elas podem ter sobre eles. Em seguida, podem escolher com qual gostariam de trabalhar. A escolha da máscara correta é obviamente importante; os alunos podem precisar de orientação na sua escolha inicial. É deveras importante que o ator escolha uma máscara que o inspire, pois nem todas terão o mesmo impacto sobre cada pessoa. É importante também que a máscara se amolde ao rosto. Talvez ela tenha que ser ajustada, fazendo-se uso de faixas elásticas de diferentes comprimentos e colocando-se acolchoamento de espuma de borracha dentro da máscara, para que ela tenha sustentação de forma apropriada e reduza qualquer pressão sobre o rosto.

Uma vez que a máscara de trabalho tenha sido escolhida, alguns princípios elementares devem ser apresentados aos alunos:

- o menor movimento da cabeça, a mais ligeira inclinação, um olhar para cima ou para baixo, têm considerável relevância;

- movimentos bruscos ou violentos impedem que o público faça a leitura do que acontece com clareza;
- é importante estar atento ao ângulo mais favorável da máscara em relação à posição do corpo. Se a pessoa virar demais a cabeça, a ilusão de que a máscara está integrada ao corpo é destruída – pois a sua extremidade será notada;
- o mesmo se aplica, é claro, no tocante a jogar a cabeça para trás, expondo assim o próprio queixo sob a máscara;
- o som da respiração sob a máscara é muito amplificado: não se deve ouvi-lo. Se o aluno estiver relaxado, a sua respiração será mais suave;
- para alcançar a sua máxima expressão, a máscara precisa de ação. No entanto, até que o aluno sinta ter se integrado à máscara, deve tentar executar apenas ações simples: andar para trás e para frente, sentar, observar algo ou alguém, pegar um objeto;
- há certos gestos que não podem ser executados de modo natural com a máscara – enfiar o dedo no nariz, por exemplo. Mas é possível encontrar uma maneira de fazê-lo, que implicará certa transposição da vida cotidiana;
- em geral, deve-se encontrar o tipo certo de técnica para fazer com que a máscara expresse o que quer; isso é análogo à técnica utilizada com um texto, no qual se obtém o significado a partir deste e não da própria subjetividade.

Deixem-me descrever brevemente uma pequena demonstração que ofereci a um grupo de jovens atores, a fim de apresentá-los ao trabalho com máscaras. Colocando a máscara adulta, andei sem rumo; parei, olhei para o grupo de atores que estava me observando, e segui em frente. De repente, vi alguma coisa imaginária no chão, fixei minha atenção nela, então perdi o interesse e me afastei. Em seguida, usei a máscara do adolescente. Segui aproximadamente o mesmo cenário anterior, mas a minha expressão tornou-se mais insolente; meus movimentos tinham mais propósito, eu parecia estar mais seguro. Na verdade, eu não havia planejado nada disso; trabalhei simplesmente a partir de uma combinação do que a máscara me oferecia e da memória do que ela parecia quando a segurei em minhas mãos. Deixei que a ideia viesse da máscara, em vez de impor a ela uma ideia. Então coloquei a máscara do homem maduro. Isso levou a uma autoridade maior – um caminhar mais pesado, um olhar mais pensativo. A qualidade geral havia mudado; tornara-se mais agressiva, mais definida. Naquele momento, tomei uma decisão: dei uma ordem para uma pessoa que estava "fora do palco". Tendo sido desobedecido, fui atrás dela.

Quando coloquei a máscara do velho, todo o meu ritmo foi alterado novamente; o caminhar era influenciado pela máscara; os braços e as mãos pendiam, e moviam-se de forma bastante diferente.

O aluno começa a trabalhar sozinho, com a máscara escolhida; mais tarde, pode tentar exercícios com dois ou três outros alunos. É interessante que sua primeira cena consista de um tema contemporâneo, baseado em sua própria experiência. Como em todos os exercícios de improvisação, as circunstâncias devem ser detalhadas e específicas. Mas aqui, o tema, o seu estado de espírito, suas condições externas, a realidade da personagem, têm de ser delineados *a partir* da máscara e transmitidos *através* dela.

A cena não deve ser precisa demais no começo; recomenda-se que a sala seja totalmente entregue para a criação do ator. Uma vez que o esquema básico da cena esteja estabelecido e pareça correto, o aluno começa a trabalhar com a máscara. Em seguida, repete a cena sem a máscara. Ele pode achar que a disposição original de sua cena tenha de ser alterada para acomodar coisas novas que se desenvolvem durante esses dois ensaios contrastantes.

O aluno deve observar a máscara até sentir-se permeado de sua expressão. Isso às vezes leva bastante tempo. Depois que colocar a máscara no rosto, o aluno entra em cena somente quando *realmente* sentir o impacto dela.

À medida que o aluno ganha experiência com máscaras, estará em melhor posição para compreender algumas das lições a serem aprendidas delas:

- o *corpo* do ator, enquanto meio de expressão, é mais significativo no *espaço* do que o rosto e os olhos. De longe, a expressão do rosto humano e os olhos só podem ser vistos claramente por uma parte infinitamente pequena da plateia do teatro. O aluno descobrirá que, quando o corpo está, por exemplo, de perfil e o rosto e os olhos não são vistos – ou quando o ator está de costas para a plateia, ao fundo do palco, ou se vira na direção do seu companheiro de cena – nenhuma expressão de seus olhos ou de seu rosto pode ser vista e compreendida. Isso é particularmente importante numa época em que as pessoas estão tão acostumadas a *close-ups* de rostos no cinema e na televisão;

- se um aluno sente algo muito intenso, e o expressa com o rosto *por trás* da máscara, ele não pode pressupor que seu corpo irá necessariamente exprimir o que ele sente – provavelmente não o fará. A máscara *não* substitui o rosto. O aluno deve, por assim dizer, encontrar uma maneira de transmitir os detalhes da expressão facial e o olhar em seus olhos por meio de outras partes do corpo;
- a máscara ajuda o *corpo* a dizer coisas que a elocução comum não pode expressar. Por conseguinte, ela fortalece a habilidade do aluno de atuar, no sentido de que atuar é *fazer*, ampliando sua gama de expressões para além do uso das palavras;
- em diferentes pessoas, a mesma máscara pode parecer bastante distinta;
- a máscara muda de expressão em diferentes iluminações. O ator deve desenvolver uma espécie de dupla concentração: precisa estar totalmente *dentro* do que faz, mas, ao mesmo tempo, controlar a própria maneira de fazê-lo. Se quiser convencer o público a acreditar no que apresenta, se desejar fazer com que *acreditem* no que faz, *ele* deve ser o primeiro a acreditar nisso;
- a máscara revela e rejeita mentiras.

Entretanto, em tudo isso, a coisa importante não é a máscara ou a ideia interessante, mas a interpretação.

No começo, os alunos acham esse trabalho estranho. Alguns se ressentem da máscara porque lhes dá uma sensação claustrofóbica; outros ficam com medo dela, por sua dimensão mágica. No entanto, todos ficam impressionados com o efeito que ela exerce sobre eles. Apenas uma minoria será capaz de dominar esse trabalho com rapidez. Alguns tentam simplificar demais e acabam caindo na armadilha da caracterização convencional. Outros gostam do trabalho de maneira muito intensa, mas tentam expressar com a máscara o que ela não pode expressar: por exemplo, momentos psicológicos, interiores e íntimos, os quais podem precisar de um texto para se tornarem vivos. Na verdade, uma das razões pelas quais o trabalho com máscaras é bom é o fato de ele ser antipsicológico.

A máscara é exigente, porque só pode viver em um determinado nível. Para alcançá-lo, o aluno precisa de mais coragem do que em qualquer outra forma de improvisação: a coragem de tentar, de fazer, ousar, e lançar-se à inventividade.

A interpretação exige o tipo certo de concentração. Depois que o aluno descobrir os resultados que podem ser obtidos por meio dela, ele tende, em sua improvisação, ao excesso de concentração, tornando-se passivo e restrito, ficando, em suma, emperrado. Ele pode obter uma *espécie* de verdade, mas esta não tem valor de desempenho.

Como descobrir o ponto de encontro entre o interno e o externo é um dos segredos essenciais da interpretação. A partir do momento em que o ator encontra o ponto exato de equilíbrio entre o interno e o externo, surgirá uma rica diversidade.

O sentir não propicia tudo. Se a pessoa não sentir nada, isso pode, muitas vezes, ajudar a *fazer* algo concreto, algo físico; assim emerge o sentimento. A mente também deve desempenhar o seu papel, mas isso não quer dizer que a atuação será intelectual, pode apenas tornar-se mais clara.

Talvez, no futuro, professores e diretores sejam capazes de simplificar o treinamento e chegar mais rapidamente à máscara, trabalhando mais tempo com ela. Para os alunos talentosos, poderia até mesmo haver algum tipo de especialização. No entanto, lembremo-nos de que os alunos geralmente vêm a escolas de teatro para tornarem-se atores interpretativos; alguns não são bons sem textos. Outros, bons em improvisação, podem não chegar a nada no tocante à interpretação.

A improvisação, no entanto, deve ser trabalhada o suficiente para conseguir uma transposição *distante* da realidade cotidiana; o ator deve ser capaz de expressar a essência do momento. Esta é uma das razões pelas quais sinto ser importante que os alunos conheçam o teatro chinês e o japonês, cujos atores possuem a extraordinária habilidade, com uma abordagem clara, suave, de capturar concretamente a essência do gesto humano, a ação e o comportamento da maneira mais completa, sem cair em formas estereotipadas. Sua representação de todos os aspectos da vida tem realidade, delicadeza e espiritualidade. Mas, é claro, seus alunos começam a trabalhar nas artes cênicas aos oito anos de idade!

Esse objeto concreto, a máscara, permite ao aluno trabalhar todos os problemas da atuação. Ela o ajuda a descobrir o equilíbrio adequado entre a concentração e o controle e, na improvisação, libera o seu corpo para expressar o que está vivenciando de um modo que a elocução não consegue. Ela expande o seu poder físico, e, pelo fato de o seu corpo ser posto em relevo devido à imobilidade da máscara, ele pode expressar coisas específicas sem a expressão facial.

A IMPROVISAÇÃO DE PERSONAGEM

JOHN HOUSEMAN:
Como você define a personagem cômica?[13]
MICHEL SAINT-DENIS:
Eu não a defino – ela se autodefine.

Por que é tão vital ao aluno de interpretação estudar as técnicas da comédia e da farsa? Devido à sua importância histórica e social monumental e porque suas técnicas são mais vivazes, mais criativas, mais flexíveis e ousadas do que as de qualquer outra forma de teatro. Como a comédia e a farsa abrangem uma vasta área, seus meios de expressão são maravilhosamente variados e englobam uma galeria inesgotável de personagens, tipos e perfis. O talento para interpretar comédia e farsa parece-me estar baseado na generosidade de espírito natural do

---

13 John Houseman (1902-1988), ator, diretor e produtor. Durante a década de 1930, colaborou com Orson Welles no Federal Theatre Project e depois no Mercury Theatre. Em 1950, atuou como diretor artístico do Shakespeare Festival e, na década de 1960, serviu na mesma posição no Professional Theatre Group na Califórnia. Foi nomeado codiretor de Saint-Denis na Juilliard Drama Division. Depois da morte de Saint-Denis, permaneceu seu único diretor até demitir-se em 1976.

ator, e requer vigor, ousadia de invenção e uma vivacidade e exuberância de execução que alcança uma espécie de radiância física. Esses são, de fato, dons especiais.

A comédia e a farsa estão em contato direto com a vida das pessoas. A farsa está geralmente preocupada com as pessoas comuns, enquanto a comédia trata de todas as camadas da sociedade, em suas respectivas evoluções. A comédia se nutre do ridículo e os seus temas, dos vícios de todas as classes sociais em todos os períodos.

O Meu Processo de Trabalho

Concebi a ideia de utilizar Improvisão de Personagem e Improvisação Cômica, com e sem máscaras, enquanto elemento no treinamento do ator, em 1924. Eu havia criado uma personagem cômica denominada Oscar Knie. Jean Dasté, um colega na Compagnie des Quinze, inventara uma personagem chamada de César, a qual se tornou companheira de Oscar. Creio que pode ser oportuno aqui descrever, nesta seção sobre a Improvisação de Personagem, um breve relato de como Oscar veio à vida.

Por acaso, comecei a partir de um traje. Por longo tempo, eu tivera vagas noções acerca de Oscar, mas não pude fazer nada até que encontrei – entre os trajes da produção de Copeau, em sua adaptação de Os Irmãos Karamazov – um velho casaco do final do século XIX e calças largas, mofadas, preto-esverdeadas, que eram tão maleáveis a ponto de assumir a forma de cada movimento que eu executava.

Eu tinha um bastão e também um velho pedaço de tapete que, enrolado, me dava um ar de autoridade que eu não conseguiria ter usando somente os gestos das minhas mãos. Um adereço não é apenas um adereço, nem um bastão é apenas um bastão: eles podem se tornar, de alguma forma, as extensões do ator e a gama de transformações a que se prestam é quase inesgotável.

Tais objetos inanimados – o casaco, as calças, o tapete, o bastão – fizeram com que a minha imaginação começasse a trabalhar e a dar forma às minhas intuições preliminares acerca de Oscar. Isso não ocorria em um nível intelectual; eu não tinha uma "ideia" sobre o Oscar; era algo que eu podia sentir mais em meus ossos.

Essa roupa básica levou-me a observar de perto os movimentos e gestos de uma então famosa figura política francesa, cujos trajes tinham um corte semelhante; e em La Chaux-de-Fonds, uma pequena cidade na Suíça, fiquei igualmente fascinado pelo porteiro noturno do hotel no qual estávamos hospedados, que era bastante baixo e tinha um jeito peculiar de andar, de ficar em pé e de conversar. De alguma maneira, não tenho certeza como, tais encontros começaram a alimentar o Oscar. Havia também as recordações de meu pai e algumas influências literárias: Dostoiévski e Dickens – poderia ter sido o velho Karamazov ou Pickwick? Não tenho certeza. De qualquer forma, pouco a pouco, tive a ideia da máscara de que eu precisava, e a modelei em mim mesmo. A partir da sensação das roupas no meu corpo, da minha observação do político e do porteiro, e da máscara, surgiu a minha inspiração. Com o acréscimo na última hora de um chapéu, eu havia equipado a minha personagem da cabeça aos pés.

Foi somente nesse momento do meu trabalho que pude formar, mais ou menos intelectualmente, uma concepção do Oscar e começar a trabalhar nas cenas práticas que, finalmente, me conduziriam à plena realização dessa personagem.

Oscar, na verdade, ainda não havia nascido; o nascimento de uma personagem é um processo muito lento. Tudo o que existia era um embrião, um perfil. Oscar tinha alguma dificuldade para falar porque, nessa fase inicial, a sua existência fora baseada principalmente na expressão física. Oscar resmungou por longo tempo, até que seu perfil começou a ser preenchido. Eu não queria definir nada muito cedo. Então incorporei Oscar em várias cenas simples, em situações básicas e cotidianas. Por exemplo, ao encontrar César pela primeira vez. Por acaso, Dasté havia chegado à mesma fase em seu trabalho que eu. O César de Dasté parecia um peixe seco, uma espécie de Dom Quixote, e meu Oscar tornou-se uma espécie de Sancho Pança, mas com muito mais bom senso e com uma dose maior de pessimismo. Oscar odiava César.

Por meio dos esquetes com Dasté, comecei a descobrir um traço característico de personalidade, minúsculo, mas importante, de Oscar. Tive que tomar o maior cuidado para não perder esse primeiro vislumbre concreto da personagem. Mais tarde, outro traço emergiu para o primeiro plano, em contraste acentuado às outras partículas espontâneas da expressão física de Oscar; seguiu-se outro e mais outro, e assim por diante. Cada vez eu experimentava essas características em cena, sob determinadas situações especiais, buscando as que se encaixariam na personagem de Oscar Knie, que se desenvolvia bem rápido.

Depois de todo esse processo de tentativa e erro –improvisando, ensaiando cenas sucessivas e, em seguida, definindo-as, sem alterá-las salvo em pequenos detalhes e intensidade – nasceu Oscar Knie: ingênuo, vaidoso, sentimental, fraco (mas imperioso quando bem-sucedido), levado a extremos, ágil na raiva e no desespero, geralmente bêbado, grande conversador, cheio de vigor e, por vezes, obsceno.

No que concerne à invenção de palavras, nunca se pode ter certeza de que as palavras ou as frases inventadas pela improvisação cômica terão *realmente* o mesmo efeito esperado sobre o público. Em uma de suas cenas, lembro-me de Oscar comendo banana. Enquanto ele a descascava de forma elaborada, dizia: "*Je vais la pelurer*", num tom misterioso, sério e apaixonado. Isso significa literalmente: "Vou despelá-la"*. No entanto, há um leve duplo sentido nessa frase e o público, ao senti-lo, não conseguiu conter o riso. Houve tantas ovações que foi preciso parar a apresentação. O público havia discernido nessa frase muito mais do que eu pretendia.

Esse trabalho, obviamente muito difícil de executar, necessita, mais do que qualquer outro, de fé no trabalho anterior e em si mesmo.

Eu criara tudo – a personagem, a interpretação, o texto; não tinha um diretor ali na frente para me ajudar. Foi nesse tempo que ficou claro para mim que existe uma diferença entre o trabalho do ator/improvisador e do ator/intérprete. Percebi que o processo seguido pelo último é mais complexo, posto que ele deve dar vida, a partir de um texto, a uma personagem

---

* Empregado como verbo, *pelurer* é um barbarismo, a forma correta em francês é *peler*; *pelure*, como substantivo, significa uma peça de roupa exterior, como um casaco, além de "casca". (N. da E.)

com a mesma realidade que aquelas criadas pelo improvisador sem texto. O intérprete começa com um texto, o improvisador começa com si mesmo. Pode-se dizer que um texto memorizado deve ser assimilado pelo ator/intérprete de tal maneira que finalmente emerge dele com uma espontaneidade comparável à alcançada por um ator/improvisador.

Já fiz referência antes a essa diferença entre o ator/intérprete e o ator/criador e assinalei que o teatro pode estimular apenas alguns poucos homens e mulheres que são especialmente dotados como improvisadores para se dedicarem inteiramente a isso. Entretanto, destaquei do mesmo modo que *todos* os atores devem começar com essa forma criativa e imaginativa de trabalho. A Improvisação de Personagem nos oferece o melhor meio de desenvolver essa imaginação criadora no jovem ator.

O Processo de Trabalho com os Alunos

A essa altura o aluno sentirá a necessidade de adicionar elementos de figurino para suas roupas de ensaio, não por seus efeitos decorativos, mas a fim de ampliar e aumentar o poder de sua expressão dramática.

Ao contrário do que foi feito anteriormente no trabalho de Improvisação Silenciosa e de Grupo, bem como no que diz respeito às Máscaras Básicas, o aluno tem agora à disposição roupas tais como camisetas, luvas, chapéus antigos, casacos e sapatos, que foram jogadas fora – elementos com os quais disfarces de todo tipo podem ser feitos, não disfarces extravagantes ou históricos, mas realistas. Eles se tornam uma espécie de extensão do ator – como no caso do pedaço de tapete enrolado de Oscar.

Ao mesmo tempo, plataformas, escadas e telas parecem requeridas, assim como algumas peças de mobília.

O aluno é incentivado a aprender a lidar com instrumentos musicais tais como violões, concertinas, instrumentos de percussão ou, talvez, até saxofones.

No início de uma aula, depois de escolhida a sua máscara, tê-la observado e usado durante certo tempo, o aluno é solicitado a fazer a sua seleção dos elementos reunidos dos departamentos de Guarda-Roupa e Adereços.

Todas essas ferramentas, no entanto, estão lá apenas para despertar e manter a inventividade do improvisador, fornecer-lhes os meios mais amplos possíveis de expressão. O essencial é a *inventividade* em si.

O aluno começa seu desafio para dar vida à sua personagem mascarada. A personagem deve, de preferência, pertencer a uma situação contemporânea, porque o aluno iniciante de interpretação, não deve ainda, como deseja, tentar interpretar uma personagem como Macbeth ou Lear. Ele não está pronto para isso; ainda não sabe como apresentar, emocional e fisicamente, uma pessoa tão distante de sua própria experiência.

No momento em que o aluno tiver encontrado o embrião dessa personagem, seu contorno, deve-se elaborar maneiras para provocá-la a falar. Não a mera tagarelice atribuída à conversa falsa, de banalidades desesperadas; mas algo como exclamações, gritos, insultos que poderiam irromper de pessoas reais, e *não* de caricaturas. Apenas a farsa, em sua forma mais livre, mais primitiva e, em geral, mais grosseira, traz à tona uma uma força interior e explosiva, substancial suficiente para gerar uma palavra válida. E essa palavra não pode emergir salvo da camada mais profunda do ser, do sangue e das entranhas da personagem. Em minha experiência, tais explosões têm sido invariavelmente cômicas.

É a *vis comica*, a força de vida cômica, existente em uma personagem cômica intensamente sentida pelo ator, que permite a explosão da palavra.

É aqui que o professor deve, discretamente, impedir que o aluno invente palavras ou frases que não estejam relacionadas ao seu estado interior, palavras nas quais ele possa procurar abrigo até que tenha inventado ações físicas com a máscara: o fazer deve vir primeiro, antes do falar.

O fato de que a improvisação de personagem em sua manifestação cômica leva o ator a inventar palavras, frases e falas não deveria nos surpreender. Sabemos que na tradição da *Commedia dell'Arte* o ator/improvisador era muitas vezes um homem culto, de recursos, mas os papéis sérios – o nobre, o trágico, o poético, e também os *Innamorati*[14] – sempre foram

---

14 *Innamorati* era o termo usual para as personagens dos jovens amantes da *Commedia dell'Arte*. Normalmente, eram papéis não cômicos, interpretados por atores atraentes e sem máscaras.

desempenhados a partir de um texto escrito pelos dramatistas ligados à trupe. Isso pareceria indicar que apenas no caso dos papéis cômicos as palavras eram improvisadas, e que a inventividade na tragédia advém de fontes bastante distintas.

Observação e Descoberta

As máscaras usadas na Improvisação de Personagem são, claramente, muito diferentes das "básicas" – das quatro idades do homem. Algumas delas são meias-máscaras, mas ainda causam distintas impressões sobre o aluno. Tanto as máscaras inteiras como as meias-máscaras são criadas de modo a permitir que a elocução do aluno seja ouvida distintamente, inspirando-o à ação.

Uma vez mais, a primeira coisa e a mais importante é escolher a máscara correta. Isso deve ser feito somente depois de se tentar várias máscaras diferentes em rápida sucessão e de se ter passado por diversas ações com elas. Ao contrário do que dissemos sobre não olhar no espelho enquanto se usa uma das máscaras "básicas", no trabalho com a meia-máscara o espelho, curiosamente, tem se revelado muito útil.

É um ponto sutil, mas o aluno não deve iniciar o seu trabalho a partir de uma ideia, e sim da inspiração. Não há uma maneira específica em que isso acontece: alguns alunos responderão primeiro a uma máscara, outros a um adereço, outros ainda a uma peça de roupa. Ao aluno deve ser dada a liberdade para descobrir qual é o melhor ponto de partida para ele; às vezes, os erros ensinam muito. Nunca se sabe o que provocará o nascimento de uma personagem e a nutrirá.

Por exemplo, eu poderia encontrar uma raquete: o que é isso? Nunca vi nada parecido. O que é isso? É para ajudar a me manter acima da água ao nadar? Ou é um utensílio de cozinha – uma peneira, talvez? A coisa em si, nesse caso a raquete de tênis, vai levar-me a brincar com ela de uma certa maneira. Sem pensar ou planejar qualquer coisa, deixo que todo o meu ser físico responda ao estímulo do acessório: uma panela grande pode tornar-se uma coroa, um par de tesouras pode ser usado com um binóculo de teatro; um charuto pode se transformar em uma seringa hipodérmica nas mãos de um médico maluco. Chaplin[15] fez uso de uma transformação desse tipo durante um episódio clássico em *The Gold Rush* (Em Busca do Ouro): seus sapatos tornaram-se, para o prospector faminto, uma lagosta deliciosa; e os cadarços viraram as suas garras, da qual Chaplin, delicadamente e com grande prazer, sugou a carne e o suco.

Tais elementos devem servir ao que o ator quer executar; eles nunca devem afogar a personagem. O que o aluno escolhe – a forma que ele tem e a transformação que sofre uma vez que começa a usá-los – deve ter um propósito associado com a sua impressão inicial da personagem. Mas repito: isso não é de modo algum um processo intelectual; o pensamento vem muito mais tarde. A forma entra no trabalho apenas em seus estágios finais. Essa primeira fase do trabalho, de observação e descoberta, é um estado ativo de *fazer*, em que o ator tenta as coisas. A máscara, o adereço ou o traje induzirá no ator um estado de ser-em-ação, uma espécie de intoxicação, a partir da qual a personagem pode emergir.

Podemos igualmente ver que esse processo de observação e descoberta-pelo-fazer leva a que o ator traga à vida um adereço, seja ele um nariz postiço, uma barba ou um par de sapatos demasiado grandes ou pequenos, ou mesmo um material de enchimento. No primeiro período letivo, no trabalho de transformações físicas, o aluno aprende a interpretar o enchimento sem, na verdade, utilizá-lo. Agora, durante esse trabalho de improvisação de personagem, ele recebe realmente o enchimento, para experimentar o referido material. Ele deve sentir que isso faz parte de sua carne e de seus ossos, e não se reduz a uma peça de figurino.

---

15 Charles (mais conhecido como Charlie) Chaplin (1889-1977), roteirista de cinema, diretor, palhaço, mímico e ator que conquistou a ambos os públicos, o intelectual e o popular. Em seus filmes mais amados, ele representou o Vagabundo, um *clown* de rosto triste, vestido com um casaco apertado, calças largas, chapéu-coco, frequentemente girando uma bengala para acompanhar o seu modo de andar característico, ondulante e vivaz. Um pequeno bigode escovinha completava a sua maquiagem. À semelhança da experiência de Saint-Denis com Oscar Knie, Chaplin descobriu a personalidade do Vagabundo como resultado do trabalho com seu figurino e maquiagem. Além de Saint-Denis, Chaplin influenciou numerosos diretores experimentais do início do século xx, incluindo Jacques Copeau e Vsevolod Meierhold.

Uma aluna magra pode começar um exercício simples de transformação, partindo da seguinte premissa: "Sou uma mulher muito gorda." Ela, então, recebe certas ações para executar. Durante os exercícios, ela desenvolve a sua transformação a tal ponto que começamos a *ver* a sua gordura. Quando conseguir fazer isso com sucesso, não incorrerá no risco de tomar por certo o verdadeiro enchimento.

Em outras palavras, queremos oferecer ao aluno um senso de unidade com os seus adereços e ajudá-lo a perceber que até mesmo o objeto inanimado que ele usa está intimamente relacionado à personagem e às suas ações.

A ação com adereços e acessórios simples e cotidianos pode ser extrapolada grandemente, como, por exemplo, com o ato de fumar. Reflita a forma em que o cigarro, o charuto ou o cachimbo é aceso por:

- um fumante consciencioso;
- um fumante facilmente distraído;
- uma personagem nervosa;
- um exibicionista;
- uma pessoa tímida;
- uma pessoa que não consegue parar de rir enquanto acende o seu cigarro.

Ou as infinitas possibilidades de brincar com os óculos:

- há aquela pessoa que descobre que não pode ler porque seus óculos estão sujos; ela tenta limpá-los, os coloca na posição incorreta, então desiste e os empurra para cima da cabeça. Depois de um tempo, esquece onde os deixou, e tenta encontrá-los por toda parte e não consegue. Ela fica com raiva de si mesma; então, aos poucos, lhe ocorre que talvez... estejam em sua cabeça. Ela para, pouco antes de tocar seus óculos: até que finalmente se atreve... e encontra. Grande satisfação.

Ou observe de que modo as pessoas leem o jornal: aquele tipo de pessoa que nunca pode virar as páginas de seu jornal adequadamente, deixando-as todas emaranhadas; o leitor míope; aquele que é constantemente perturbado por uma mosca ou um zumbido de vespa.

Existem alguns truques orais que o aluno deve dominar, tais como:

- rir;
- espirrar;
- arrotar;
- bocejar;
- roncar;
- soluçar;
- gaguejar.

ou a gagueira interrompida por soluços, ou rir e espirrar ao mesmo tempo, ou espirrar enquanto tenta desesperadamente não fazê-lo.

Depois, há uma série de truques físicos que o aluno com talento para a farsa ou o pastelão deve praticar, tais como:

- escorregar em uma casca de banana;
- pisar em falso;
- mancar de várias maneiras;
- tropeçar;
- tropeçar ao descer degraus;
- tropeçar ao subir degraus;
- ambos, culminando em queda ou não;
- emaranhar-se em um pedaço de corda e tentar libertar-se;
- cair de uma cadeira;
- cair de uma mesa como preparação para a queda de muralhas.

Há muitos exercícios úteis das escolas de palhaços e de circos que devem ser incorporados ao treinamento.

Em Resumo

A improvisação, em nosso entendimento da palavra, é uma espécie de pesquisa; uma forma de trabalhar por meio da qual as experiências do ator passam a nutrir a sua imaginação; por meio da improvisação, tais experiências podem ser de valia para a interpretação de um texto e permitem apresentar uma realidade visível, completa.

Queremos que o aluno perceba que, deixado inteiramente aos cuidados de si mesmo, sem a ajuda de um dramaturgo ou de um diretor, ele pode, com seu corpo e sua imaginação, criar e apresentar uma vida dramática plena. Por meio da improvisação, o ator será capaz de ver que pode ser não só um intérprete, mas também um criador.

Sempre consideramos que o trabalho de improvisação é central na formação do ator.

É durante esse trabalho que se desenvolve a química entre as diversas sensibilidades do aluno e a existência interior e realidade física da personagem que ele terá de apresentar. Tal reação química irá impeli-lo à ação.

A improvisação desenvolve as faculdades da inventividade, imaginação e concentração e, ao mesmo tempo, confere ao ator uma sensação de liberdade.

Para mim, a responsabilidade básica, essencial à criação de um papel, cabe ao ator. Se somos capazes de formar atores talentosos que possam trazer à sua interpretação iniciativa e senso de responsabilidade, isso, sem dúvida, se deve às suas experiências com a improvisação.

FIG. 12. *O modernista London Theatre Studio, projetado por Marcel Breuer em colaboração com Michel Saint-Denis.*

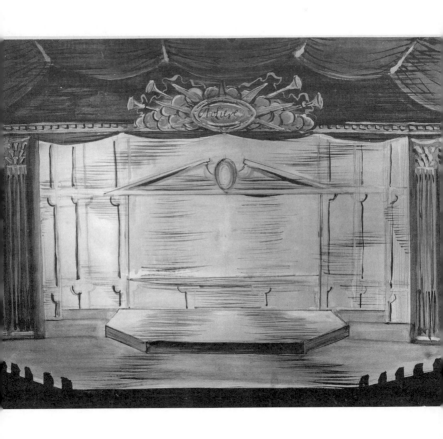

FIG. 13. *O palco do Théâtre National de Estrasburgo projetado por Pierre Sonrel com a colaboração de Michel Saint-Denis. Cenários para* Neuf Images de Molière *(temporada de 1957/1958), projetados por Abd'el Kader Farrah.*

APÊNDICE:
Introdução à Primeira Edição de
Teatro: A Redescoberta do Estilo

"Acho isso bom, mas um pouco... curto", foram as primeiras palavras ditas a mim por Michel Saint-Denis. Eu acabara de interpretar Romeu pela primeira vez, e sobre isso nada mais precisa ser dito; apenas citei tais palavras, as quais para mim são memoráveis, porque a meu ver sempre representaram as duas mais notáveis qualidades desse *homme de théâtre* singular; uma rara perspicácia e escolha inteligente de palavras em sua linguagem, que muitos de seus colegas ingleses devem ter invejado. Não estive sob sua influência direta até 1938. A essa altura, o seu sucesso artístico inicial neste país já fora estabelecido, e sua influência reconhecida através de sua apresentação da Compagnie des Quinze e de seu *Noé*, com John Gielgud, e suas incumbências no London Theatre Studio. Eu mesmo tive o prazer de fazer parte do conselho dessa entidade e assim fui introduzido nas linhas vívidas de sua imaginação teatral, bem como nas qualidades peculiarmente encantadoras de seu ensino. Não acho que suas influências nesses aspectos fossem universais, mas creio que aqueles que ficaram fascinados por ele uma vez, assim permaneceram. Com ou sem razão, Michel Saint-Denis instigava a obediência, e, no meu caso, como aconteceu a muitos outros, nunca com um toque de rebeldia. Ou você acreditava no homem ou não, mas algo lhe dizia instintivamente que a primeira opção era a melhor se quisesse extrair algo de bom dele. Isso resultava em uma espécie de escravidão que, embora não totalmente desagradável, era capaz de fazer você se sentir como se fosse um burro seduzido por uma cenoura diferente a cada marco miliário ao longo de uma estrada que reaparecia à sua frente, quando já se pensava ter chegado ao final. Parecia não haver limite para a quantidade de novas exigências que ele fazia a seus atores no âmbito da caracterização, da expressão e da dimensão. O meu primeiro trabalho real com ele, como mencionei, foi em 1938; foi uma infeliz produção de *Macbeth* no Old Vic. A peça estava correspondendo à sua reputação fatídica; Lílian Bayliss morreu no mesmo dia da estreia, que já tinha sido adiada devido à natureza complexa da produção, que nenhuma equipe poderia ter dominado no tempo habitual alocado, e em virtude da falha temporária das minhas cordas vocais em encontrar qualquer ponto de encontro vibratório. Esse fracasso, bem como o da produção posterior, *Noite de Reis,* fomentou a ideia de que Shakespeare não era o seu ponto forte, e que seu verdadeiro fio condutor não seria encontrado na astúcia dos franceses[1]. Olhando para trás, depois de muitos anos e diversas conversas com ele em várias ocasiões, ocorreu-me que o seu senso de construção da personagem poderia ter sido preciso demais para os truques, às vezes voluntariosos, forçados pela grande varinha mágica. O que faria um Coriolano se fosse solicitado a dizer, "A lua de Roma, casta como o cristal feito da neve mais pura que do templo de Diana estivesse a pender; cara Valéria" – na qualidade de personagem!?

Entretanto, o principal bem e mercado* de sua teoria tem sido sempre o de encontrar a verdade *através* do verso, e como o tempo passou, sua direção colocou mais ênfase em uma contida na forma, e menos na consistência da fala da personagem que poderia perturbá-la.

Contudo, para mim havia algo sobre sua teoria que provocava interesse e fascínio, que nenhuma acusação de fracasso

---

1   Ver p. 12 supra, "Shakespeare não é um clássico".
*   Ou, nas palavras de Millôr Fernandes para este trecho de *Hamlet*, ato 4, cena 4, o "principal uso e o melhor aproveitamento". (N. da E.)

poderia diminuir. Foi assim, com o mais revigorante tipo de fé que me coloquei de novo, inteiramente feliz, em suas mãos para a produção de *Édipo*. Nunca fui um ator que se importasse muito em estar sendo improvisado por um diretor, imaginando antes que pudesse fazer tudo certo por mim mesmo, mas sempre respeitei um plano, e os de Michel eram repletos de rara precisão. Se fosse necessário se mover exatamente dois pés e três polegadas em qualquer direção ao proferir uma determinada palavra, eu o faria, pois achava mais estimulante e divertido permanecer confiante de que a razão e a verdade da direção seriam aparentes dentro de dois ou três dias, em vez de questioná-la.

Seu *Édipo* foi um êxito, e não há dúvida de que os sucessos de Michel sempre foram deslumbrantes. Sua montagem de *As Três Irmãs* sob a produção de John Gielgud, embora apresentada durante apenas cerca de seis semanas, em 1939, foi considerada a produção definitiva dessa peça em nossa profissão, e nem mesmo a recente apresentação pelo Teatro de Arte de Moscou conseguiu apagar sua memória ou, de alguma maneira, superá-la, e isso sem o benefício inquestionável de possuir uma companhia permanente em suas mãos.

Além do seu gênio criativo, ele é um homem de extraordinárias capacidades administrativas. De sua teoria e prática nas artes e ciências da formação teatral, muito mais será indubitavelmente ensinado nestas páginas. Irei me contentar em dizer que a dissolução da Old Vic Theatre School, do Young Vic e do Old Vic Theatre Centre, dirigidos por aqueles homens maravilhosos, Glen Byam Shaw e George Devine, sob a inspiração e supervisão de Michel Saint-Denis, foi uma grande e terrível tragédia na vida do nosso teatro.

Nossa história ostenta uma quantidade desafortunada de erros crassos que se orgulha de reiterá-los a fim de refletir nossas glórias, e a decisão dos detentores do poder daquele momento, de que esse trabalho era dispensável, foi tão equivocada e desprovida de imaginação como Prinny virando as costas para Nelson em público, e, sem dúvida, será ignorada com o sorriso forçado apologético habitual.

Por maior que tenha sido sua perda para o Old Vic Theatre Centre, conforme este fora sonhado anos atrás e, sobretudo, para aqueles de nós, que ainda nutriam esse sonho, o tempo não foi perdido para Saint-Denis ou para os empreendimentos sobre os quais ele, desde então, difundiu o conhecimento de sua compreensão, e agora isso parece se refletir em multiplas e abundantes realizações. Estrasburgo, a Juilliard School of Music, o Lincoln Theatre Centre e a Inspetoria Geral de Teatro na França, todos esses empreendimentos e provavelmente outros mais são agora abençoados pelo casamento da intuição e da experiência de Saint-Denis. Talvez nós, igualmente, os primeiros amigos daqueles "melhores anos de sua maturidade", possamos desfrutar da esperança especulativa de novamente sermos abrigados sob a rica eloquência de sua apreensão artística, desfrutando novamente da manta áspera de sua amizade com essa acidez de personalidade.

Sir Laurence Olivier

Créditos das Imagens

A organizadora e a editora agradecem a cessão dos direitos das imagens:

FIG. 1. Da coleção do professor Brian Smith, Universidade de Calgary. Fotógrafo: Lawrence Baldwin.
FIG. 4. Augus McBean © Harvard Theatre Collection, Houghton Library, Universidade Harvard.
FIG. 7. © Direitos reservados.
FIG. 8. © Ville de Colmar.
FIG. 10. Fotógrafo Robert Gold.
FIG. 13. ©Carabin (Centre Dramatique de l'Est).

Apesar de todos os esforços empreendidos pela organizadora para identificar outros detentores de direitos autorais, caso haja alguma falha nesse aspecto, ficaremos felizes em inserir os devidos agradecimentos na próxima edição.

Índice Remissivo

absurdo LII, 31
ação XXXV-XXXVI, 101-102, 170, 172-174, 184-186
ação interior 164-165
acrobacia XXX, 99, 104
Adamov, Arthur 18
adereço XXXVI, , 216, 219, 222-223
Alexander, F. Matthias 134
   técnica 134
American Group Theatre 84
aluno(s)
   em ação 187-188
   processo de trabalho com 219-221
   ver também ator (es); treinamento
amplitude emocional 163-164
andamento (poesia) 155
animadores 197-199
animais (exercícios) 195-197
ano da apresentação 127
ano da descoberta 127
ano da transformação 127
Anouilh, Jean 17, 110,
Antoine, André 13, 20, 36, 37, 69, 70
antropológica, abordagem XXXI
Appia, Adolphe 72
Arden, John 69

Aristófanes 33, 160
arquitetura teatral XXVIII, XLI, 41-42, 44, 51-58, 80, 226
arte clássica 66
artes (principais períodos teatrais) 174-175
articulação 162
Ashcroft, Peggy XXXVII, XLIII
Ator(es) XLVIII
   abordagem ao papel 65-67
   aluno em ação como ele próprio 187-188
   comunicação de mão dupla 138, 148
   criador 123, 184, 218-219
   estilo na interpretação 75, 78-79, 82-88
   improvisador 122-123, 185, 218-219, 220-221
   intérprete 122-123, 185, 220
   liberdade 82-83, 85, 88, 124- 125, 149, 154
   técnicas 129-166
   treinamento (métodos) 89-108, 118
   tipos 119-120, 122-123
auditório 10, 55, 58, 86, 136, 170

Badel, Alan 135

Barrault, Jean-Louis 12, 18, 19, 20, 21, 41, 73, 91
Barsacq, André XLI, 25, 41
Bataille de la Marne, La XXXVIII, 76
Baty, Gaston 20
Bayliss, Lílian 191
BBC 5, 43, 109, 170
Beckett, Samuel 18, 41, 169
Bel Geddes, Norman 55
bem-estar físico 134, 185
Bérard, Christian 11
Bérénice 10, 164
Berliner Ensemble 71
Bibiena, família 173
Bing, Suzanne 25
Blatchley, John LI
blocagem, marcação de cena por 87, 101
bolsas de estudo 96
bolsas de subsistência 96
Bond, Edward 70
Bourguignon, Jean (personagem) XXX
Braque, Georges 11
Brecht, Bertolt LII, 12, 18, 41, 70-71, 73, 75-76
Breuer, Marcel XLI, 52, 226
Brook, Peter 19, 206
bruitage musical (efeitos sonoros musicais) 205
Bruxa de Edmonton, A 12, 25, 40
Buffon, Georges-Louis Leclerc, conde de 59
Burrel, John 36
Byam Shaw, Glen XLVII, 40, 41, 91, 92, 231

Camus, Albert 17, 31, 41, 153
canto, cantar 129-145, 162
caracterização XLIV, 37, 49, 87, 90, 104, 230
cena 123, 171, 189-191, 198-199, 201-205
cenário XXXII, XXXV-XXVII, 14, 36, 39, 80-81, 86, 95, 104, 172
cenografia, cenógrafos 75, 78-82, 95, 97
Centre Dramatique de l'Est (CDE) XLIX-L, 110
Cervantes, Miguel de 73, 160
Chaikin, Joe 206
Chaplin, Charles 160, 186
Chapman, Robert 23
circo XXXVI, 13, 224
classicismo francês 4-22
Claudel, Paul XXVII, 17, 72

Cocteau, Jean 147
comédia XXX, 7, 16, 100, 104, 160-163
  Restauração 67, 162, 177-179
  ver também farsa
Commedia dell'arte XXIX, XXX, XXXVI, 7, 10, 37, 43, 56, 99, 104, 160, 174, 185, 220
Compagnie des Quinze XXXII-XXXIV, XXXVI-XXXIX, XLI-XLIV, 6, 25, 39, 52, 71, 76, 116, 205, 216, 229
comunicação de mão dupla 138, 148
consciência objetiva, nível de 108
Conservatório Nacional 27
Copeau, Jacques LI, 10-13, 20, 32, 65, 72, 89, 91, 131, 143, 208, 216
  em Borgonha XXIX, XXXI
  o Vieux-Colombier XXVII-XXIX, XXXIV, 6, 13, 35-37, 39, 116, 208
  ver também Copiaus
Copiaus, os XXX-XXXII, XXXIII, XXXVIII, 116, 118
Corneille, Pierre 7, 9, 11, 14
coro, coro falado XXXI, XXXII, XXXV, 39, 94, 99-100, 104,
corpo 97, 102, 125, 126
  gestos 165, 181, 183-184,
  expressão física 129-166, 168, 181-183, 185-187, 204
costumes 174-175
Craig, Gordon 72
credibilidade 4
criação coletiva XXIX-XXXIV, XLI, 118
Criterion Theatre 19
cursos técnicos, treinamento 93-99
curvas, movimento curvo 178

dança, trabalho de, aulas de 178-179
Dasté, Jean 216. 217
Dasté, Marie-Hélène 25
Dehelly, Emile 38
Delfos 172
Dench, Judy 111
descentralização teatral XLIX, 21
Devine, George XXXIX, XLIII, XLVIII, 40, 41, 70, 91, 92, 109, 119, 231
dicção 143
Dionísio, teatro de 172
diretor
  autoral 69-70
  estilo 69-88

ÍNDICE REMISSIVO

interpretativo 69-70
papel 69-74, 77-88, 117-118
diretrizes para a interpretação 115-118
  e interpretação silenciosa 181- 225
  e plano de fundo imaginativo 167-179
  e princípios 119-128
  e técnicas 129-166
  discursos 153
dsisposição, processo de 80
distância (projeção vocal) 148-149
distância, *timing* da 138
documentação pictórica 175-177
drama 163
  história do 172, 174
  poético XXVIII, XXXII
  drama jacobino XLII, 163
  dramaturgos, dramatistas 69, 70, 118
du Gard, Roger Martin XXVII
Dullin, Charles XXXIV, 9, 13, 19, 20, 41, 86, 91
Duse, Eleonora 192-193

École Supérieure d'Art Dramatique (Estrasburgo) XXVI, L, LI, 91, 94, 95, 232
Édipo XLVI, LII, 32, 231
Édipo Rei LII, 41
elenco 79
Eliot, T.S. 157, 163, 164, 204
elisabetano, teatro 43, 45, 80, 160, 161, 172
eminência parda 70
England's Group Theatre XXXIX

English Stage Company 70, 74, 92
ensaios, métodos de ensaio XXXIII, 86-88, 97-102. 106, 122, 127, 177-179, 190-191
ensembliers 90, 92
entradas 171
entretenimento (significado) 74-75
Epidauro, teatro de 172
escolas não conformistas XXXIX, 6, 9-10, 91
espaço
  de atuação XXXVI-XXXVII, 169-170, 172-174
  cênico 135, 136-138, 188
  teatral 118
  uso do 102, 134, 136-138
Esperando Godot 19
Ésquilo 7
Esher, lorde XLVIII

estilo 29, 163
  definições 59-61
  direção e cenografia e 69-81
  estilização e 51-67
  exercícios práticos e 177-179
  figurino e 59-60
  interpretação e 75, 79, 82-88
  obras contrastantes (leitura) e 153-154
  período e 43-44, 59-61, 65, 82, 100, 156, 174-179
  realidade e 31-50, 54, 169
  textual 93
textual, estilo 93
etrusco, palco 172
Eurípides 7
Evans, Edith XLII, 25, 40
exercício físico 130, 132-135, 137-138
exercícios sonoros 131
exercícios vocais 130
existencialismo 17, 31, 41
expressão física 129-166, 168-169, 181-183, 185-188 *ver também* corpo
expressão vocal 129, 130, 139-148, 168-169
  prática de textos 150-166, 168
  ver também voz
expressionismo 17, 67
Extremo Oriente, teatro do 85, 204

fala XXXII, 94, 104
  imaginação vocal 139, 146-149
  leituras não dramáticas 101, 141, 144, 150-154
  leituras de poesia 155-159
  treinamento/técnica 123, 139-145
  ver coro/ coro falado
fantasia 78-79, 198
Farrah, Abd'el Kader L, 227
farsa XXX, 160-163, 215-216, 224
farsista (*farceur*) 123, 160
Faulkner, William 73
fazer 155, 206, 222
Fernandel 160
festas cerimoniais egípcias 172
Festival de Avignon 11, 85-86
Ffrangcon-Davies, Gwen XLIII
Field, Sid 160, 189
figurino 81-82, 86, 95, 102, 103, 167, 168, 216-217, 219

e principais períodos teatrais 156-157,
174-175, 178
e saia transformável 156
filmes 160
forma 152, 154, 158-159
Fourberies de Scapin, Les (Artimanhas de
Scapino, As) 10, 36-37, 112
fraseado 151, 155, 159, 162
Fresnay, Pierre XXXIII-XXXIV

Garrick Theatre 35
Gautier, Marie-Madeleine XXXI
Gémier, Firmin 13
Genet, Jean 18
gestos 165, 181, 183
Gide, André XXVIII
Gielgud, John XXXVII, XLI, XLIII, XLIV,
40, 41, 135, 166, 229, 231
Gignoux, Hubert LI
ginástica voco-elocutiva 149
Giraudoux, Jean 17, 72, 110
Gish, Lillian 195
Globe Theatre 172
Glyndebourne Opera 140
Gógol, Nikolai Vasilievich 48, 49
Goring, Marius XXXIX, XLI
Granville Barker, Harley 14, 72,
Griffith, D. W. 195
Grock (palhaço), Charles Adrian
Wettach 160
Grotowski, Jerzy 207
grummelotage XXXVIII, 204-205
Guinness, Alec XL, XLI, 40, 192
Guthrie, Tyrone XXXVII, XXXIX, XLII, 40

Hall, Peter XXLII
Hamsun, Knut 73
Harris, Margaret XXXIX, XXXXII
Harris, Sophie XXXIX
história
do drama 172, 174
dos espaços de atuação 172-174
ver também período
Hopkins, Antony XLVI
Houseman, John 215
Hugo, Victor 12, 13
humanismo ateísta 41
Hunt, Hugh XLVIII

Ibsen, Henrik 6, 58, 72
Ilusão 39, 56-57, 170, 198
imaginação vocal 139, 146-149
imaginação
desnvolvimento da 90-91, 101-102, 122,
124-125, 130, 134, 175
física *ver* improvisação
vocal 139, 146-149
improvisação XXIX, 85, 129
cômica 104, 215-218, 220-221
coral 104
de personagem 215-225
em grupo 201-207
interpretação silenciosa 101, 103,
181-225
sistema de Stanislávski e XLIII, 90, 179
treinamento de 90, 98-105, 122-126, 171
improvisação cômica 104, 215-218, 220-221
improvisação em grupo 201-207
Innamorati 220
Inspetoria Geral de Teatro na França
intelectualismo 16, 19
International Theatre Institute LII, 169
interpretação
ano da 127
como ação 25, 170, 172-174
cursos 93-94, 95, 96, 97-107
espaço XXXV-XXXVI, 169-170, 172-174
estilo 75, 78, 82-88
formas e meios de trabalho 186-187
silenciosa 101, 103, 181-225
treinamento 90, 93-94, 98-102, 104-
107, 116-117, 121-123, 126-127, 158, 168-
169, 181, 182-183
interpretação silenciosa 101, 103, 181-225
inventividade 78, 129
Ionesco, Eugène 18, 41

Jardim das Cerejeiras, O XLIII, XLIV, LII,
32, 37, 111
Jellicoe, Anne 70
Jones, Robert Edmond 55
Jouvet, Louis 11, 20, 37, 44, 91
Juilliard Drama Division XXVI, LI, LII, 3,
29, 111, 112
Julliard Drama Theatre 52
Juilliard School LI, 112, 134
Juilliard School of Music 232

Kalevala (lenda finlandesa) 95
Kerr, Walter 166
Kleine Hauss, Das 136-137
Kleist, Heinrich von 86
Knie, Oscar (personagem) 20, 216-218

Laban, Rudolf 137
Lahr, Bert 160
Laughton, Charles XXXVII
Lefèvre, Pierre LI
leitura
  de peças 141, 154-155,
  de poesia 155-159
  não dramática 101, 141, 144, 150-154, 171
Leveugle, Daniel L
liberdade 82-83, 85, 88, 124-125, 150, 154
Lincoln Theatre Centre 232
linguagem
  física (do corpo) 183, 186-187
  técnicas 141-142, 151-152, 156, 161, 165
  treinamento 93, 99-100
Little Titch (Harry Relph) 160
London Theatre Studio (LTS) XXXIX-XL, XLIII, XLVI-XLVII, 24, 40, 52, 89-92, 226, 229
Lope de Veja 160
Lubitsch, Ernest 160
luz/iluminação 36-37, 82, 86

Macbeth 63-64, 230
magia, mágico 57, 198
Magito, Suria XXVI, XLVII-XLVIII, L, LI, 24, 91, 111, 115, 169
Malade Imaginarie, Le (O Doente Imaginário) 8
maquiagem 100
Marceau, Marcel 73, 166
Marivaux, Pierre Carlet de 7, 12
máscaras; XXXV, 37
  básicas; 23, 201, 208, 221
  cômicas; XXX, 220
  uso na improvisação de personagem 220-221
  uso no treinamento 90, 103, 104, 111, 207-215
meias máscaras 221
memória emotiva 102
Menotti, Gian Carlo 162

mensalidades escolares 96
Método Americano LI, 32, 90
Michel Saint-Denis and the Shaping of the Modern Actor (Michel Saint-Denis e a Formação do Ator Moderno) XLVIII
milagres, peças de 172
Miller, Arthur 108
Milton, John 159, 163
mise en scène XXXIV, XXXV, LII
mistérios, peças de XXXIV, 172
mitologias XXXII
modulação 145, 163
Molière XXX, 5, 8-11, 12, 22, 36, 44, 86, 107, 112.
Montgomery, Elizabeth XXXIX
Motley XXXIX, XLII, XLVI, 40, 156
movimento 165, 166, 181
  dramático 132-135, 138-139
  treinamento 98-99, 126, 131-132, 171
music-hall 73, 104, 122, 160 *ver também* cabaré
música 94, 104, 105, 206, 219
musicais 161-162
Musset, Alfred de 13

National Theatre XLVIII-XLIX
National Theatre School of Canada XXV, XXVI, XXLI
naturalismo XXXII, 170
  antinaturalisno XLI, XLIII, 13, 35
  Antoine e 13, 20, 35-37, 70
  estilo e 33, 35-36, 38-39, 45, 48, 53-54, 57, 65-67, 71, 83-84, 87-88, 101-102
  tradição clássica francesa e 12-13, 16-21
natureza 40
Nemirovitch-Danchenko, Vladimir Ivanovich 48
neoclassicismo 3-5
New Dramatists (organização) 108
Noé XXXIII, XXXIV, XLI, XLIII, 205, 229

O'Neill, Eugene 7, 73
Obey, André XXXII, XXXIII, XXXIV, XXXVII-XXXVIII, 25, 39, 76, 205
observação e descoberta, processo de 221-225
ocupações (ofício) 188-189
Odets, Clifford 84
Offenbach, Jacques 94

Ogden Stiers, David 112
Old Vic XXXVII-XLII, 6, 14, 25-26, 52, 230
  Company XLVI-XLVII
  Theatre Centre XLVI-XLVIII, XLIX, 41, 231
  Theatre School XLVII-XLIX, 41, 88, 89-108, 109, 140, 157, 231
Olivier, Laurence XXXVII, XL, XLII, XLVI, 40, 41, 86, 134, 192, 229-232
Open Theatre (Nova York) 206
Opéra 19
Opéra Comique 19
opera 19, 57, 162, 163, 170-171

Palais de Chaillot 86
palco XXXV-XXXVII, XLI, XLVII, 14, 39, 41, 44, 80, 226
  espaço 135, 136-139, 188
  estilização e 51-53, 55-59
  história do 170, 171-173
  italiano 58 *ver também Commedia dell'arte*
  operístico 56-57
  plateia e 55, 58, 86, 136, 170
  proscênio 36, 51-52, 58, 125, 136, 173
  ritmo 135
  tempo 135
  ver também adereços e cenários
palco-moldura 52-53, 58, 83, 173
palhaços XXIX, 121-122, 160, 224
Paquebot Tenacity, Le 36
pastelão 224
peças
  documentação pictórica e 175-177
  evolução/influências e 75-76
  leituras de 141, 136-137
  "teste" e 97-98, 101
Péguy, Charles XXVII
Performing Garage (Nova York) 207
períodos
  documentação pictórica e 175-177
  figurinos, costumes, modos e as artes e 174-175
  estilo e 44, 59-61, 65-66, 82, 100, 156, 174-179
  história do drama e 174
períodos teatrais 174-179
personagem
e abordagem do ator 64-65, 230
  improvisação de 160, 162-163, 215-225

Philipe, Gérard 11
Piccolo Teatro 183
Pichette, H. 18, 20
Piper, John XLVI
Pirandello, Luigi 72, 86
Pitoëff, Georges 13,
plano de fundo imaginativo 100, 153, 167-179
plateia XLVII, 55-56, 95, 101, 125, 170
  comunicação de mão dupla 138, 148
Plauto 160
Playwright's Company 72,
Plymouth Theatre 3, 29
Poel, William 14
poesia XXXII, 5, 14, 15, 19, 46, 64, 141, 154, 155-159, 163, 164
poético, drama XXVIII, XXXII
Poliakoff, Vera XXXIX, XL
Preparação do Ator, A XLIII
produção (papel do diretor) 77-78
professor, abordagem do 191-192
projeção (da voz) 148-149, 151, 163
prosa 9, 52, 64, 158
proscênio 36, 51-52, 58, 125, 136, 173
prosódia 9, 17
psicologia, motivação psicológica 78-80

quarta parede 36, 95, 125
Queen's Theatre XLIII

Racine, Jean 7, 9, 10, 13, 14, 17, 45, 164
realidade 4, 10, 11, 22, 123, 157, 190
  artística 34, 44-46, 80, 83
  estilo e 31-50, 54
  humana 34, 46, 47, 80, 83
  nacional 43-44
  significado e 105
realismo XLIII, 10, 14, 22, 123, 157
  americano 16, 95
  socialista 47
  transcendental 34, 41
realismo moderno 3-4, 14, 16, 29
  e estilo e estilização 51-67
  e estilo e realidade 31-50
  e estilo na interpretação, direção e cenografia 69-88
  e formação para o teatro 89-108
récitant XXXV
Redgrave, Michael XLIII, 40

ÍNDICE REMISSIVO 241

Regnard, Jean-François 7
Reinhardt, Max 72
relaxamento (exercícios) 135
repertório XXVII, 128
respiração/controle respiratório 140, 142, 148, 151
Restauração, comédia da 67, 162, 177-179
Richardson, Ralph XLVI
riso (uso do) 162
ritmo XXXII, 64, 79, 102, 126, 135, 143-144, 156, 161, 188
Romains, Jules XXVII
romântico, período 13, 66
romantismo francês 13
Romeu e Julieta 61-62, 64
roupa de ensaio
roupas
  estilos (estudo)
  ver também figurinos
Royal Court Theatre 70, 71, 74
Royal Shakespeare Company XLII, 111, 206
Rússia, teatro russo 43, 47-50, 94

saídas 138, 171
Saint-Denis, Michel
  abordagem sobre a direção 69-72
  anos de guerra XXVIII, XXXVIII, XLIV-XLVI, 5, 15-16, 34
  desenvolvimento/influências XXXVII-XXI
  escritos XXVI, XLIII, 3, 115-118
  métodos de treinamento 89-108
  realizações XXV-XXVII
  vida pessoal 34-35
  vida profissional 35-42
  trabalhos/projetos XXXII-XLVII, 115-117
Salle Wagram 39
Sartre, Jean-Paul 17, 31, 41
satíricas, peças 160
Schechner, Richard 207
Schehadé, Georges 18
Schramm, David 112
self, transformação do 90
significado 79, 105, 151, 152-155, 158, 165
Serviço Inglês (Rádio Nacional Francesa) XLVI
Shakespeare, William 12-14, 17, 19, 40, 45, 53, 61-65, 76, 84, 158, 159, 160, 161, 163, 230

Shaw, George Bernard 7, 72, 197
shite (papel) XXXV
silêncio 148
simbolismo XXXII, XXXVII
Siracusa, Teatro de 172
Sófocles XLVI, LII, 7, 41
solilóquios 164
sonhos (transformação) 199-200
Sonrel, Pierre XLVII, XLIX, 41, 227
Soyinka, Wole 70
Spencer, Theodore 3, 5
Sprechstimme 162
Stratford Memorial Theatre 92
St. James Theatre 135
Stanislávski, Constantin 20, 32, 37, 38, 39, 49, 72, 84, 102, 142, 192, 197
  sistema XLI, XLIII, 48, 59, 65, 66, 90, 179
Strasser, Jani 140-141
Stravínski, Igor LII
Strindberg, August 58, 72, 82
submissão (papel do diretor) 78
surrealismo 14, 46

Tandy, Jessica XLI
Taormiina, Teatro de 172
Tchékhov, Anton Pavlovitch XXXII, XLIII, XLIV, LII, 6, 16, 38, 39, 41, 48-49, 72, 86, 185, 194
teatro
  criação coletiva XXXIX-XXXIV, XLI, 118
  espaço 118
  evolução/influências 75-76
  formação para o 89-108
  história dos espaços de atuação 172-174
  ver também cenário; palco
Teatro: A Redescoberta do Estilo XXVI, XXVII, XLVIII, 3, 89, 116, 117, 168, 229-232
teatro americano 16, 84, 107-108
teatro chinês 56, 75, 104, 173, 214
teatro clássico 58-59, 76
  tradição francesa 3-22, 40, 43
  realismo moderno e 57
Teatro de Arte de Moscou 32, 37, 47, 48, 231
teatro épico XXII, 39, 75
teatro espanhol 56, 57, 163
  do Século de Ouro 43, 123, 160
teatro experimental XLVII-XXXVIII
Teatro Farnese 172

teatro grego, tradição 7, 17, 43, 56, 85, 104, 123, 161, 172
teatro japonês XXXIV, XXXV, 56, 75, 104, 175, 214
teatro medieval XXXIV, 172
teatro nô XXXIV, XXXV, 56, 75
Teatro Olimpico 172
teatro renascentista XXXV, 43
tempo (cênico) 135
Terceiro Olho 126
"teste", peça de 97-98, 101
textos 32, 61-64, 65-66, 79
   não dramáticos 101, 141, 145, 150-154
   prática de 150- 166
Theatre Arts Books 115
Théâtre des Champs Elysées 37
Théâtre Libre 20, 70
Théâtre National de Estrasburgo 227
Théâtre National Populaire 21, 85, 86
Theatres of George Devine, The XLVIII
tom 155, 162
topografia teatral 170-171
tragédia 85, 100, 103, 137, 163-166, 221
tragédia francesa 164
tragédia grega XXXV, XLVI, 58, 103, 164, 177, 204
transformação (exercícios) 102, 192-195, 222
ensino baseado no "Método Stanislávski" XLII, 32, 90
treinamento cultural 98, 99, 100, 167-168
Treinamento Para o Teatro XXVI, XXVII, 115-118
treinamento vocal não verbal 146, 147
treinamento
   improvisação e 123-126
   métodos de 121-123
   natureza/ processo do 97-107
   plano de fundo imaginativo e 167-179
   programação do 126- 128
   progressão do 119-126

Três Irmãs, As XLIII-XLIV, XLVI, 41, 48
truques físicos 224
truques orais 224

Ullman, Liv 147

vaudevile 123
Vauthier, Georges 17
verdade 93, 94, 121, 122, 124, 158, 161, 230
verossimilhança 4, 57
verso branco 158, 159
Vieux-Colombier XXVII-XXIX, XXXIV, 6, 13. 25, 36-37, 39, 41, 116
Vilar, Jean 11, 12, 19, 21, 41, 85-87, 91
Vildrac, Charles 36
Villard, Jean XXI
Violação de Lucrécia, A XXXIII, XXXV-XXXVI, 25,
vis cômica 220
voz
   exercícios vocais 130
   leituras não dramáticas 100, 141, 144, 150-154, 171
   poesia 155-159
   técnicas 130, 139-140, 155-159, 161
   treinamento 94, 97-98, 99-100, 104, 105, 125, 126
   ver também expressão vocal

waki (papel) XXXV
Wardle, Irving XLVIII
Watson, Marion 141
Watteau, Jean Antoine 81
Weill, Kurt 95, 162
Wesker, Arnold 70
Wilder, Thornton 76, 107
Woolf, Virginia 153

Yeats, W. B. 73, 76
Young Vic XLVII, XLVIII, 231

COLEÇÃO ESTUDOS
(últimos lançamentos)

325. *Psicanálise e Teoria Literária: O Tempo Lógico e as Rodas da Escritura e da Leitura*, Philippe Willemart
326. *Os Ensinamentos da Loucura: A Clínica de Dostoiévski*, Heitor O´Dwyer de Macedo
327. *A Mais Alemã das Artes*, Pamela Potter
328. *A Pessoa Humana e Singularidade em Edith Stein,* Francesco Allieri
329. *A Dança do Agit-Prop*, Eugenia Casini Ropa
330. *Luxo & Design,* Giovanni Cutolo
331. *Arte e Política no Brasil*, André Egg, Artur Freitas e Rosane Kaminski (orgs.)
332. *Teatro Hip-Hop*, Roberta Estrela D'Alva
333. *O Soldado Nu: Raízes da Dança Butō*, Éden Peretta
334. *Ética, Responsabilidade e Juízo em Hannah Arendt*, Bethania Assy
335. *Alegoria em Jogo: A Encenação Como Prática Pedagógica*, Joaquim Gama
336. *Jorge Andrade: Um Dramaturgo no Espaço Tempo*, Carlos Antônio Rahal
337. *Nova Economia Política dos Serviços*, Anita Kon
338. *Arqueologia da Política*, Paulo Butti de Lima (E338)
339. *Campo Feito de Sonhos*, Sônia Machado de Azevedo (E339)
340. *A Presença de Duns Escoto no Pensamento de Edith Stein: A Questão da Individualidade*, Francesco Alfieri (E340)
341. *Os Miseráveis Entram em Cena: Brasil, 1950-1970*, Marina de Oliveira
342. *Antígona, Intriga e Enigma*, Kathrin H. Rosenfield
343. *Teatro: A Redescoberta do Estilo e Outros Escritos*, Michel Saint-Denis
344. *Isto Não É um Ator*, Melissa Ferreira

Este livro foi impresso na cidade de São Paulo,
nas oficinas da Orgrafic Gráfica e Editora, em outubro de 2016,
para a Editora Perspectiva.